高等学校教师教育系列教材

现代汉语知识与应用

主　编　米幼萍　刘　芳
参　编　李永新　任　溪
　　　　蒋　退

南京大学出版社

图书在版编目(CIP)数据

现代汉语知识与应用 / 米幼萍,刘芳主编. —— 南京:南京大学出版社,2020.1(2021.8重印)
ISBN 978-7-305-22878-0

Ⅰ. ①现… Ⅱ. ①米… ②刘… Ⅲ. ①现代汉语—高等学校—教材 Ⅳ. ①H109.4

中国版本图书馆 CIP 数据核字(2020)第 001108 号

出版发行	南京大学出版社
社　　址	南京市汉口路 22 号　　邮编　210093
出版人	金鑫荣
书　　名	现代汉语知识与应用
主　　编	米幼萍　刘　芳
责任编辑	黄　睿　　　　　编辑热线　025-83592123
照　　排	南京南琳图文制作有限公司
印　　刷	南京新洲印刷有限公司
开　　本	787×1092　1/16　印张 17　字数 372 千
版　　次	2020 年 1 月第 1 版　2021 年 8 月第 2 次印刷
ISBN	978-7-305-22878-0
定　　价	45.00 元

网址:http://www.njupco.com
官方微博:http://weibo.com/njupco
微信服务号:NJUyuexue
销售咨询热线:(025) 83594756

* 版权所有,侵权必究

* 凡购买南大版图书,如有印装质量问题,请与所购图书销售部门联系调换

前言 PREFACE

现代汉语课程肩负着传承中华文化和本民族语言、文字的重任,是师范类文科专业的核心课程。它对提升学生的综合语言素养、提高学生的教育教学技能具有重要作用。本教材以"精要、好懂、管用"为原则,以"继承与创新相结合、知识与岗位相贯通"为特色,以期满足普通高等院校语文教学人才培养的需求。

本教材共分五个章节,在体例上将每章分为"现代汉语知识"和"现代汉语知识的应用"两大版块。既包含了传统的现代汉语知识,又增加了运用现代汉语知识进行语文教学的内容。将传统现代汉语课程中语音、文字、词汇、语法和修辞版块的理论与语文(统编本)教学中的拼音教学、朗读教学、识字与写字教学、阅读教学和写作教学实践融合,实现学科专业知识与师范生教学技能有机结合。教材每章均附有二维码,主要链接了与现代汉语知识有关的国家文件、标准以及其他参考资料;还附带了相关的语文教学设计和课堂教学范例,供教师上课使用或学生课后自学。

本教材既可作为普通高等院校师范类文科专业的教材,也可作为教师资格证考试和教师编制考试的参考用书。

全书由长沙师范学院米幼萍教授、刘芳副教授主编,李永新教授、任溪博士、蒋遐博士参编。具体分工如下:米幼萍编写第一章第八节、第二章和第五章,刘芳编写绪论、第三章第六节和第四章,李永新编写第三章第一节至第五节,任溪编写第一章第一节至第七节,蒋遐编写了部分思考和练习题。

本教材为2019年湖南省普通高等学校教学改革研究项目(编号1140)成果之一,同年也得到了长沙师范学院校本教材立项的资助,在此一并感谢。

由于编者学识有限,难免有疏漏之处,欢迎读者朋友批评指正。

编　者
2020年1月于长沙

目录 CONTENTS

绪　论 / 1

第一章　语音知识与应用 / 13
　　第一节　语音知识概述 / 14
　　第二节　语音知识:辅音与元音 / 18
　　第三节　语音知识:声母与韵母 / 22
　　第四节　语音知识:声调 / 26
　　第五节　语音知识:音节 / 28
　　第六节　语音知识:音变 / 32
　　第七节　语音知识:朗读 / 38
　　第八节　语音知识的应用 / 42

第二章　汉字知识与应用 / 53
　　第一节　汉字知识概述 / 54
　　第二节　汉字知识:汉字的形体 / 56
　　第三节　汉字知识:汉字的结构 / 59
　　第四节　汉字知识:汉字的标准化和规范化 / 66
　　第五节　汉字知识的应用 / 70

第三章　词汇知识与应用 / 79
　　第一节　词汇知识概述 / 80
　　第二节　词汇知识:词义 / 86
　　第三节　词汇知识:现代汉语词汇的组成 / 99
　　第四节　词汇知识:熟语 / 104

第五节　词汇知识:词汇的发展 / 107
第六节　词汇知识的应用 / 110

第四章　语法知识与应用 / 115

第一节　语法知识概述 / 116
第二节　语法知识:词类与划分词类的依据 / 118
第三节　语法知识:短语与短语分析的方法 / 140
第四节　语法知识:单句 / 149
第五节　语法知识:复句 / 166
第六节　语法知识:常见的语法错误 / 176
第七节　语法知识:标点符号 / 189
第八节　语法知识的应用 / 198

第五章　修辞知识与应用 / 209

第一节　修辞知识概述 / 210
第二节　修辞知识:词语的锤炼 / 212
第三节　修辞知识:句式的选择 / 217
第四节　修辞知识:常用辞格 / 223
第五节　修辞知识:辞格的综合运用 / 246
第六节　修辞知识:修辞中常出现的失误与评改 / 249
第七节　修辞知识:语体 / 256
第八节　修辞知识的应用 / 261

绪 论

【目标要求】 理解现代汉语的含义,了解现代汉民族共同语的形成过程,了解现代汉语的特点、地位、现代汉语七大方言及其分布,认识现代汉语规范化和推广普通话的重要意义。

一、什么是现代汉语

(一) 什么是语言

语言是社会的产物,它随着社会的产生而产生,随着社会的发展而发展。从功能方面看,语言是人类最重要的交际工具,人们利用语言交流思想和感情,协调社会生产和生活。语言也是人们认知世界的工具,确定事物的类别和事物之间的关系须借助语言。语言是文化的载体,文化的形成、传播和传承都离不开语言。从结构方面看,语言是以语音为物质外壳,以词汇为建筑材料,以语法为结构规律的一种音义结合的符号系统。

(二) 什么是现代汉语

现代汉语是现代汉民族所使用的语言。现代汉语有广义和狭义之分。广义的现代汉语既指现代汉民族共同语,也包括各种现代汉语方言。狭义的现代汉语仅指现代汉民族共同语。

现代汉民族共同语,即以北京语音为标准音,以北方话为基础方言,以典范的现代白话文著作为语法规范的普通话。这是1955年中国科学院召开的现代汉语规范问题学术会议上确定,由国务院于1956年发布的《关于推广普通话的指示》正式确定的。

二、现代汉民族共同语的形成

我国幅员辽阔,人口众多,方言之间分歧很大,现代汉民族共同语是在汉民族内部长期交往过程中,在一种方言的基础上自然形成的。作为民族共同语的基础的方言叫基础方言。基础方言的选择依据主要是该方言在社会中所处的地位,该方言区的政治、经济、文化地位以及人口等因素。

汉族早在先秦时代就存在汉民族共同语。汉民族共同语在历史各个时期的叫法各不相同:在春秋时期被称为"雅言",从汉代起被称为"通语",明代被称为"官话",辛亥革命后,被称为"国语",新中国成立后,被称为"普通话"。

现代汉民族共同语是在北方方言的基础上形成的,在形成的过程中,北京话有着特殊的地位。北京,自金朝在此定都开始,八百多年来,一直是全国政治、经济、文化的中心。北京话的影响逐渐扩大,地位日益重要。一方面,北京话作为官府的通用语言传播到全国各地,发展成为"官话";另一方面,白话文学作品更多地受到北方话的影响。到20世纪初,特别是五四运动时期,适应社会需要的白话文终于取代了文言文,成为正式的书面语言。在"白话文运动"彻底动摇了文言文统治地位的同时,又掀起了"国语运动","国语运动"在口语方面加强了北京话的代表性。"白话文运动"与"国语运动"相互影响,形成了现代汉民族共同语。

三、现代汉语方言

汉语方言俗称地方话,只通行于一定的地域,它不是独立于民族语言之外的另一种语言,而只是局部地区使用的语言。在漫长的演变过程中,由于社会、历史、地理、语言本身等因素的影响和制约,形成了各种方言。

我国幅员辽阔,各地方言有很大差别,其中语音差别最大,其次是词汇和语法,因此划分方言区主要依据的是语音标准。根据方言的不同特点,大致将现代汉语方言分为七大方言区,即北方方言、吴方言、湘方言、赣方言、客家方言、闽方言、粤方言。下面对各方言做简单的介绍。

1. 北方方言

又叫官话方言或北方话,代表话是北京话。北方方言是现代汉民族共同语的基础方言,分布区域最广,使用人口最多,约占汉族人口总数的73%。

北方方言又可根据其内部的差异分为四种次方言:(1) 华北、东北方言,分布在京、津两市,河北、河南、山东、辽宁、吉林、黑龙江以及内蒙古的一部分地区。(2) 西北方言,分布在山西、陕西、甘肃等省和青海、宁夏、内蒙古的一部分地区以及新疆汉民族居住地区。(3) 西南方言,分布在四川、云南、贵州等省及湖北大部分地区、广西西北部、湖南西北角等。(4) 江淮方言,分布在安徽省、江苏长江以北地区(徐州、蚌埠一带除外,属华北、东北方言)、镇江和镇江以西九江以东的长江南岸沿江一带。

2. 吴方言

又叫吴语,代表话早期是苏州话,现为上海话和苏州话。分布在上海市、江苏省长江以南镇江以东地区(不包括镇江)、南通的小部分、浙江的大部分。吴方言使用人口约占汉族总人口的7.2%。

3. 湘方言

又叫湘语,代表话是长沙话。分布在湖南省大部分地区(西北角除外)。湘方言使用人口约占汉族总人口的3.2%。

4. 赣方言

又叫赣语,代表话是南昌话。分布在江西省大部分地区(东北沿长江地区和南部除外)。赣方言使用人口约占汉族总人口的3.3%。

5. 客家方言

又叫客家话,代表话是广东梅县话。客家方言是因古时客家人从中原迁徙到南方而形成,分布较为零散,主要分布在广东、福建、台湾、江西、广西、湖南、四川等省。其中以广东东部和北部、福建西部、江西南部和广西东南部为主。客家方言使用人口约占汉族总人口的3.6%。

6. 闽方言

又叫闽语,主要分布在福建和海南的大部分地区、广东东部潮汕地区、雷州半岛部分地区、浙江南部温州地区的一部分、广西的少数地区及台湾的大多数汉人居住区。闽方言使用人口约占汉族总人口的5.7%。

闽方言是各方言中内部差异最大、语音现象最复杂的一个方言,又可分为闽东、闽南、闽北、闽中、莆仙五种次方言。其中闽东方言以福州话为代表,主要分布在福建东部闽江下游;闽南方言以厦门话为代表,分布在闽南二十四县、台湾及广东的潮汕地区、雷州半岛、海南省及浙江南部。

7. 粤方言

又叫粤语,代表话是广州话。分布在广东中部、西南部和广西东部、南部以及香港、澳门特别行政区。粤方言使用人口约占汉族总人口的4%。

下面,我们将现代汉语各方言的分布情况,列表如下:

表1-1　现代汉语方言分布情况

方言区名称	代表	使用人口	占汉族总人口比例	分布地区
北方方言	北京话	约84 000万	约73%	长江以北地区,西南地区,湖北、湖南、江西部分地区
吴方言	上海话	约10 000万	约7.2%	江苏东南、浙江大部
湘方言	长沙话	约2 500万	约3.2%	湖南大部
赣方言	南昌话	约2 900万	约3.3%	江西大部
客家方言	梅县话	约4 800万	约3.6%	广东、福建、江西、广西、湖南、四川一部分
闽方言	闽东福州话	约1 400万	约1.2%	福建东部
闽方言	闽南厦门话	约3 600万	约3%	福建南部、广东东部、海南岛一部分、台湾大部分
粤方言	广州话	约6 000万	约4%	广东大部、广西南部

注:闽北、闽中、莆仙方言未列入表中。

方言是历史的产物,具有语言化石的价值,它保留了大量的历史与文化信息。在社会统一、交通发达、文化交融日益频繁的今天,方言之间的差异日趋缩小,并迅速向普通话靠拢。但是推广普通话不是为了消灭方言,而是为了充分发挥语言的社会功能,使之更加有利于全民的交际,有利于社会的发展。我们学习普通话,应先明确自己所属的方言区,弄清方言与普通话之间的差异所在,以便有针对性地纠正方言,提高普通话水平。

四、现代汉语的特点

与印欧语系的语言相比,现代汉语在语音、词汇、语法方面都具有自己的特点。

1. 语音方面

（1）没有复辅音。一个音节内，没有两个或两个以上的辅音连用。（汉语拼音字母 ng、zh、ch、sh 是两个字母表示一个音素，不是复辅音。）

（2）在音节中元音占优势。汉语音节中可以没有辅音，但不能没有元音。元音最多可有三个，而且必须连续排列。

（3）有声调。每个音节都有一个声调，既可以区别意义，又使语言富于高低升降的变化，形成抑扬顿挫的音乐美。

（4）音节整齐简洁。多数音节一个辅音在前，一个单元音或复元音在后，辅音在后的很少，音节结构整齐而简洁，音节数目较少。

2. 词汇方面

（1）语素以单音节为基本形式。现代汉语一般一个语素一个音节。同音语素多。

（2）双音节词占优势。现代汉语词以双音节居多。古汉语中的单音节词在发展过程中逐渐双音节化。如"舌—舌头""眉—眉毛"等。

（3）构词方法主要采用词根复合方式。现代汉语构词方式主要采用词根加词根的复合法，如"电灯""美丽"等。使用附加法或重叠法构成的词较少。

3. 语法方面

（1）缺乏严格意义的形态变化，语序和虚词是表达语法意义的主要手段。印欧语言词形变化很丰富，有性、数、格、时、体、态等变化。形态变化丰富的语言，其语法关系主要通过这些形态变化来表示。而汉语中虽然有些词有词形的变化，但数量很少，不是严格意义上的形态变化。如在表示人的普通名词后加"们"表示复数，在动词后加"着、了、过"表示动态，加"子、儿、头"表示词性等。

汉语中的语法关系、语法意义主要通过语序和虚词来表示。语序的不同，虚词的有无，往往形成不同的语法意义和语法关系。如"我叫他—他叫我""屡战屡败—屡败屡战""我和妈妈—我的妈妈"。

（2）汉语词类和句子成分之间不是简单的一一对应关系。在印欧语里，由于有形态，词类和句法成分之间可以有一种简单的一一对应关系，拿英语来说，大致名词跟主、宾语对应，动词跟动语对应，形容词跟定语、表语对应，副词跟状语对应，动名词跟主语、宾语对应。

汉语的词类与句法成分之间的关系错综复杂，词类与句法成分是一对多对应，而不是一对一对应。汉语名、动、形的多功能现象，正是由于汉语缺乏形态造成的。如动词"锻炼"：

  他锻炼身体。（谓语中心，动语）

  锻炼能增强体质。（主语）

  他喜欢锻炼。（宾语）

（3）词、短语和句子的结构规则基本一致。无论是语素组成合成词，词组成短语，还是词或短语构成句子，都有主谓、动宾、补充、偏正、联合五种基本语法结构关系。例如，词"头疼"，短语"精神饱满"，句子"中国队赢了"，都是主谓结构。

（4）量词和语气词十分丰富。印欧语系的语言，数词往往可以和名词直接组合，如 three books。现代汉语数词和名词结合时，一般需要在数词后加量词，量词很丰富，不同的事物常用不同的量词来指称。如"一个人、一面镜子、一本书"等。语气词常常出现在句末，表示各种语气的细微差别，例如，"是你写的吗？"（疑问），"是你写的吧！"（推测），"是你写的啊！"（惊奇）。

五、现代汉语的地位

汉语是世界上历史最悠久、使用人口最多的语言之一。现代汉语在国内外都有很大影响，具有很重要的地位。

在国内，现代汉语的使用人口占全国总人口数的97％。我国各民族之间的相互往来有着悠久的历史，由于政治、经济、文化等方面的原因，各兄弟民族地区使用和学习现代汉语的人越来越多，有的少数民族已经把现代汉语作为主要的交际工具来使用，不少地区出现了双语现象。事实上，现代汉语已经成为我国各民族间的交际语，并为各民族之间的相互学习和协作做出了重要的贡献。

在国际上，汉语是世界上使用人数最多的一种语言，除了中国，汉语还分布在世界各大洲。在世界上，无论过去还是现在，汉语都是我们国家的具有代表性的语言。

汉语是联合国的六种工作语言之一。1973年12月8日，联合国第28次会议一致通过决议，把汉语作为联合国大会和安全理事会的六种工作语言之一，其他五种语言分别是英语、法语、俄语、西班牙语和阿拉伯语。汉语在国际交往中，发挥着重要的作用。改革开放以来，随着中国经济和社会的发展以及综合国力的日益增强，汉语在国际上的影响也越来越大，学习和研究汉语的人也越来越多，在全球范围内出现了一股学习汉语的热潮。联合国发布的《2005年世界主要语种、分布和使用力调查报告》显示，汉语排名第二，仅次于英语。

为了适应汉语热的国际形势需要，国家决定设立专门机构，大力向国际推广汉语，促使汉语向着成为世界强势语言的目标前进。从2004年起，我国在海外设立以教授汉语、传播中华文化为宗旨的孔子学院。到2018年，已有548所孔子学院和1 193个孔子课堂，遍布全球100多个国家和地区，孔子学院已经成为世界各国人民学习汉语和汉文化、了解当代中国的重要场所。

六、现代汉语规范化和推广普通话

（一）国家重视语言文字工作

做好语言文字工作对社会发展、科技进步和文化教育水平的提高都有重要的意义。因此，我国政府历来十分重视语言文字的规范化工作。

20世纪50年代初成立了中国文字改革委员会,1955年10月教育部和中国文字改革委员会联合召开了"全国文字改革会议",接着中国科学院召开了"现代汉语规范问题学术会议"。国务院根据会议精神确定了当时语言文字工作的三大任务:"促进汉字改革、推广普通话、实现汉语规范化。"1956年1月,国务院颁布了《关于推广普通话的指示》,同时决定成立中央推广普通话工作委员会。语言文字工作受到高度重视,取得显著成绩。

1985年12月,国务院决定将中国文字改革委员会改名为国家语言文字工作委员会,扩大了它的工作范围和政府职能,以适应新时期语言文字工作的需要。1986年1月6日至13日,国家教委和国家语委联合召开了全国语言文字工作会议,规定了新时期语言文字工作的方针和主要任务。新时期语言文字工作的方针是:贯彻执行国家关于语言文字工作的政策和法令,促进语言文字规范化、标准化工作,继续推动文字改革工作,使语言文字在社会主义现代化建设中更好地发挥作用。新时期语言文字的主要任务是:做好现代汉语规范化工作,大力推广和积极普及普通话;研究和整理现行汉字,制定各项有关标准;进一步推行《汉语拼音方案》,研究并解决实际使用中的有关问题;研究汉语汉字信息处理问题,参与鉴定有关成果;加强语言文字的基础研究与应用研究,做好社会调查和社会咨询、服务工作。中心任务是:促进汉语规范化、推广普通话。

2000年10月,根据我国《宪法》制定的《中华人民共和国国家通用语言文字法》,经第九届全国人民代表大会通过,于2001年1月1日起施行。这是我国历史上第一部关于语言文字的专门法,它首次明确规定了普通话和规范汉字作为国家通用语言文字的法律地位,为加强语言文字应用的管理和促进语言文字的规范化、标准化提供了法律依据。

新中国成立以来,国家颁布的语言文字规范化方面的重要指导性和规定性文件主要有:

1.《汉语拼音方案》,1958年2月11日第一届全国人民代表大会第五次会议通过。

2.《普通话异读词审音表》,国家语委、国家教委、广电部审核通过,1985年12月27日公布实施。

3.《简化字总表》,国家语委于1986年10月10日重新发布了原中国文字改革委员会于1964年发布的《简化字总表》,对原表的个别字做了重新规定。

4.《现代汉语通用字表》,国家语委汉字处在新闻出版署(现为国家新闻出版广电总局)等单位的协助下,于1988年制订了该表,收字7 000个。

5.《标点符号使用法》,由国家语委提出,国家技术监督局批准发布,于1996年6月1日开始实施。

6.《汉语拼音正词法基本规则》,由国家教委、国家语委提出,国家技术监督局批准、发布,于1996年7月1日开始实施。

7.《普通话水平测试等级标准(试行)》,国家语委于1997年12月5日颁布。

8.《中华人民共和国国家通用语言文字法》,2000年10月31日第九届全国人大常委会第十八次会议审议通过,于2001年1月1日起实施。

9.《第一批异体词整理表》,由中华人民共和国教育部、国家语委联合发布,于2002年开始试行。

这些文件的颁布和实施,为现代汉语规范化提供了科学化和制度化保障。

(二) 现代汉语规范化

现代汉语规范化,就是根据汉语的历史发展规律,结合汉语的习惯用法,对普通话内部(包括语音、词汇、语法各方面)存在的少数分歧和混乱现象进行研究,确立明确的、一致的标准,并且依据标准消除分歧和不规范现象,从而使汉语沿着纯洁和健康的道路向前发展。

现代汉语规范化的标准就是1955年现代汉语规范问题学术会议所明确的:以北京语音为标准音,以北方话为基础方言,以典范的现代白话文著作为语法规范。

1. 语音方面:以北京语音为标准音

凡是不符合这个标准的,都是不规范的。但这并不意味着北京话里任何一个语音成分都是标准音,都是普通话成分。在北京语音里土话成分、异读等,普通话审音委员会曾加以审订。在北京语音里,轻声和儿化特别多,普通话没必要把它们全部吸收进来,要进行调查和研究,做出抉择。

2. 词汇方面:以北方方言为基础

普通话词汇以北方方言为基础,但不是说北方话中所有的词都可以进入普通话。北方方言中某些过于土俗的词语,地方色彩太浓,只在狭小的地区使用,在普通话里有完全同义的词语可以代替,它们不应吸收到普通话中,应加以舍弃。如山西、陕西一带的"婆姨"(老婆)、四川的"抄手"(馄饨)、北京话中的"老爷儿"(太阳)等。同一事物,在北方方言中各地区说法不一致的,应当采取比较通行的词作为标准,如"玉米、棒子、苞米、珍珠米"应选用通用的"玉米"。为了丰富词汇,普通话也要从方言、古代汉语、外来语中吸收一些所需要的词,如垃圾、诞辰、咖啡。如何正确吸收这些词,排除词汇中的分歧现象,也是词汇规范化所要研究的内容。词汇的规范化还要注意抵制生造词。抵制生造词并不是反对创造新词。新词的创造是为了满足社会发展的需要,而且创造出来的新词绝大部分是经得起社会和时间考验的。至于生造词完全是个人任意拼凑出来的,不合一般习惯,它会削弱语言的交际作用,造成语言使用的混乱。

3. 语法方面:以典范的现代白话文著作为规范

普通话的语法"以典范的现代白话文著作为语法规范"。典范的白话文著作主要指的是现代著名作家的优秀的白话文作品、国家正式的文件、报刊社论等。值得注意的是,要以这种著作中的一般用例作为语法规范,而不是所有的用例都能作为语法规范。

(三) 推广普通话

1. 推广普通话的意义和作用

推广普通话可以进一步消除方言隔阂，减少不同方言区人们交际时的困难，有利于社会交际，有利于国家的统一和安定团结。语言作为人们进行交际、交流思想的最重要的工具，是大家在日常生活、学习、工作、劳动中时时刻刻都离不了的。但我国幅员辽阔，人口众多，方言分歧较大，目前我国有七大方言，这些方言在语音、词汇、语法方面都存在一定差异，其中语音方面的差异最为明显。这些差异影响了不同地区人们之间的交际与交流，给人们带来了诸多不便。而且社会越发展，交际越频繁，这种不便就显得越突出。即使同一方言区的人，由于不同地域语音的差异，也常常会给交际带来障碍。而用普通话交流，这些障碍就会迎刃而解。随着改革开放的深入和经济的迅速发展，能源、通信、交通等基础设施不断完善，商贸、旅游、服务等窗口行业空前活跃，各地区、各民族之间的交往空前广泛、频繁，对推广普通话也提出了更为迫切的要求。

文化教育的普及和提高，科技的进步和发展，传声技术的现代化，计算机语言输入和语言识别问题的研究，都对推广普通话提出了新的要求。我国正处在现代化建设飞速发展的重要时期，要求为社会发展服务的语言也要实现现代化。语言现代化包括现代化的信息处理、通信设备、计算机语言输入、人机对话、机器翻译等，这些都离不开标准语和标准音。

随着对外开放政策的贯彻执行，国际往来和国际交流越来越多，进一步推广普通话，可以减少交际的困难，促进国际交往。

2. 目标和任务

20世纪50年代后期，全国就开始了推广普通话的工作。1956年2月国务院发出《关于推广普通话的指示》，对普通话的规范标准做了明确界定，并确定了"大力提倡，重点推行，逐步普及"的推广普通话方针。

党的十一届三中全会以来，我国进入了社会主义现代化建设的新时期，新的时期对推广普通话的工作提出了新的要求。1982年我国在修改宪法时在第19条增加了一款："国家推广全国通用的普通话"，确立了普通话的法律地位，这是新时期推广、普及普通话的最有力的保证。1986年1月，国家教育委员会和语言文字工作委员会联合召开全国语言文字工作会议，确定了新时期语言文字工作的方针和任务，把推广普通话列为首要任务。会议的主题报告对五十年代的推广普通话方针做了调整性解释，强调"重点应放在推行和普及方面，在普及方面应当更加积极一些"。20世纪90年代初，国家语委正式确定新时期推普工作的方针是"大力推行，积极普及，逐步提高"，明确提出要加快在全国推广、普及普通话的步伐。

党和国家对学校推广普通话的工作十分重视，《中华人民共和国义务教育法》第六条规定："学校应当推广使用全国通用的普通话。"1986年的全国语言文字工作会议上提出:"普通话是教师的职业语言,要把会讲普通话列为合格教师的必备条件,把使用普通话进行教育、教学作为对教师工作的基本要求。"因此,学校是推广普通话的重要阵地,普通话应成为校园语言。

1994年10月30日,国家语委、国家教委、广播电影电视部联合发布了《关于开展普通话水平测试工作的决定》,1995年起,全国各地相继开展了普通话测试工作,并逐步实行持普通话等级证书上岗制度。普通话水平测试的诞生和推行,标志着我国推广、普及普通话工作开始向纵深发展,逐步走上制度化、规范化、科学化的新阶段。

1997年12月全国语言文字工作会议提出了跨世纪的推广普通话工作目标,即:2010年以前,普通话在全国范围内初步普及,交际中的方言隔阂基本消除,受过中等或中等以上教育的公民具备普通话的应用能力,并在必要的场合自觉地使用普通话,与口语表达关系密切行业的工作人员的普通话水平达到相应的要求;21世纪中叶以前,普通话在全国范围内普及,交际中没有方言隔阂,经过不懈努力,我国国民语文素质将大幅度提高。普通话的社会应用更加适应社会主义经济、政治、文化建设的需要,形成与中等发达国家水平相适应的良好语言环境。具体做到:普通话成为教学语言;普通话成为宣传语言;普通话成为公务工作语言;普通话成为全国通用语言。

七、怎样学习与应用现代汉语知识

(一)本课程的性质与教学内容

现代汉语知识与应用是高等师范院校一门重要的基础课。它以国家的语言文字政策和法规为依据,比较系统地介绍现代汉语语音、文字、词汇、语法、修辞等方面的基本知识,贯彻理论联系实际的原则,加强基本技能的训练,着重培养和提高学生理解、分析、运用现代汉语的能力,提高说普通话的水平,为将来从事语文教学和语言文字工作打下坚实的基础。

本课程的教学内容和要求主要有:

语音部分:以《汉语拼音方案》为表音工具,比较系统地讲述有关普通话的语音知识,分析语音知识在教学中的应用,使学生对普通话语音系统有完整的了解,提高说普通话的水平,具有推行《汉语拼音方案》和使用、推广普通话的能力。

文字部分:讲述汉字的性质和作用、汉字的结构和形体、汉字的整理和规范化问题,以及国家关于汉字的方针政策,分析汉字知识在教学中的应用,使学生正确地使用汉字,提高汉字应用能力与水平。

词汇部分:讲述现代汉语构词法,词义的性质,词义系统,词汇的构成,词汇规范等问题,分析词汇知识在教学中的应用,使学生掌握一定的词汇学知识,能够正确地辨析词义和解释词语,丰富自己的语汇,提高用词的能力。

语法部分:讲述现代汉语组词造句的规则和有关的基础理论知识,如各类词的用法、短语和句子的结构与类型,以及标点符号的用法等,分析语法知识在教学中的应用,使学生具有辨识词性、分析句子和辨别句子正误的能力。

修辞部分:讲述词语和句式的选用、常用的修辞方式,分析修辞知识在教学中的应用,使学生注意选词炼句,恰当地运用修辞手法,提高汉语表达能力,逐步达到准确、鲜明、精练、生动的要求。

(二)学习本课程的方法

本课程既注重汉语知识的传授,也注重汉语应用能力的培养,因此,在学习本课程的时候,要注意以下几点:

第一,掌握知识。课本中所讲授的现代汉语知识,是基本的、实用的知识,要准确、牢固地掌握这些理论知识。

第二,加强练习。学习现代汉语知识,光记一些基本概念、基本规律,是学不好的。重要的是在理解知识的基础上反复练习,把知识转化为能力。要养成勤于动脑、动口、动手的良好学习习惯,力求收到实效。

第三,注重应用。学了现代汉语知识,要特别注意关注它们在教学和社会生活中的应用问题。在日常生活、学习、工作中要经常使用学过的知识,在我们的言谈、写作以及将来的教学中,就应该自觉地运用有关知识进行检验和指导,来巩固知识,提高能力,促进学习和工作。

思考与练习

1. 什么是现代汉民族共同语?
2. 普通话是怎样形成的?
3. 简要论述汉语在世界语言中的地位和影响。
4. 谈谈现代汉语在语音、词汇、语法方面的特点。
5. 对照中国现代汉语主要方言区示意图指出我国的主要方言区,看看自己的方言属于哪种方言。
6. 简述现代汉语规范化的意义、标准。

第一章
语音知识与应用

微信扫一扫

获取本章拓展资源

第一节　语音知识概述

【目标要求】 了解语音的三大属性：物理属性、生理属性和社会属性；掌握语音的四要素：音高、音强、音长和音色；熟悉发音器官的构造。

一、语音的性质

语音是人的发音器官发出的具有一定意义的声音。语音具有物理属性、生理属性以及社会属性。

(一) 语音的物理属性

语音是一种声音，它同自然界的其他声音一样，是由于物体的振动而产生的，具有物理性质。语音的物理属性具有四个基本要素：音高、音强、音长、音色。

1. 音高

音高是指声音的高低，由发音体振动的快慢来决定。声波在一定时间内振动的次数就是声波的频率。在一定时间内振动快，次数多，频率就高，声音也就高；振动慢，次数少，频率就低，声音也就低。

物体发音的高低与它本身的性质，如大小、长短、粗细、松紧等因素有关。大的、长的、粗的、松的物体振动慢，频率低，发出的声音就低；反之，小的、短的、细的、紧的物体振动快，频率高，发出的声音就高。人的发音体是声带，不同人的声带是不完全相同的。语音的高低，跟声带的长短、厚薄、松紧有关。一般来说，成年男子声带长而厚，成年女子声带短而薄，因而听起来男性比女性声音略低。此外，同一个人发音时声带的松紧不同，声音也有高低之别。

现代汉语普通话中音高具有重要的作用。汉语中的声调，主要是由不同的音高构成的。

2. 音强

音强指声音的强弱，是由发音体振动幅度的大小决定的。发音体振动的幅度叫作"振幅"。振幅大，声音就强；振幅小，声音就弱。振幅的大小取决于发音时用力的大小。例如，敲鼓时，用力大，音强就强，发出的声音就大；用力小，音强就弱，发出的声音就小。普通话中的重音、轻音主要是音强的不同形成的。

3. 音长

音长指声音的长短，是由发音体振动时间的长短决定的。发音体振动的时间长，音长就长；时间短，音长就短。例如，英语中元音音长的不同，有区别意义的作用，比如 ship(船)和 sheep(羊)。

4. 音色

音色指声音的特色,是由音波的不同形状决定的。它是每个声音的本质,所以也叫音质。发声体不同、发音方法不同、共鸣器的形状不同,都会造成音色的不同。

(1) 发音体不同,音色不同。例如,小提琴和口琴的声音不同,原因就在于发音体一个是琴弦,一个是簧片。

(2) 发音方法不同,音色不同。例如,同一把小提琴,用弓子拉和在必要时用手指弹拨发出的音是不一样的。

(3) 共鸣器不同,音色不同。比如大提琴、小提琴,二者的发音体都是弦,发音方法都是用弓拉,但是大提琴的共鸣器很大,小提琴的共鸣器很小,音色就不一样,大提琴浑厚、低沉,小提琴明亮、悠扬。

在任何语言中,音色是区别意义的最重要的要素。其他要素在不同语言中区别意义的作用不尽相同。

(二) 语音的生理属性

语音是由人的发音器官发出来的,具有生理属性。发音器官及其活动决定了语音的区别。发音器官可以分为三个部分:呼吸器官、发声器官和共鸣器官。

1. 呼吸器官

呼吸器官主要由肺、气管、胸腔组成。气流是发音的动力。肺是气流的动力器官,气管是气流的传输通道。肺部呼出的气流,通过支气管、气管到达喉头,作用于其他发音器官,经过这些器官的调节而发出不同的语音。

2. 发声器官

发声器官包括喉头和声带。喉头由四块软骨组成:甲状软骨、环状软骨和两块杓状软骨。四块软骨构成圆筒形,中部附着声带。声带是两片富有弹性的肌肉薄膜,两片薄膜中间的空隙是声门,声门是气流的通道。声带可以放松或拉紧,使声门打开或关闭。呼出的气流通过声门使声带振动发出声音,控制声带松紧的变化,就可以发出不同的声音。

3. 共鸣器官

共鸣器官包括咽腔、口腔和鼻腔。喉头上面是咽腔。咽腔下连喉头,前通口腔,上连鼻腔。口腔和鼻腔之间由软腭和小舌隔开。软腭和小舌上升时,鼻腔闭塞,口腔畅通,发出的音在口腔共鸣,叫口音。软腭和小舌下垂,口腔阻塞,气流只能从鼻腔呼出,发出的音在鼻腔共鸣,叫鼻音。如果口腔内无阻碍,气流从鼻腔和口腔同时呼出,这时发出的音同时在口腔和鼻腔中共鸣,叫鼻化音(也叫半鼻音或口鼻音)。对发音来说,口腔最重要。口腔上部可以分为上唇、上齿、齿龈、硬腭、软腭和小舌。口腔下部可以分为下唇、下齿和舌头。舌头是口腔中最灵活的器官,可以分为舌尖、舌面和舌根三部分。

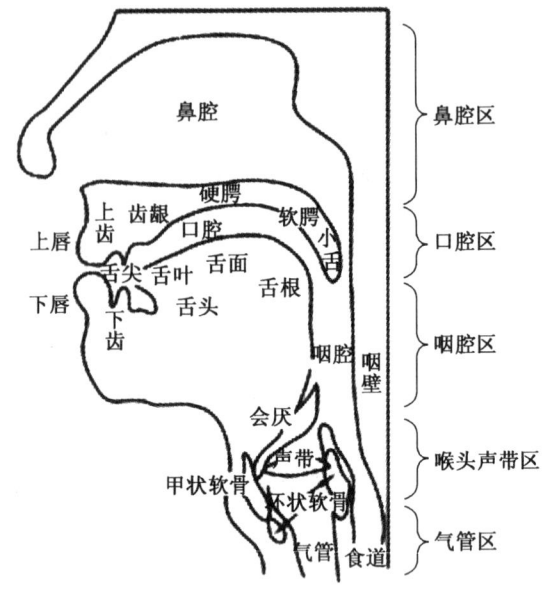

图 1-1 发音器官示意图

（三）语音的社会属性

语音是一种社会现象，具备社会性质。语音的社会性是它的本质属性，主要有两个特点。

1. 约定俗成

语音的形式和意义之间没有必然的联系。何种语音表达何种意义、何种意义用何种语音表达，其间并没有必然的、本质的联系，而是一定范围内的社会成员在长期的社会生活中约定俗成的。在不同语言中，同一个意思会用不同语音来表示，比如玫瑰花，汉语称为玫瑰花，英语称为 rose。

2. 系统性

不同的语言或方言都有自身独特的语音系统。即使从物理属性和生理属性上看是不同的音，在不同语言或方言中也可能认为是相同的音。比如在普通话中有 z、c、s 和 zh、ch、sh 两组声母：私人≠诗人、桑叶≠商业，而在粤方言和吴方言中只有一组 z、c、s 声母，没有 zh、ch、sh 声母。再如，普通话中送气音 p、t、k 和不送气音 b、d、g 分得很清楚，是两套语音单位：跑了≠饱了、兔子≠肚子，在英语中送气音和不送气音却算作一套语音单位。可见，语音的性质不单单体现在物理和生理属性两个方面，还有社会属性，而且社会属性是语音的本质属性。

二、记音符号

为了给汉字注音，古人曾使用多种记音方法，例如"直音法"和"反切法"。后来又产生了"注音符号"来记音。现在我们使用《汉语拼音方案》。此外还用国际音标来记录语音。

(一)《汉语拼音方案》

《汉语拼音方案》是给汉字记音的一套注音符号,也是推广普通话的有力工具。中国文字改革委员会于1956年2月拟定并公布了《汉语拼音方案(草案)》。这个草案经过全国政协和各界人士广泛讨论,又经国务院成立的汉语拼音方案审定委员会反复审议和多次修订,经国务院全体会议通过,1958年2月11日,由第一届全国人民代表大会第五次会议批准作为正式方案推行。这是以拼音字母和拼写方式为内容的一套中华人民共和国法定的拼音方案,同时,它也是世界各民族学习汉语的工具和拼写中国专用名词及词语的国际标准。

汉语拼音方案的主要用途有以下几个方面。

1. 汉字的注音工具

《汉语拼音方案》克服了其他注音方法的缺点,能够准确地给汉字注音。它采用拉丁字母,容易学习,又便于国际间的文化交流。

2. 普通话的拼写工具

推广普通话,光靠口耳是不够的,《汉语拼音方案》可以帮助教学,矫正读音,是推广普通话的有效工具。

此外,《汉语拼音方案》还可以用来作为我国各少数民族创制和改革文字的共同基础,帮助外国人学习汉语,音译人名、地名和科学术语,以及用来编制索引和代号,等等。在计算机输入中,拼音输入法是最简便易学的。

(二)国际音标

不同的语言、不同的方言各有自己相对独立的语音系统,因此需要一套世界统一的标音符号。国际音标是国际上通用的一套记音符号。它是1886年成立于英国伦敦的国际语音学会为了记录和研究人类语言的语音而制定的一套记音符号。它共有一百多个符号,符合"一个符号一个音素,一个音素一个符号"的原则,至今已经过多次修订,现在使用的是1996年修订的。由于符号简明、科学、细致,国际音标成为语言研究和教学有效的基本工具。

思考和练习

1. 语音的三大属性是什么?其中最本质的属性是什么?
2. 语音的四要素分别是什么,结合你所熟悉的语言,谈谈它们在语音中的表现及作用。
3. 人的发音器官主要由哪几部分构成?
4. 《汉语拼音方案》的主要用途有哪些?
5. 国际音标的基本原则是什么?

第二节 语音知识:辅音与元音

【目标要求】 了解音素的定义;熟悉区分辅音和元音的标准;掌握辅音和元音的定义与分类。

一、音素

音素是最小的语音单位。这是从音色的角度进行划分的。例如,"hàn"可以分为 h-a-n 三个音素。它们就是最小的语音单位,就是音素。

音素有辅音和元音两类。

辅音 也叫子音,是气流在口腔或咽头受到一定程度的阻碍而形成的音。

元音 也叫母音,是气流振动声带,在口腔、咽头不受阻碍而形成的音。

元音和辅音的主要区别,一般归纳为四个方面。

1. 元音发音时,气流在咽头、口腔不受阻碍;辅音发音时,气流通过口腔、鼻腔时要受到某部位的阻碍。这是元音和辅音的最主要区别。

2. 元音发音时,发音器官各部位保持均衡的紧张状态;辅音发音时,构成阻碍的部位比较紧张,其他部位比较松弛。

3. 元音发音时,气流较弱;辅音发音时,气流较强。

4. 元音发音时,声带要颤动,发出的声音比较响亮;辅音发音时,有的声带颤动,声音响亮,有的辅音声带不颤动,声音不响亮。

二、辅音

辅音的主要发音特征是气流在通过咽头、口腔时会受到相关发音器官的阻碍。发音时气流受到阻碍的位置叫发音部位;发音时喉头、口腔和鼻腔节制气流的方式和状况叫发音方法。辅音的不同就是由不同的发音部位和发音方法决定的。以下从两个方面对辅音进行分类。

(一) 发音部位

按照不同的发音部位,普通话 22 个辅音可分为如下七类:

1. 双唇音,是由上唇与下唇构成阻碍而发出的音:b[p]、p[p^h]、m[m]。

2. 唇齿音,是由上齿与下唇构成阻碍而发出的音:f[f]。

3. 舌尖前音,又叫平舌音,是由舌尖与上齿背构成阻碍而发出的音:z[ts]、c[ts^h]、s[s]。

4. 舌尖中音,是由舌尖与上齿龈构成阻碍而发出的音:d[t]、t[t^h]、n[n]、l[l]。

5. 舌尖后音,又叫翘舌音,是由舌尖与硬腭前部构成阻碍而发出的音:zh[tʂ]、ch

[tʂʰ]、sh[ʂ]、r[ʐ]。

6. 舌面前音，又叫舌面音，是由舌面前部与硬腭前部构成阻碍而发出的音：j[tɕ]、q[tɕʰ]、x[ɕ]。

7. 舌面后音，又叫舌根音，是由舌根与软腭构成阻碍而发出的音：g[k]、k[kʰ]、h[x]、ng[ŋ]。

（二）发音方法

辅音的发音方法包括形成阻碍与消除阻碍的方式、声带是否颤动、送气不送气等三个方面，由此又可以分为不同类型。

1. 阻碍的方式

根据形成阻碍与消除阻碍方式的不同，普通话的辅音可分为五类：

（1）塞音　发音时，发音部位完全闭塞，构成阻碍，气流冲破阻碍，迸裂而出，爆发成声。普通话有6个塞音：b、p、d、t、g、k。

（2）擦音　发音时，发音部位接近，留有一条窄缝，气流由窄缝中挤出，摩擦成声。普通话有6个擦音：f、h、x、sh、r、s。

（3）塞擦音　发音时，发音部位先是完全闭塞，然后气流把阻塞部位冲开一条窄缝，再由窄缝中挤出，摩擦成声。这类声母兼有塞音与擦音的特点，前半部分像塞音，后半部分像擦音，前后发音过程紧密结合，形成一个完整的辅音。普通话有6个塞擦音：j、q、zh、ch、z、c。

（4）鼻音　发音时，口腔中的发音部位完全闭塞，软腭下降，声带振动，气流从鼻腔通过。普通话有3个鼻音：m、n、ng。

（5）边音　发音时，舌尖抵住上齿龈，声带振动，气流从舌头的两边通过。普通话有1个边音：l。

2. 声带是否振动

根据声带是否振动可以把辅音分为两类：

（1）清音　发音时声带不颤动，又叫不带音。普通话有17个清音：b、p、f、d、t、g、k、h、j、q、x、zh、ch、sh、z、c、s。

（2）浊音　发音时声带颤动，又叫带音。普通话有5个浊音：m、n、l、r、ng。

3. 气流的强弱

根据发音时气流的强弱，可以把辅音中的塞音与塞擦音分为两类：

（1）不送气音　发音时口腔中呼出较弱的气流。普通话有6个不送气音：b、d、g、j、zh、z。

（2）送气音　发音时口腔中呼出较强的气流。普通话有6个送气音：p、t、k、q、ch、c。

表 1-1 普通话辅音总表

	塞音		塞擦音		擦音		鼻音	边音
	清音		清音		清音	浊音	浊音	浊音
	不送气	送气	不送气	送气				
双唇音	b	p					m	
唇齿音					f			
舌尖前音			z	c	s			
舌尖中音	d	t					n	l
舌尖后音			zh	ch	sh	r		
舌面前音			j	q	x			
舌面后音	g	k			h		ng	

三、元音

普通话的元音可分为单元音（10个）和复元音（13个）两类。

（一）单元音

单元音的发音主要取决于舌位的高低、舌位的前后以及唇形的圆展这三个要素。普通话10个单韵母可以分为舌面元音、舌尖元音和卷舌元音三类。

1. 舌面元音

发音舌位位于舌面的叫作"舌面元音"。描写舌面元音发音条件可以用元音舌位图来表示。

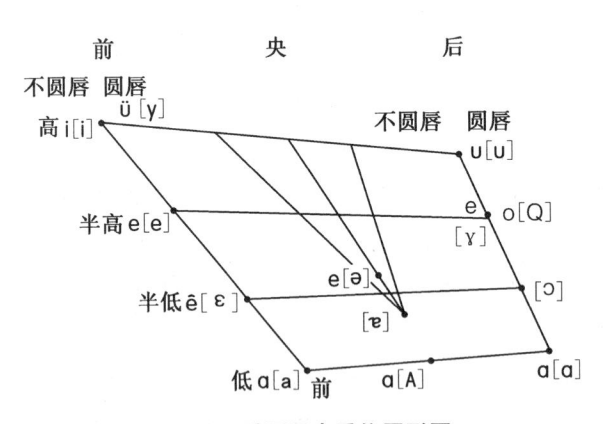

图 1-2 舌面元音舌位唇形图

（1）舌位的前后。

根据发元音时舌位的前后可以分为前元音、后元音、央元音。

（2）舌位的高低。

舌位越高开口度越小，舌位越低开口度越大。根据舌位由高到低，发出的元音由上而下分别叫作高元音、半高元音、半低元音和低元音。

(3) 唇形的圆展。

嘴唇收圆，发出的元音叫圆唇元音；嘴唇展开，发出的元音叫不圆唇元音。

普通话的舌面元音的发音可以描写为：

a[A]　舌面、央、低、不圆唇元音。

o[o]　舌面、后、半高、圆唇元音。

e[ɤ]　舌面、后、半高、不圆唇元音。

ê[ɛ]　舌面、前、半低、不圆唇元音。

i[i]　舌面、前、高、不圆唇元音。

u[u]　舌面、后、高、圆唇元音。

ü[y]　舌面、前、高、圆唇元音。

2. 舌尖元音

发音舌位位于舌尖的叫作"舌尖元音"。普通话只有-i[ɿ]和-i[ʅ]两个舌尖元音。-i[ɿ]和-i[ʅ]不能单独成音，-i[ɿ]只出现在 z、c、s 后面，-i[ʅ]只出现在 zh、ch、sh、r 后面。它们跟舌面元音 i[i]出现的条件不同。

普通话舌尖元音的发音可以描述为：

-i[ɿ]　舌尖前、高、不圆唇元音。

-i[ʅ]　舌尖后、高、不圆唇元音。

3. 卷舌元音

er[ɚ]是央元音[ə]带有卷舌色彩的音。r 是表示卷舌动作的符号，所以 er 依然是单元音。普通话卷舌元音的发音可以描述为：

er[ɚ]　卷舌、央、中、不圆唇元音。

（二）复元音

复元音指的是发音时舌位、唇形都有变化的元音。复元音的发音是由甲元音的发音状况(开口度、舌位、唇形)快速滑向乙元音，或者是由乙元音再快速滑向丙元音。因此复元音不止有一个元音(即不止一个音素)。例如 ai 不是一个元音音素，也不是两个元音音素的简单相加，它中间没有停顿，两个音之间存在一连串的过渡音。因此，复元音是多个元音的复合体。

普通话共有 ai、ei、ao、ou、ia、ie、ua、uo、üe、iao、iou、uai、uei 等 13 个复元音。

根据复元音发音时元音的响度不同，可分为前响复元音、后响复元音和中响复元音。

1. 前响复元音

ai[ai]、ei[ei]、ao[au]、ou[ou]，共有四个。

2. 后响复元音

ia[iA]、ie[iɛ]、ua[uA]、uo[uo]、üe[yɛ]，共有五个。

3. 中响复元音

iao[iɑu]、iou[iou]、uai[uai]、uei[uei]，共有四个。

> **思考和练习**

1. 普通话辅音的发音部位和发音方法包括哪几种？
2. 根据所提供的发音部位和发音方法，在下面横线上填上相应的声母。
   (1) 双唇、送气、清、塞音_____。
   (2) 舌尖前、清、塞擦音_____。
   (3) 舌面前、不送气、清、塞擦音_____。
3. 举例说明单元音的发音应从哪几方面进行分析。
4. 举例说明复元音有哪几类。

第三节　语音知识：声母与韵母

【目标要求】 掌握普通话21个辅音声母和39个韵母，熟悉韵母的分类和结构特点。

按照汉语传统的分析方法，总是把一个音节分解为声母、韵母、声调三个部分。需要指出的是，音节、音素、元音、辅音是各种语言都有的语音概念，而声母、韵母、声调则是汉语特有的概念。

一、声母

声母是汉语音节中开头的辅音。普通话22个辅音中除ng不能当声母外，其余的都可以做声母，普通话共有21个辅音声母：b、p、m、f、d、t、n、l、g、k、h、j、q、x、zh、ch、sh、r、z、c、s。另外还有一个零声母，普通话一共有22个声母。

(一) 辅音声母

普通话中21个辅音声母，根据发音部位不同，可分为：

1. 双唇音

b[p]：双唇、不送气、清、塞音。

p[pʰ]：双唇、送气、清、塞音。

m[m]：双唇、浊、鼻音。

2. 唇齿音

f[f]：唇齿、清、擦音。

3. 舌尖前音

z[ts]：舌尖前、不送气、清、塞擦音。
c[tsʰ]：舌尖前、送气、清、塞擦音。
s[s]：舌尖前、清、擦音。

4. 舌尖中音

d[t]：舌尖中、不送气、清、塞音。
t[tʰ]：舌尖中、送气、清、塞音。
n[n]：舌尖中、浊、鼻音。
l[l]：舌尖中、浊、边音。

5. 舌尖后音

zh[tʂ]：舌尖后、不送气、清、塞擦音。
ch[tʂʰ]：舌尖后、送气、清、塞擦音。
sh[ʂ]：舌尖后、清、擦音。
r[ʐ]：舌尖后、浊、擦音。

6. 舌面前音

j[tɕ]：舌面前、不送气、清、塞擦音。
q[tɕʰ]：舌面前、送气、清、塞擦音。
x[ɕ]：舌面前、清、擦音。

7. 舌面后音

g[k]：舌面后、不送气、清、塞音。
k[kʰ]：舌面后、送气、清、塞音。
h[x]：舌面后、清、擦音。

(二) 零声母

有的音节开头的音素不是辅音，音节的声母为零，语音学上称为"零声母"。如"藕"(ǒu)、"昂"(áng)等。有了零声母概念，普通话里所有音节都有声母，都可以分为声母、韵母两部分。汉语拼音里的 y 和 w 两个字母，只出现在零声母音节的开头，如"衣"(yī)、"乌"(wū)等。它们的作用主要是使音节界限清楚，所以它们是隔音字母，而不是声母。

二、韵母

韵母是指一个音节中声母后面的部分。普通话中共有 39 个韵母。

(一) 韵母的结构

普通话韵母的主要成分是元音。韵母的结构可以分为韵头、韵腹、韵尾三个部分。

1. 韵头

韵头是主要元音前面的元音,又叫介音。由 i、u、ü 充当,发音总是轻而短,只表示韵母的起点。如 ia、iao、ua、uan、üe 中的 i、u、ü。

2. 韵腹

韵腹是韵母中的主要元音。充当韵腹的主要元音口腔开度最大、声音最响亮。韵腹是韵母的主要构成部分,由 a、o、e、ê、i、u、ü、-i[ɿ]、-i[ʅ]、er 充当。

3. 韵尾

韵尾是韵腹后面的音素,又叫尾音。由 i、u 或鼻辅音 n、ng 充当。

韵母中只有一个元音时,这个元音就是韵腹;有 2 个或 3 个元音时,开口度最大、声音最响亮的元音是韵腹。韵腹前面的元音是韵头,后面的元音或辅音是韵尾。韵腹是韵母的主要成分,一个韵母可以没有韵头或韵尾,但是不可以没有韵腹。

表 1-2 普通话韵母结构表

韵母例字(拼写法)	韵母		
^	韵头(限于高元音 i、u、ü)	韵(韵身)	
^	^	韵腹(十个单元音)	韵尾(限于高元音 i、u 和鼻辅音 n、ng)
挨(ai)		a	i
优(you)	i	o	u
温(wen)	u	e	n
越(yue)	ü	ê	
英(ying)		i	ng
乌(wu)		u	
于(yu)		ü	
儿(er)		er	
知(〈zh〉i)		-i[ɿ]	
资(〈z〉i)		-i[ʅ]	

(二)韵母的分类

根据不同的标准,普通话韵母可以划分出不同的类型。

1. 按照韵母开头元音的发音口形的不同,可以分成四类,又叫"四呼":

开口呼:不是 i、u、ü 或不以 i、u、ü 开头的韵母。

齐齿呼:是 i 或以 i 开头的韵母。

合口呼:是 u 或以 u 开头的韵母。

撮口呼:是 ü 或以 ü 开头的韵母。

2. 按照韵母的内部结构可以分成三类。

(1) 单韵母：由一个元音构成的韵母，又叫单元音韵母。普通话共有 10 个单韵母：a、o、e、ê、i、u、ü、-i[₁]、-i[ʅ]、er。

(2) 复韵母：由两个或三个元音结合构成的韵母，又叫复元音韵母。普通话共有 13 个复韵母：ai、ei、ao、ou、ia、ie、ua、uo、üe、iao、iou、uai、uei。

(3) 鼻韵母：元音后面带上鼻辅音构成的韵母，又叫鼻音尾韵母。普通话共有 16 个鼻韵母：an、ian、uan、üan、en、in、uen、ün、ang、iang、uang、eng、ing、ueng、ong、iong。

表 1-3　普通话韵母总表

	开口呼	齐齿呼	合口呼	撮口呼
单韵母	-i[₁]、-i[ʅ]	i	u	ü
	a	ia	ua	
	o		uo	
	e			
	ê	ie		üe
	er			
复韵母	ai		uai	
	ei		uei	
	ao	iao		
	ou	iou		
鼻韵母	an	ian	uan	üan
	en	in	uen	ün
	ang	iang	uang	
	eng	ing	ueng	
			ong	iong

思考和练习

1. 试写出我国省级行政区简称字音的声母。
2. 有些方言区的人对声母 n、l 的发音容易混淆，请问该采用什么办法来分辨？
3. 韵母可以分为哪几类？
4. 试描述普通话韵母的结构。下列各字的韵母结构是怎样的？

航海　表扬　安全　队伍　霞光　流水

5. 绕口令练习。

四是四，十是十，十四是十四，四十是四十，不能把十四说时事，也不能把四十说事实。

练一练,念一念,n、l要分辨。l是舌边音,n是鼻音要靠前。你来练,我来念,不怕累,不怕难,齐努力,攻难关。

扁担长,板凳宽,扁担要绑在板凳上,板凳偏不让扁担绑在板凳上。

走如风,站如松,坐如钟,睡如弓。风、松、钟、弓、弓、钟、松、风,连念七遍口齿清。

第四节　语音知识:声调

【目标要求】 掌握声调的定义;明确调类、调值,掌握普通话的四个声调的读音。

一、什么是声调

声调是音节中具有区别意义作用的音高变化。声调是音节不可缺少的组成部分,它和声母、韵母一样都具有区别意义的作用。声调是普通话和汉语方言语音的最显著和最基本的特征。声调的不同可以区别不同的词义,例如:都(dū)、读(dú)、堵(dǔ)、杜(dù)。

二、调类和调值

调值是音节中高低升降的音高变化的固定格式,也就是声调的实际音值或读法。 我们采用赵元任创制的"五度标记法"来标记声调。"五度标记法"是建立一个坐标,用从1到5的5度竖轴来表示相对音高,从下到上分别用1、2、3、4、5表示低音、半低音、中音、半高音、高音。用横轴表示音长。

调类是声调的种类,是根据声调的实际读法归纳出来的。有几种实际读法就有几种调类,也就是将相同调值的字归为一类。普通话有四个调类,分别是阴平、阳平、上声、去声,通俗地叫第一声、第二声、第三声、第四声。在一个方言里,有几种调值的基本变化形式,就有几个调类。各方言区的调类数量不尽相同,最少的方言区只有三个调类,如河北滦县话、山东烟台话;最多的有十个调类,如广西玉林话。多数方言的调类为四到六个,如沈阳话、兰州话、成都话有四个调类,上海话有五类,客家话有六类,厦门话有七类,广州话有九个调类等。

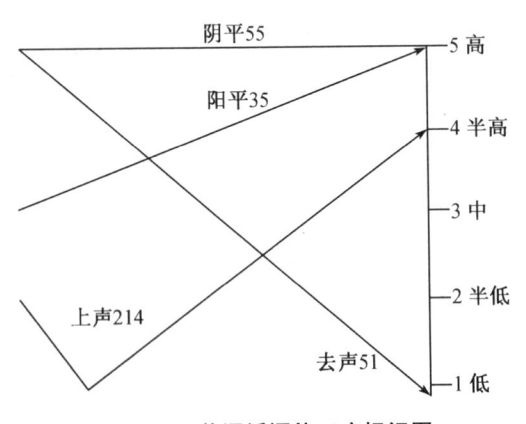

图1-3　普通话调值五度标记图

三、普通话的声调

普通话有四种基本声调:阴平、阳平、上声、去声。具体描写如下:

1. 阴平——高平调

发音时调值由 5 度到 5 度,调值 55。例字:巴、方、低、青、知。

2. 阳平——中升调

发音时调值由 3 度到 5 度,调值 35。例字:拔、房、敌、情、职。

3. 上声——降升调

发音时调值由 2 度降到 1 度,再升到 4 度,调值 214。例字:把、仿、底、请、止。

4. 去声——全降调

发音时调值由 5 度到 1 度,调值 51。例字:罢、放、第、庆、志。

四、声调符号

声调符号是调类的标记符号。《汉语拼音方案》规定的调号是:ˉ ˊ ˇ ˋ 四种。

阴平　　阳平　　上声　　去声
　ˉ　　　ˊ　　　ˇ　　　ˋ

需要注意的是,普通话中除了阴平、阳平、上声、去声四个调类外,还有一种轻声,发音都轻而短,其调值不同于上述四声的任何一个。轻声不是一个独立的调类,而是一种音变现象。对轻声问题,我们后面部分会有专节讲解。

思考和练习

1. 先后用普通话和自己的方言朗读下列几组文字,体会各字声调的高低升降变化的异同。

百川归海　笨鸟先飞　变本加厉　地动山摇
沽名钓誉　国泰民安　和蔼可亲　功败垂成
彼此理解　理想美满　永远友好　品学兼优
门当户对　耳濡目染　声嘶力竭　拭目以待

2. 朗读下列短文,注意读准声调。

"呱!"青蛙忍不住叫起来,"请把我也带到南方去吧!""真稀奇,"野鸭们围住他喊道,"你没翅膀,我们怎么带你呢?""让我想一想。"青蛙说完跳进水里。不一会儿,他露出头来说:"我想出来了。你们两只鸭子嘴里叼一根树枝,我咬住中间,你们一飞,我也就飞起来了。只要你们不'呷呷'地叫,我也不'呱呱'地喊,就行。"(《青蛙旅行家》)

第五节 语音知识:音节

【目标要求】 了解普通话音节结构的特点,学会分析汉字字音结构;了解《汉语拼音方案》规定的音节拼写规则。

一、音节的结构

音节是听话时能自然感到的最小的语音单位。音节由一个或几个音素组成。一般来说,一个汉字的读音就是一个带调音节,有后缀"儿"字的是例外,是两个汉字读一个音节,例如"花儿"(huār)。

汉语有些复杂音节的韵母包含韵头(又叫介音)、韵腹(又叫主要元音)和韵尾三个部分,有的韵母只有一两部分。普通话音节的音节结构有四个特点:

(1) 一个音节可以用一至四个音素符号拼写,如"阿""把""白""江",最多可以用四个音素符号来拼写。

(2) 元音在音节中占优势。每个音节都要有元音,元音符号需要连续出现,分别充当韵头、韵腹和韵尾,最多可以有三个元音。如果一个音节只有一个音素,这个音素除极个别例外,都是元音。例外是口语中表示叹词"呣""嗯"等的 m、n、ng 三个鼻辅音可以独立成为一个音节。这样的例外数量很少,不列入音节基本结构里。

(3) 音节可以没有辅音(如"衣、乌、语、啊")。辅音大都在音节的开头或末尾出现(如"乡"),在音节末尾出现的辅音只限于 n 和 ng。没有两个辅音相连的音节。zh 声母、ng 韵尾都是双字母的音素符号,表示一个辅音音位。

(4) 汉语音节都有声调,都有韵腹(主要元音);可以没有辅音声母(但有零声母),可以没有韵头和韵尾。

二、拼音

把分析出来的声母、韵母拼合起来,韵母中包含声调,构成一个音节,就是拼音。

(一) 拼音应注意的问题

1. 声母要用本音

平常念声母,一般是念它的呼读音。声母的呼读音都是在声母的本音后面加上一个元音。用声母拼音时,应该去掉这个元音,而用它的本音。有人把拼音的经验总结为"前音轻短后音重,两音相连猛一碰",这句话基本上反映了拼音的要领。前音(声母)念得轻而短,就可能接近于本音;后音(韵母)是发音响亮的部分,当然应该重念了。还可以采用这样一种办法:拼音时,发音器官先做好发某个声母本音的姿势(等于在发这个声母本音),把要相拼的韵母一起念出来。

2. 声母、韵母之间不要有停顿

在拼音时,声母和韵母要连着念,不要有停顿。

3. 要念准韵头

对于有韵头(介音)的音节,在拼音时要注意把韵头念准,有意识地让口张得慢一些,把韵头引出来。有些韵头是圆唇元音,拼音时就要注意把嘴唇拢圆,把韵头念准。念不准韵头,就可能出现丢失韵头或者改变韵头的现象。

(二)拼音的方法

1. 双拼法

(1)声韵双拼法。用声母和韵母两个部分进行拼音(韵母部分都带声调,下同)。例如:

ch-áng→cháng(长)   j-iāng→jiāng(江)

(2)声介与韵合拼法。先把声母和韵头拼合,然后跟韵身进行拼音。这一方法只适用于有韵头的音节。例如:

xi-ǎng→xiǎng(想)   ni-àn→niàn(念)

2. 三拼法

用声母、韵头、韵身三部分进行连读。这种方法,只适用于有韵头的音节。例如:

x-i-á→xiá(遐)   x—i—ǎng→xiǎng(想)

3. 整体认读法

整体认读法是先做好发声母的准备,然后读带声调的韵母,例如"妈"字,先摆好发 m 的唇形,然后用 ā 冲开连成音节,就发出了 mā。

三、音节的拼写规则

《汉语拼音方案》对普通话音节的拼写有以下具体的规定。

(一)隔音的规则

1. 隔音字母 y、w 的用法

汉语拼音字母 y(读 ya)和 w(读 wa)是隔音字母。它们是为了避免音节界限不明而发生混淆。例如把"大意"拼写成"dai",就会以为是一个音节"代",前头加了 y,写成"dayi",音节界限就分明了。

(1)韵母表中 i 行的韵母,在零声母音节中,如果 i 不是韵腹,就把 i 改为 y:

ia→ya(压)   ie→ye(耶)   iao→yao(邀)   iou→you(优)
ian→yan(烟)   iang→yang(央)   iong→yong(拥)

如果 i 是韵腹,就在 i 前面加上 y:

  i→yi(依) in→yin(音) ing→ying(应)

(2) 韵母表中 u 行的韵母,在零声母音节中,如果 u 是韵头,就把 u 改为 w:

  ua→wa(挖) uo→wo(窝) uai→wai(歪)
  uei→wei(微) uan→wan(湾) uen→wen(温)
  uang→wang(汪) ueng→weng(嗡)

如果 u 是韵腹,就在 u 前面加上 w:

  u→wu(乌)

(3) 韵母表中 ü 行的韵母,在零声母音节中,不论是韵头还是韵腹,一律要在前面加 y。加 y 后,ü 的两点省写:

  ü→yu(迂)   üe→yue(约)
  üan→yuan(渊)   ün→yun(晕)

需要注意的是,y、w 只是起隔音作用的字母,不是声母。在小学教学中,为了降低 y、w 拼写规则教学的难度,有人把 y、w 当成声母(读 i、u)来教,这是变通的教法。

2. 隔音符号的用法

"a、o、e"开头的音节连接在其他音节后面的时候,为了避免音节的界限发生混淆,就要用隔音符号"'"隔开,例如:

  kù'ài(酷爱)—kuài(快) jī'è(饥饿)-jié(节)
  xī'ān(西安)-xiān(先) dàng'àn(档案)-dāngàn(单干)

(二) 省写规则

1. 韵母 iou,uei,uen 的省写

《汉语拼音方案》规定:iou、uei、uen 这 3 个韵母前面加辅音声母的时候,省掉中间的 o 或者 e,写成 iu、ui、un。例如:

  d-iou→diū(丢)   x—iou→xiū(休)
  c-uei→cuī(催)   k-uei→kuī(归)
  ch-uen→chūn(春) t-uen→tūn(吞)

2. ü 上两点的省略

ü 跟 n、l 以外的声母相拼时都省写两点。例如:

  j-ü→jǔ(举)   x-ü→xù(序)
  q-üe→què(却)   j-üe→jué(决)
  q-üan→quán(权)   x-üan→xuān(宣)

j-ün→jūn(军)   q-ün→qún(群)

为什么 j、q、x 后面的 ü 可以省掉两点呢？因为声母 j、q、x 不能跟合口呼韵母相拼，省写了两点也不会误认为是"u"开头的韵母，音节不会发生混淆。而在声母 n、l 后面不能省写两点的。如果省了，这些音节就会发生混淆。例如：

nǔ(女)—nǔ(努)   lǔ(旅)—lǔ(鲁)

（三）标调规则

《汉语拼音方案》规定的调号是：ˉ ˊ ˇ ˋ 四种。

阴平ˉ   阳平ˊ   上声ˇ   去声ˋ

(1) 由于声调属于整个音节，声调的高低、变化主要集中体现在韵腹即主要元音上，所以调号一般标在主要元音上，轻声不标。例如：

妈 mā   麻 má   马 mǎ   骂 mà   吗 ma
（阴平） （阳平） （上声） （去声） （轻声）

(2) 在 iu、ui 这两个韵母中，声调符号规定标在后面的 u 或 i 上面，因为-iu、-ui 是 iou、uei 的省写形式，其韵腹 o、e 与韵尾 u、i 结合紧密。例如：

qiú(球)   chuī(吹)

(3) 在 i 上标调号时要去掉 i 上的小点，在 ü 上标调号时两点不能省。例如：

yī(衣)   xīn(心)   nǚ(女)

(4) 轻声音节不标调。例如：

zhuōzi(桌子)   chuānghu(窗户)   fēngzheng(风筝)

（四）词的拼写规则

汉语拼音的拼写要符合《汉语拼音正词法基本规则》的要求。

(1) 同一个词要连写，词与词一般分写。句子或诗行开头的字母要用大写。例如：

Tuánjié fèndòu jiànshè zǔguó.
团结　　奋斗　　建设　　祖国。

(2) 专用名词，如人名、地名等的每个词开头字母要大写。例如：

Lǐ Bái   Chángshā
李白   长沙

(3) 标题中的字母可以全部大写，也可以每个词开头的字母大写；有时为了简明

美观,可以省略声调符号。例如:

BUWANG	CHUXIN	LAOJI	SHIMING
Buwang	Chuxin	Laoji	Shiming
不忘	初心	牢记	使命

思考和练习

1. 熟记《汉语拼音方案》中的拼写规则。
2. 拼音应该注意哪些问题,请举例说明。
3. 用汉语拼音给下列诗歌注音。

春眠不觉晓,处处闻啼鸟。夜来风雨声,花落知多少。

第六节 语音知识:音变

【目标要求】 了解语流音变的定义,掌握普通话的轻声、儿化和变调等语流音变的规律。

语流音变指的是连读音变,即连着读的音节,音素声调等有时会发生变化。普通话的音变现象主要有轻声、儿化、变调和语气词"啊"的变读。

一、轻声

(一) 什么是轻声

轻声是普通话的四声在一定条件下变成比原调又轻又短的声调变体。

"轻"是就音节的音强而言,音波振幅比原调小,听起来声音轻些、弱些;"短"是就音长而言,轻声音节比原调音节听起来时间短一些。

(二) 轻声的作用

有些轻声音节具有区别词义和区分词性的作用。例如:

他的孙子在工厂当工人。
古代的孙子是一位军事理论家。

第一个句子中的"孙子"是指儿子的儿子,这个"子"是虚语素,读轻声。第二个句子中的"孙子"是人名,这个"子"是中国古代对人的敬称,不是虚语素,读上声。又如:

大爷(傲慢或不劳动的男子)—大爷(对年老男子的尊称)

是非(正确和错误)—是非(纠纷)

有时轻声既区别了意义,也区分了词性。例如:

利害(利益和损害)(名词)—利害(剧烈、凶猛)(形容词)
地道(地下挖掘的通道)(名词)—地道(实在、标准)(形容词)

第一个"利害"是名词,第二个"利害"是形容词。第一个"地道"是名词,第二个是形容词。

(三) 轻声词

口语中有些常用词读轻声,下面列举常见的轻声词。

1. 助词"的、地、得、着、了、过"和语气词"吧、呢、啊"等读轻声。例如:

   领路的、愉快地、学得好、笑着、活了、看过
   人呢
   谁啊
   不一定吧

2. 部分重叠词的后一音节读轻声。例如:

   妈妈、婆婆、奶奶、弟弟、太太
   催催、坐坐、劝劝、谢谢、看看

3. 双音动词重叠式 ABAB 的第二、四音节读轻声。例如:

   考虑考虑、打扫打扫、研究研究

4. 后缀"子""头"和"们"等读轻声。例如:

   鸽子、燕子、馒头、木头、我们、他们

但是,"原子、男子、眉头、窝窝头"等词中的"子""头"是实语素,不读轻声。

5. 表示方位的词或语素读轻声。例如:

   脸上、底下、心里、左边、北边、外面

6. 动词、形容词后面表示趋向的词"来、去"等读轻声。例如:

   过来、进来、起来、过去、出去、上去

但是,前面带有表示可能的"得、不"的趋向动词不读轻声。例如:

   划得来、出不去、拿得起来、放不下去

7. 量词"个"、夹在重叠动词之间的"一"和"不"读轻声。例如:

   这个、那个、试一试、去不去

33

8. 有一些常用的双音词，后面的音节习惯要读轻声。例如：

  巴掌、包袱、扁担、簸箕、部分、苍蝇
  窗户、凑合、打扮、耽误、豆腐、风筝
  告诉、胳膊、姑娘、故事、关系、罐头
  机灵、见识、姐姐、力气、马虎、蘑菇
  脑袋、暖和、脾气、清楚、收拾、岁数

二、儿化

（一）什么是儿化

"儿化"指的是一个音节中，韵母带上卷舌色彩的一种特殊音变现象，这种卷舌化了的韵母就叫作"儿化韵"。儿化词中的"儿"不是一个独立的音节，而是表示卷舌的动词，用拼音拼写时在原来音节的末尾加上表示卷舌的"r"，例如：花儿（huār）。

（二）儿化的作用

儿化不仅是单纯的语音现象，它可以区别词义，是否儿化意义有所不同，例如：

  头（脑袋）——头儿（领头的）
  眼（眼睛）——眼儿（小孔）
  火星（行星）——火星儿（极小的火）

儿化可以区分词性，儿化后的词性发生了改变。例如：

  画（动词）——画儿（名词）
  盖（动词）——盖儿（名词）
  尖（形容词）——尖儿（名词）

儿化前分别是动词和形容词，儿化后变成了名词。
此外，儿化还可以表示细小、轻松或表示亲切、喜爱的感情色彩。例如：

  小孩儿、雨点儿、脸蛋儿、胖墩儿

（三）儿化的发音

1. 音节末尾是 a、o、e、u（包括 ao、iao 中的 o[u]）的，儿化时直接卷舌。例如：

  板擦儿 锯末儿 高个儿 小兔儿

2. 韵母是 ai、ei、an、en（包括 uei、ian、uai、üan），儿化时丢掉韵尾，主要元音卷舌。例如：

小孩儿　墨水儿　手绢儿　杏仁儿

3. 韵尾是 ng 的(ing、iong 除外)，儿化时丢掉韵尾，韵腹鼻化并卷舌。韵母是 ing、iong 的，儿化时丢掉韵尾 ng，加上鼻化的 ə̃r。例如：

茶缸儿　板凳儿　小葱儿　电铃儿

4. 韵母是 i、ü，儿化时加 ə。例如：

眼皮儿　垫底儿　小曲儿　痰盂儿

5. 韵母是 in、ün 的，儿化时丢掉韵尾 n，直接加上 ər。例如：

皮筋儿　鼓劲儿　短裙儿　合群儿

6. 韵母是 -i[ɿ]、-i[ʅ]的，韵母变作 ər。

瓜子儿　写字儿　记事儿　墨汁儿

三、变调

有些音节的声调在语流中连着念会起一定的变化，与单念时调值不同，这种声调的变化叫作变调。

（一）上声的变调

上声单念时调值为 214，在语流末尾时，在下列情况下会发生变化。

1. 上声＋非上声：

第一个上声的调值由 214 变为 21。

短期　手心　雨衣　整风　法则　产权　典籍　领头

2. 上声＋上声：

两个上声相连，调值 214＋214 变为 35＋214。

老板　鼓舞　水果　小组　草场　打扫

但是原为上声现改读为轻声的字音前头，则有两种不同变调。

(1) 214＋轻声→35＋轻声：

打点　等等　讲讲　晌午　小姐　老鼠

(2) 214＋轻声→21＋轻声：

姐姐　姥姥　奶奶　马虎　本子　胆子　稿子　种子

3. 三个上声字相连：

(1) 前两个上声音节语义紧凑，语义停顿在第二个音节后，可称为双单格。前两个音节都变为 35。

35

(214＋214)＋214→35＋35＋214

  演讲稿 跑马场 展览馆 管理组 手写体 洗脸水

(2) 后两个音节语义紧凑,语义停顿在第一个音节后,可称之为单双格。

21＋(214＋214)→21＋35＋214

  纸老虎 党小组 有理想 很勇敢 李厂长 鲁小姐 跑百米 老保姆

4. 如果连着念的上声字不止三个,要根据词语的语法结构和语义紧密度划分词汇语义停顿,由此确定出语义段,再根据上述规律进行变调。

35＋21＋35＋214

  理想/美好 彼此/友好 买把/雨伞
  种马场/养有/五百匹/好母马。
  请你/给我/写好/演讲稿。
  我有/五把/纸雨伞。

(二)"一、不"的变调

1. "一、不"单念或用在词句末尾,以及"一"在序数中,声调不变,读原调。"一"念55,"不"念51。

  十一、统一、唯一、万一
  不、偏不

2. 在去声前,一律变阳平35。

  一样、一向、一定、一块儿
  不怕、不够、不看、不像

3. 在非去声前,一律念去声51。

  一般、一边、一年、一成、一手、一两
  不吃、不开、不同、不详、不管、不想

4. "一、不"嵌在相同的动词的中间读轻声。

  想一想、拖一拖、管一管、谈一谈
  来不来、肯不肯、找不找、开不开

5. "不"在可能补语中读轻声。

  做不好、来不了

四、"啊"的音变

语气词"啊"在句末时,发音往往受前面一个音节最后一个音素的影响,产生连音或同化等变化,使"啊"变读为"呀""哇""哪"等。

1. "啊"前面一个音节最后一个音素是 a、o、e、ê、i、ü,"啊"变读为"呀 ya"可写作"呀",如:

　　谁的画呀!
　　真多呀!
　　别乐呀!
　　你快写呀!
　　千万注意呀!
　　要努力争取呀!

2. "啊"前面一个音节最后一个音素是 u,"啊"变读为"哇 wa",可写作"哇",如:

　　怎么读哇?
　　她真瘦哇!
　　你的手真巧哇!
　　真糟糕哇!

3. "啊"前面一个音节最后一个音素是 n,"啊"变读为"哪",如:

　　快来看哪!
　　他真是一个好人哪!
　　你要小心哪。

4. "啊"前面一个音节最后一个音素是 ng,"啊"变读为 nga,没有汉字,仍写作"啊",如:

　　大声唱啊!
　　你看行不行啊?
　　同志们,冲啊!

5. "啊"前面一个音节最后一个音素是 -i(后)、er 或者儿化韵,"啊"变读为 ra,没这个汉字,仍写作"啊",如:

　　真好吃啊!
　　这算什么事啊?
　　今天谁值日啊!
　　党的好女儿啊!
　　快开门儿啊!

思考和练习

1. 什么是轻声？举例说明其变化规律。
2. 什么是儿化？儿化有什么作用？
3. 什么是变调？举例说明有几种。
4. 朗读下面句子，写出"啊"音变后的汉字。
（1）你来啊。
（2）是不是啊。
（3）快干啊！
（4）是我啊！
（5）没事啊！
5. 绕口令

进了门儿，倒杯水儿，喝了两口儿运运气儿，顺手拿起小唱本儿，唱了一曲儿又一曲儿，练完嗓子练嘴皮儿。绕口令儿，练字音儿，还有单弦儿牌子曲儿，小快板儿，大鼓词儿，越说越唱越带劲儿。

第七节　语音知识：朗读

【目标要求】 了解朗读的定义，掌握朗读的技巧。

朗读就是把文本转化为语音的再创造活动。朗读者要在理解作品的基础上将文字作品转化为有声语言，可运用如下技巧。

一、语调的运用

语调是指句子里声音高低升降的变化，是语气外在的快慢、高低、长短、强弱、虚实等各种声音形式的总和。语调丰富多样，主要有以下几种：

1. 高升调（↗）

前低后高，语势上升。一般用来表示疑问、反问、惊异、愤怒、紧张、警告、号召等语气。如：

① "什么是永远不会回来呢？"（↗）（林清玄《和时间赛跑》）（表疑问）
② 起来，不愿做奴隶的人们！（↗）（《国歌》）（表号召）
③ 沉默啊！沉默！不在沉默中爆发，就在沉默中灭亡！（↗）（鲁迅《记念刘和珍君》）（表愤怒）
④ 世界上还有比这样在敌人刑场上举行婚礼更动人的吗？（↗）（张义生《刑场上的婚礼》）（表反诘）

2. 降抑调(↘)

前高后低,语势渐降。一般用来表示肯定、坚决、赞美、祝福或沉痛、悲愤等感情。朗读时,注意语调逐渐由高降低,末字低而短。

① 似乎每一片树叶上都有一个新的生命在颤动,这美丽的南国的树!(↘)(巴金《鸟的天堂》)(表感叹)

② 大嫂,请回吧!(↘)(表祈使)

③ "我是唯一找到真金的人!"(↘)(表肯定)

④ 这些机器人这么聪明能干,看来真是果农的好帮手呢!(↘)(表赞扬)

3. 平直调(→)

一般多用在叙述、说明或表示迟疑、思索、冷淡、追忆、悼念等句子里,表示庄严、悲痛、冷淡等感情。朗读时语调始终平直舒缓,没有显著的高低变化。

① 临近七月,波兰首都华沙和往年一样准备欢庆国庆节。(→)(小学语文课文《检阅》)(表叙述)

② 等候着把精心赶制的花圈献上。(→)(表庄严肃穆)

③ 可是,我……我还没有向您请教呢……(→)(纪广洋《一分钟》)(表迟疑)

④ 刘胡兰冷冷地回答:"不知道"。(→)(表冷淡)

4. 曲折调(∧↗或者∨↘)

这种句调常用来表示讽刺、厌恶、反语、意在言外等语气。朗读时句调弯曲,或先升后降,或先降后升,把句子中某些特殊的音节特别加重、加高或拖长,形成一种升降曲折的变化。

① "哟,金鱼游到他的纸上来了!"(∧↗)一个女孩惊奇地叫了起来。(小学语文课文《鱼游到了纸上》)(表特别惊讶)

② 好个国民党政府的"友帮人士"!(∨↘)(鲁迅《友邦惊诧论》)(表讽刺)

③ 也有解散辫子,盘得平的,除下帽来,油光可鉴,宛如小姑娘的发髻一般,还要将脖子扭几扭。实在标致极了。(∨↘)(鲁迅《藤野先生》)(表反语)

朗读中与语调相关的因素有:声调、变调、轻声以及句末的升降调、词语的轻重格式、语气词的使用等。要练好语调,首先应注意朗读作品中各种音变现象;其次应注意以句子或句群为单位进行练习;最后再全篇练读。方言语调是学习普通话过程中很难一蹴而就的问题,因此必须反复听、练,从整体上严格要求,培养普通话的语感。

二、重音的运用

重音是指朗读或说话时,为了实现朗读目的,强调或突出的音节、词语或短语。重音可以引起听者的注意,突出重点,引发思考。重音是体现语句目的的重要手段。

重音有语法重音和强调重音两种。

1. 语法重音

语法重音是在不表示什么特殊的思想和感情的情况下,根据语法结构的特点,强调句子的某些部分。语法重音的位置比较固定,常见的规律是:

① 一般短句中的谓语部分常重读。

  你的书买了吗?

② 动词或形容词前的状语常重读。

  他焦急地等着。

③ 句子中的定语、状语、补语及兼语结构常常重读。

  我这时突然感到一种异样的感觉,觉得他满身灰尘的后影,刹时高大了,而且愈走愈大,须仰视才见。而且他对于我,渐渐的又几乎变成一种威慑,甚而至于要榨出皮袍下面藏着的"小"来。(节选自鲁迅《一件小事》)

④ 有些代词也常重读。

  谁是最可爱的人。

⑤ 如果一句话里成分较多,重读也就不止一处,往往优先重读定语、状语、补语等连带成分。

  我们是怎样度过这惊涛骇浪的瞬息!(定语)
  快把那炉火烧得通红。(补语)

2. 强调重音

强调重音又称逻辑重音或感情重音。它是为了表示某种特殊的感情和强调某种特殊意义而有意突出的音,目的在引起听者注意自己所要强调的某个部分。语句在什么地方该用强调重音并没有固定的规律,而是受说话的环境、内容和感情的支配。同一句话,强调重音不同,表达的意思也往往不同。

  我去过上海。(回答"谁去过上海")
  我去过上海。(回答"你去没去过上海")
  我去过上海。(回答"北京、上海等地,你去过哪儿?")

强调重音与语法重音的区别是:

① 从音量上看。语法重音给人的感觉只是一般的轻重区别,而强调重音则给人

鲜明突出的印象。

② 从出现的位置看。强调重音可能与语法重音重叠,这时语法重音服从于强调重音。

③ 从确定重音的难易上看。语法重音较容易找到,在一句话的范围内,根据语法结构的特点就可以确定,而强调重音的确定却与朗读者对作品的理解程度紧密相连。

重音不是"加重声音"的简称。重音的突出方式多种多样。重读、重捶是重音,轻读、轻拖也是重音。另外还可以用快中显慢、重中见轻、高低相间、虚实互转、前后顿歇等方法来突出重音。

漓江的水真静啊,静得让你感觉不到它在流动;漓江的水真清啊,清得可以看见水底的沙石;漓江的水真绿啊,绿得仿佛那是一块无瑕的翡翠。
(小学语文课文《桂林山水》)

在这里,我们可以把"静、清、绿"三个最能让人产生形象感受的形容词读为重音。但根据作品的思想感情和作品的意境,这三个词的重音突出方式就不能用"重读"或"重捶"的方式,而应该选择"轻读"或者"轻拖"来突出。否则就会破坏漓江优美的意境。

三、停连的运用

停连,是指朗读语流中声音的停歇和连接。它是有声语言表情达意的重要方法。停连可分为生理停连、语法停连和强调停连。

1. 生理停连

生理停连即朗诵者根据气息需要,在不影响语义完整的地方做一个短暂的停歇。

遵义会议/纠正了在第五次反"围剿"斗争中/所犯的"左倾机会主义性质"的严重的原则错误,团结了党和红军,使得党中央和红军主力/胜利地完成了长征,转到了抗日的前沿阵地,执行了抗日民族统一战线的新政策。

"遵义会议纠正了在第五次反'围剿'斗争中所犯的'左倾机会主义性质'的严重的原则错误"这句话太长,需要在"遵义会议、第五次反'围剿'斗争中"后面略停顿换气,这样并不会影响语义完整。

2. 语法停连

语法停连是句子、段落的语法关系所做的停连。一般来说,语法停连时间的长短同标点符号大致相关。例如句号、问号、叹号后的停顿比分号、冒号长;分号、冒号后的停顿比逗号长;逗号后的停顿比顿号长;段落之间的停顿则长于句子停顿的时间。

3. 强调停连

为了强调某一事物,突出某个语意或某种感情,在书面上没有标点、在生理上也可不作停连的地方作了停连,或者在书面上有标点的地方作了较大的停顿,这样的停连我们称为强调停连。

强调停连是在仔细揣摩作品,深刻体会其内在含义的基础上安排的。如前面的"遵义会议"之后没有标点符号,但是为了突出"遵义会议"的地位,强调"遵义会议"在我党、历史上的伟大意义,就应有一个停顿,而且比下面的其他强调停顿时间要长一些。"纠正了""团结了""使得""转到了""执行了"这些词语后面也没有标点,但为清楚显示"遵义会议"的伟大历史意义,应该停顿。

停连的处理技巧:停连是朗读者思想感情的继续和延伸,而不是思想感情的中断和空白。它必须以思想感情的运动状态为前提,根据作品内容和语句目的安排停连。在朗读中,生理上需要(如换气)的停顿,也必须服从于朗读的心理状态的需要,不能破坏文章意境的完美。学会停连的方法与技巧,做到"停到好处,连到妙处"可以增强有声语言的表达魅力。但如果不仔细揣度作品而任意停连,则容易使听者产生错误的理解。

思考和练习

朗读下列短文,注意恰当运用朗读技巧。

(1)……但它们那种不畏风霜的姿态却使人油然而生敬意,久久不忘。当时很想把这种感觉写下来,但又不能写成。(陶铸《松树的风格》)

(2)海鸥在暴风雨来临之前呻吟着,——呻吟着,它们在大海上飞窜,想把自己对暴风雨的恐惧,掩藏到大海深处。(高尔基《海燕》)

(3)俱往矣,数风流人物,还看今朝。(毛泽东《沁园春·雪》)

第八节　语音知识的应用

【目标要求】　了解《汉语拼音方案》与小学语文拼音教材的异同;了解小学语音教学的要求,掌握统编本教材拼音、朗读教学的特点和要则。

一、《汉语拼音方案》与小学语文拼音教材的关系

《汉语拼音方案》(以下简称《方案》)同小学语文拼音教材(以下简称小学拼音教材)的关系在以往的现代汉语教材中少有提及,甚至有的小学语文教师弄不清楚汉语拼音方案同小学拼音教材的关系。有人认为小学拼音教材就是汉语拼音方案;还有人认为小学拼音教材是汉语拼音方案之外的另一套拼音方案。这些问题不明确,往往会让教师在教学中产生疑惑,甚至会因违背规律而造成教学中的错误。下面将《方案》与小学拼音教材对比列表如下,旨在找出它们之间的异同,为教学提供指导。

表 1-4 《汉语拼音方案》与小学拼音教材对比表

类别	《汉语拼音方案》	小学拼音教材	两者异同
声母	b、p、m、f、d、t、n、l、g、k、h、j、q、x、zh、ch、sh、r、z、c、s	b、p、m、f、d、t、n、l、g、k、h、j、q、x、zh、ch、sh、r、z、c、s、y、w	《方案》有 21 个辅音声母;"教材"有 23 个,比《方案》多了 y、w;《方案》中 y、w 为隔音字母
单韵母	a、o、e、ê、i、u、ü、-i[ɿ]、-i[ʅ]、er[ər]	a、o、e、i、u、ü	《方案》有单韵母 10 个;"教材"有 6 个,比《方案》少 4 个:ê、-i[ɿ]、-i[ʅ]、er[ər]
复韵母	ai、ei、ao、ou、ia、ie、iao、iou、ua、uo、uai、uei、üe	ai、ei、ao、ou、ie、iu、ui、üe、er	《方案》有复韵母 13 个;"教材"有 9 个,比《方案》少 5 个:ia、iao、ua、uo、uai,多 1 个 er。iou、uei"教材"直接教省写式:iu、ui
鼻韵母	an、en、in、ün、ian、uan、uen、üan、ang、eng、ing、ong、iang、uang、ueng、iong	an、en、in、ün、un、ang、eng、ing、ong	《方案》有鼻韵母 16 个;"教材"有 9 个,比《方案》少 7 个:ian、iang、iong、uan、uang、ueng、üan。uen"教材"直接教省写式:un
整体认读音节		zhi、chi、shi、ri、zi、ci、si、yi、yin、ying、wu、yu、yue、yuan、ye、yun	《方案》没有整体认读音节;"教材"有 16 个整体认读音节

从上表我们可以看出,小学拼音教材是按照《方案》的系统编写的。包括了《方案》的基本内容,同时在不违背《方案》的原则下采用变通的做法,具体表现在以下几个方面。

(1) 在声母方面。

① y、w 的作用不同。《方案》中有 21 个辅音声母,而小学拼音教材有 23 个声母,比《方案》多了 y、w。在普通话语音系统中,y、w 是不代表音素的,作为字母,y、w 在《方案》中被看作隔音符号,其作用是使多音节词连写时音节之间的界限清楚,不致产生歧义。

在小学语文拼音教学中,y、w 被当作声母使用,带有 y、w 的大部分音节,被看作是由声母 y、w 和韵母相拼构成的,例如:ya(呀)由 y-a 拼成,wa(蛙)由 w-a 拼成,you(优)由 y-ou 拼成。另有少量带 y、w 的音节,在小学汉语拼音教学中作为整体认读音节进行教学,如 yi、yin、ying、yu、wu。

② y、w 的称说方法。在小学汉语拼音教学中,y、w 有两种称说的方法:作为声母的 y、w,读作 i、u;在教学中单独提到 y、w 的时候,为了同韵母 i、u 相区别,一般称作"声母 y""声母 w"。在教研活动中,教师之间谈到 y、w 的功用时,要称说它们的名称音 ia、ua,例如,"在把 y、w 当作声母教",这个说法里 y、w 的读音就是 ia、ua。

③ y、w 的拼写规则。《方案》规定,i、u、ü 和以 i、u、ü 开头的韵母,前面没有声母

自成音节时,都必须使用 y、w。《方案》中关于 y、w 的使用规则比较复杂,小学一年级学生按照这样的规则学习拼音,肯定是非常困难的,从儿童教育学、心理学的角度看,也是不科学的。因此,小学拼音教材就采用了变通的做法,直接把 y、w 作为声母来教学,y 读作 i(衣),w 读作 u(乌)。y、w 同其他声母一样,可以和韵母相拼。例如 y-a→ya,w-a→wa。小学拼音教材采取的这种变通的处理方式,就避开了复杂的 y、w 规则的教学,大大减轻了小学生的学习负担。

(2) 在韵母方面。

《方案》中有 39 个韵母,其中单韵母 10 个,复韵母 13 个,鼻韵母 16 个;而小学拼音教材只有 24 个韵母,其中单韵母 6 个,复韵母 9 个(包括 er),鼻韵母 9 个。小学拼音教材简化了《方案》韵母中的教学内容,具体如下。

① 简化 ê 书写规则。ê 单用时只能拼写"欸"一个字,ê 的主要作用是和 i 或 ü 组成复韵母 iê 和 üê,因为普通话语音系统中只有韵母 iê 和 üê,没有 ie 和 üe,为了减少书写麻烦,所以就把 iê 和 üê 省写为 ie 和 üe。加之小学拼音教材把 ie 和 üe 作为复韵母教学,所以 ê 就没有必要单独进行教学。

② 减少 11 个复韵母、鼻韵母教学。小学拼音教材把 y、w 作为声母教学,在教学韵母时只要教会 a、o、ai、ao、an、ang、eng、ong,就可以用 y 或 w 拼出 ia、iao、ua、uo、uai 和 ian、iang、iong、uan、uang、ueng 这 11 个韵母的读音。因此,小学拼音教材不再单独教授这 11 个韵母,从而减少了教学"零件",便于拼音教学。

③ 规定 16 个整体认读音节。有些音节,也是由声母和韵母两部分拼成的,但是这些音节的韵母,发音要领不容易掌握;还有一些音节,《方案》规定要按拼写规则拼写,但是这些规则不容易理解和记忆。对于这类音节,在小学汉语拼音教学中,将其作为一个整体直接认读。被当作一个整体直接认读的音节叫作整体读音节。《方案》没有整体认读音节,而小学拼音教材有 16 个整体认读音节,即:zhi、chi、shi、ri、zi、ci、si、yin、ying、yu、yue、yuan、yun、ye、yi、wu。

④ 单韵母 er 列入复韵母。从上表还可以看到,小学拼音教材是把 er 作为复韵母教学的。在普通话语音系统中,er 是用两个字母代表一个音素的单韵母。er 中的 r,只是一个表示发音时的卷舌动作。因 er 表面上也是由两个字母组成,小学拼音教材大概是从形体特征方面考虑,加之发音时也有"动程",所以小学拼音教材把它列入了复韵母。

⑤ 简化 iou、uei、uen 书写。小学拼音教材不教 iou、uei、uen 的基本式,直接教省写式 iu、ui、un。《方案》规定:iou、uei、uen 前面没有声母,自成音节时,要用 y 或 w 开头,写成 you、wei、wen;iou、uei、uen 前面加声母时,省写为 iu、ui、un,例如,xiu(休)、tui(推)、chun(春)。在普通话语音系统中,iou、uei、uen 这三个韵母跟大多数声母相拼后,中间的元音 o 或 e 会在不同程度上变得不明显,主要元音的位置移到了 i 或 u 上。实行省写,既反映了语音的实际情况,又可以缩短拼式。

综上所述,小学拼音教材与《方案》关系密切,但是性质不同。小学拼音教材从小学一年级学生的实际出发,采用变通的方法,尽量减少拼音数学零件,把 y、w 作为声母教学,规定 16 个整体认读音节,省教 15 个韵母和儿童难以理解的各种拼音规则,不教字母表和隔音符号,使汉语拼音教学化繁为简,化难为易,加快了小学生学习拼音的速度。

二、小学语音知识教学的要求

《义务教育语文课程标准(2011 版)》(以下简称《课标》)中有关小学语音知识教学的要求归纳如下:

(一)拼音教学要求

第一学段(1—2 年级)

学会汉语拼音。能读准声母、韵母、声调和整体认读音节。能准确地拼读音节,正确书写声母、韵母和音节。认识大写字母,熟记《汉语拼音字母表》。

(二)朗读教学要求

第一学段(1—2 年级)

1. 学习用普通话正确、流利、有感情地朗读课文。学习默读。
2. 诵读儿歌、儿童诗和浅近的古诗,展开想象,获得初步的情感体验,感受语言的优美。

第二学段(3—4 年级)

1. 用普通话正确、流利、有感情地朗读课文。
2. 诵读优秀诗文,注意在诵读过程中体验情感,展开想象,领悟诗文大意。

第三学段(5—6 年级)

1. 能用普通话正确、流利、有感情地朗读课文。
2. 诵读优秀诗文,注意通过语调、韵律、节奏等体味作品的内容和情感。

三、小学语音知识的教学

小学语音知识的教学主要是拼音与朗读教学。

(一)统编本拼音教学的特点

1. 识字教学先于拼音教学

统编语文教材调整了识字教学与拼音教学的顺序,教师先教学生生字的读音再讲解拼音知识,从而让拼音教学依托于具有实际意义的汉字教学,二者融为一体,降低了拼音学习的难度,增加了学生的识字量。

2. 情境教学融入拼音教学

统编本每课拼音都配有整合的情境图,这些图中处处暗藏玄机,一幅插图里既有每个拼音的形,图中卡通形象的装扮、动作、表情又蕴含着字母或音节的发音,从而让学生在特定的情境中记忆拼音知识,认识字母的音与形,提升了学生拼音学习的兴趣。

3. 合理安排拼音学习进度

统编语文教材对拼音知识的学习做了适当减负,学生只需要学习 37 个拼音即可,学习拼音的任务量降低了一半左右;同时,降低了知识目标学习难度,学生只需全部认识即可,没有拼写要求,而且一节课只需要学习 2—4 个拼音,大大减轻了学习负担。

(二) 统编本拼音教学的要则

1. 图文结合,建立字母与图像的联系

在低年级拼音教学中建议以图为媒介,帮助学生建立拼音字母与形象的事物图形之间的联系,降低了刚入学学生学习拼音的难度,帮助其树立学习信心,找到学习和记忆的方法。

例如在复韵母《ao ou iu》的发音教学中,老师可借助多媒体课件展示课文情境图讲故事:小狗邀请小猫一起到海边游玩,看到海鸥在蓝蓝的天空中自由地飞翔。海面上一只海豹开心地追着一个漂亮的彩球。小狗戴着蓝色的帽子驾着一艘帆船在海中畅游,小猫安静地坐在船上欣赏风景,望着远处绿色的小岛,露出甜甜的微笑。当学生沉浸在故事情境中,屏幕上呈现学生熟悉的事物,并出示相应的词语,让学生借助图片认读词语,接着由词语、汉字、音节再到复韵母"ao、ou、iu"。由"猫、豹、帽、岛"等字带出"ao"的读音,"狗、鸥"带出"ou"的读音,"球、游"带出"iu"的读音。接着让学生给"ao、ou、iu"三个复韵母戴上四个声调帽子,进行说话练习。这样的教学充分借助情境图,把拼音教学与学生熟悉的事物联系起来,帮助学生学习拼音字母,读准音节。

2. 字音结合,建立字母与字符的联系

拼音字母发音的教学,以学生模仿正确发音为主,可借助生活口语帮助学习拼音,还可利用学生已经认识的汉字学习拼音,将学习拼音、认识汉字、积累词语、认识事物有机地结合起来,使学生得到全面发展。

例如复韵母《ao ou iu》一课的教学,在学生读好"ao、ou、iu"的四个声调后,让这些带调的韵母和声母宝宝交朋友,它们手拉手站在一起成为一个音节,怎么拼读呢?找出第一单元中认识的几个汉字"口、手、九、六",如"口"的音节"kǒu",是声母"k"和三声的复韵母"ou"一起拼出来的。借助已知的汉字,学习音节,降低了拼读的难度。接着加大学习难度,出示课文的花形图,把带调的复韵母"ao、ou、iu"和声母宝宝搭配,组成更多的新音节,让学生自由拼读。对于学生感到有困难的音节,老师继续为学生提供生活中熟悉的事物,或与之相对应的汉字,让汉字与字音建立联系,音节的拼读自然也就水到渠成了。如拼读"tiào"时,出示小孩子跳绳图,再出示"跳"字,借助其读音,带读音节"tiào";拼读"niǎo"时,出示小鸟图,再出示"鸟"字,带读音节"niǎo"。

3. 学用结合，建立拼音与阅读的联系

统编版小学语文教材对于拼音的教学目标定位是"能借助汉语拼音认读汉字"。借助拼音学会自己阅读，感受阅读的乐趣，培养阅读的兴趣。教学中建议把音节放到有意义的语境中，让学生感到学习拼音的意义，才能激发学生的活力。

拼音练习与诵读结合。在拼音学习教材中，配有短小、有趣、朗朗上口的儿歌。儿歌的教学，以准确拼读音节、正确朗读儿歌为主要学习任务。儿歌中包含着很多学生学过的音节，以及与之相对应的汉字和词语，在熟读儿歌的基础上，复习巩固本课或前面学习的字母或音节，体现了拼音学习的工具价值。既巩固了拼音，又在反复诵读中培养了语感。

拼音练习与游戏结合。刚入学的一年级学生彼此还不熟识，又渴望找到好朋友，可让全班同学制作姓名卡片并注上音节。同学间开展找朋友的游戏，互相拼对其名字的音节就握手成为好朋友，在相同的时间里看谁找到的朋友多，谁得到的奖励多。让学生把学习拼音与学校生活对接，在玩中学、学中玩，增强拼音学习的乐趣，同时也增加了识字量。

拼音练习与阅读结合。教材强化阅读，提供了丰富多彩、功能各异的阅读材料。一年级的阅读教学，最重要的是指导学生把课文读正确、读流利。要重视指导朗读，通过朗读培养语感。阅读教学时，在让学生借助拼音读准字音的基础上，以多种形式反复练习朗读，做到不破词，不拖长音，流利朗读课文。连环画课文的教学要充分放手让学生自主阅读，提示学生借助拼音识字。《日积月累》《和大人一起读》《快乐读书吧》等栏目，是非常重要的学习资源，教师要引导学生借助拼音大量阅读，在阅读中感受文字的魅力，在阅读中巩固汉语拼音，通过大量阅读提高学生的语文素养。

（三）统编本朗读教学要则

1. 借助朗读巩固生字、强化新词

读准字音、读通长句、理解词语的意思，应是学生学习朗读最为基础的"读点"之一。一般来说，朗读语段可以先借助语境理解生字、新词，再提取生字、新词巩固强化，然后回归语境借助朗读表达理解。如此几个回合，才能比较扎实地落实识字、学词目标。

以朗读《揠苗助长》寓言为例，故事借一位农夫急于求成拔苗助长，最终徒劳无功的可笑事例，揭示了做事不可违反规律，急于求成的道理。朗读寓言故事，就要再现人物的形、读懂人物的心、见到人物的本性，进而揭示深刻的寓意。因此，教学时，首先要借助文本语言，让这位心急的农夫出现在学生面前。文本第一自然段描写了这位农夫种下禾苗后，一系列心急的表现。语段中"焦"是生字，"焦急"是新词。选此读点，既可以识字、学词，又可深入体会农夫心理，可做如下设计：

① 朗读第一自然段，思考：农夫播种禾苗后心情是怎样的？交流后，在语段中圈

47

出"焦急"。

②用词卡出示"焦急",关注"焦"的字形,讲解字理:上部是"隹",意为一种短尾巴鸟,下部是"灬",为"火"的变形,两形相合,意为鸟在火上烤必然会"焦",可以想象事情到了非常紧急的关头。

③朗读语段,想象农夫焦急地转来转去的样子,读出农夫的焦急。

④书写"焦"字,强调"灬"点的方向和"隹"做部件形体发生的变化。

以上设计,在词语"焦急"处着力,层层递进,步步引导。落实目标有三:一,落实了生字、新词的教学;二,借助词语辅助朗读,体会了农夫的焦急心情,读出了人物的可笑举动;三,关注字形、字义,进行字理引导,并规范学生书写。

2. 读出标点的停顿与语气

口头表达有各种语气,成文时就要用不同的标点来辅助表达。哪里需要停顿,哪里需要表达不同的语气,哪里含着作者的情感……这标点虽然看似很小,但是一标一点总关情。在孩子学习朗读阶段,引导其关注标点,透视标点背后作者的用意和情感,既在学朗读,也在培养语感。

以《四个太阳》为例,课文第1自然段写到"①我画了个绿绿的太阳,挂在夏天的天空。②高山、田野、街道、校园,到处一片清凉。"句②中,顿号将四处风景间隔,由远郊到城镇,语言短促、明快,读来富有音乐和节奏的美感。此处指导朗读,既要读出绿色的太阳带给整个世界清新凉爽,又要读出语言的节奏感和音乐感。可做如下设计:

一读,读出绿色的太阳给哪里带来了清凉?(突出四处景观)

二读,读出短暂的停顿,读出音调的变化。指导:"高山、田野、街道、校园"中间的标点是什么?词语轻短、跳跃,像富有节奏的音符,请试着读读。(教师手势辅助↗↘↗↘)

三读,读出绿色的太阳带给整个世界一片清凉。指导:有一个词能让我们感受到,整个世界处处绿意浓浓、一片清凉。朗读后动笔圈出"到处一片清凉"。

再如,《四个太阳》第4自然段:"①春天,春天该画什么颜色呢?②哦,画个彩色的。③因为春天是个多彩的季节。"句①提出问题,②③句给予回应。短短三句话,把段落的结构、句子之间的联系、作者的情感,表达得清晰准确。引导学生关注标点,就会读出句与句之间的内在联系,读出合适的语气变化。句①是问句,要读出疑问,读出"我"在思考:春天该画什么颜色的太阳?句②是回答,要读出"我"的顿悟,想起来了!要给春天画一个彩色的太阳;句③是解释,说明为什么要画彩色的太阳。看,这小小的标点里有着多少神奇的密码,每一处都在说话。所以,学习朗读,要引领孩子关注标点,不仅要读出停顿,还要读出语气的变化,不仅要读出作者的情感,还要表达出读者的感悟。

3. 读清行文线索、读出主人公情感的发展变化

"情以物迁,辞以情发",语言承载着作者对自然和社会的认识、思想及真知灼见,也渗透着作者饱满丰富的思想感情。朗读文本,既要读懂作者写了什么,读出行文的线索,也要关注作者的情感,读出作者笔下主人公的情感发展变化。

以《我为你骄傲》教学为例,这个小故事,将孩子内心的懊悔、担心、"做贼心虚"似的心理以及自我解脱的办法描写得细致动人。文中"我"的心理变化是一条暗线:由玩扔石子的"开心"到打碎玻璃的"害怕",再到见到老奶奶"不自在",最后到用卖报纸攒钱来弥补过失的"轻松","我"的心情在起伏变化。我们要引导学生通过朗读,读清事件的发展脉络,也读出主人公在事件发展中的情感变化。以前3段教学为例,可做如下设计:

① 读1段,联系学生生活经历,体会小朋友们是怎么玩的,读出开心。

② 读2段,突然发生了一件意想不到的事,读出发生了什么事,也读出"我"心情的变化。(点拨读出害怕)

③ 读3段,"我"该怎么面对老奶奶?画出表示"我"心情的词语(不自在),讨论,面对老奶奶时,"我"心里会想什么?

以上设计,立足心情,读得目标明确,读得线索清晰,既体会"我"的心情变化,又历练学生的朗读能力,这才是在依托文本"学朗读"。类似以情感变化为线索的课文在教材中还编排了很多,例如:

《小壁虎借尾巴》(挣断尾巴:难过—四处借尾巴:请求、失望—长出新尾巴:兴奋)

《玲玲的画》(作品:满意—弄脏了:伤心、着急—战胜困难后:喜悦)

《难忘的一天》(表演前:紧张—见到和蔼的邓爷爷:平静下来—表演后:兴奋,感到了肩上的责任)

《动手做做看》(听说:半信半疑—动手实践后:生气—听了教授的话:恍然大悟)

朗读这类课文,要通过朗读实践,读清作者的行文线索,读出主人公的情感变化,既引导学生与文中角色共鸣,又依托文本锻炼朗读能力。

4. 借助朗读进行思维训练

语言是思维的外壳,朗读语言,也是在感受作者的思想。通过有声的朗读,梳理出作者写了什么,句与句、段与段之间是怎样联系的,这既是在感悟语言的逻辑、有序,更是一项思维的训练。

以《数星星的孩子》为例,文中写了张衡爷爷的一段话,知识性强,内容丰富。"孩子,你看得很仔细。天上的星星是在动,可它们之间的距离是不变的。我们的祖先把它们分成一组一组,还给起了名字。""你看,那七颗星,连起来像一把勺子,叫北斗星。离它们不远,有颗最亮的星,叫北极星。北斗星总是绕着北极星在转。"学习类似蕴含科学知识的语段,就需要反复朗读,既要读懂爷爷说了些什么,又要弄清句与句之间的关联。这既是在学朗读,也是在练思维。朗读可设三个层次:

一读,读懂爷爷说的三层意思:① 肯定张衡的说法;② 强调星与星距离不变,古人为其分组起名;③ 介绍北斗星和北极星。

二读,读明爷爷的话,顺序不能打乱,有内在的逻辑性;

三读,内化爷爷的语言,尝试用自己的话学着爷爷的样子讲一讲。

再以《四个太阳》为例,作者用儿童的眼光、儿童的视野画了四个不同颜色的太阳,作者为什么要在不同季节画不同颜色的太阳呢?这既是读点,也是思维的训练,沿着这一问题思考,朗读重点就会落在:①"我"画了什么颜色的太阳? ②"我"为什么画这种颜色?

读懂了内容,也读懂了作者的思考,读懂了"是什么",也读懂了"为什么"。坚持进行此类朗读与思维训练,定会培养孩子的理性思维,帮助孩子养成一种思维习惯,甚至形成一种思维品质。

5. 借助朗读进行语言的习得与积累

统编本教材选文精致隽永,为学生提供了许多经典的语言范式,是学习和规范表达的极好范例。反复朗读这些语段,把经典的语言积累下来,储存在学生的记忆仓库中,慢慢发酵,逐渐内化,会有效提升他们的表达质量。所以,朗读时应重点把握这些典型段落,既指导学生朗读感悟,又启发学生积累运用。

以《黄山奇石》为例,作者抓住"仙桃石""仙人指路""猴子观海"等奇石的特点,展开了神奇的想象和描述,读来如见其形。在指导学生朗读时,应提示学生体会作者用词的准确、联想的丰富,通过反复朗读,把课文的语言积累下来。在此基础上,再引导学生学习作者根据景物展开联想的写法。提供奇石"天狗望月""狮子抢球"图片,启发学生想象动物的动作、神态、推想它们的心理,模仿课文语言范式,尝试表达。最终,通过背诵积累文中语段,进行练笔实践,习得展开联想、细致描写的方法。

> **思考和练习**

一、根据教材中的《〈汉语拼音方案〉与小学拼音教材对比表》,总结出两者的异同。

二、下面的文章是小学一年级课文《小海马》,请运用音变知识,读准轻声、儿化音、上声变调、"一"的音变等,读好全文。

小海马

我叫小海马。我生下来的时候,很小很小,像一颗小花子儿。妈妈亲一亲,把我抱给爸爸,爸爸亲一亲,把我抱进他的口袋里。

爸爸的口袋像摇篮,又暖和又舒服。我在爸爸的口袋里,做了好多美丽的梦。等我长大了,头像马,身体像虾,变成会游水的小海马。

三、下面是何雅玲老师《j q x》部分的教学片段[①],请大家评析。

---

① 见 http://old.pep.com.cn/xiaoyu/jiaoshi/tbjx/sheji/sj/12/201008/t20100823_700000.htm。

《j q x》教学片段

一、童话引入(课件演示)

二、字母教学(配合课件)

1. 音的教学

花仙子和小朋友来到小河边,这里的风景可美啦!还有三个拼音娃娃在草地上游玩呢。这时小鸟飞过来,它唱起歌:"j q x,j q x,三个好朋友在一起,蝴蝶跑来逗小鸡,气球飞,多美丽!切个西瓜大又圆,三个朋友吃得甜蜜蜜!"(配上《卖报歌》的曲)

师:小朋友们,这三个拼音娃娃就是 j q x,你们会读吗?

生:会。(学生七嘴八舌,学着发 j q x 的音,初步感知了读音)

课件音:(小鸟说)小朋友们发音时要注意发音的方法。(学生跟着"小鸟",学着正确的发音方法。)

师:(小结)小朋友们在拼音王国学会了 j q x 的发音,现在谁能把这三个字母读给老师听?(生积极举手,争着向老师汇报自己的学习成果)

2. 形的教学

(1) 记字母形

师:你们是怎样记住这三个拼音娃娃的样子的?

生 1:我觉得"j"像一只鸡。一只小鸡 jjj。

生 2:"x"像西瓜切了两刀。西瓜切了 xxx。

生 3:"p"一转身 qqq。

生 4:"g"去掉尾巴 qqq。

生 5:"q"很像"g",所以我说像个 9 字,qqq。

师:你们真行,会拿学过的字母、数字来比较,帮助记住"q"的样子。

(2) 与易混字母的比较,巩固字形

师:这三个字母跟已学过的哪几个字母很像?

(学生不断举手发言,找出下面的三组)

    j:i   q:b d p g   x:k y

师:现在你能用你课桌上的橡皮泥捏一捏,摆一摆吗?

(学生很来劲,有的独自在捏,有的与同桌一起讨论着捏。学生很开心地在玩中学习)

师:谁愿意到黑板前摆给大家看?

(学生踊跃举手。师指名两生到黑板前操作,都完成得很好,很自然,看不出学生有一点儿紧张)

第二章
汉字知识与应用

微信扫一扫

获取本章拓展资源

第一节　汉字知识概述

【目标要求】 了解文字的性质、汉字起源；掌握汉字的特点和作用。

一、文字的性质

　　文字是记录语言的书写符号系统，是重要的辅助性交际工具。文字是在语言之后产生的，是社会进化、语言成熟的产物。它突破了语言在时间与空间上的限制，扩大或延伸了语言的功能。有了文字，才有了书面语；有了书面语，人类的文明才得以延续和传播。因此，文字是人类摆脱蒙昧、进入文明的重要标志。

　　文字的产生经历了一个漫长的历史阶段。在文字问世之前，先民们主要利用实物手段来帮助记忆，以满足不断增长的交际需要。这些实物手段包括结绳、结珠、刻契等。

二、汉字的起源

　　汉字是记录汉语的书写符号系统，是汉民族集体智慧的结晶。历代流传的"仓颉造字"之说显然是一种神化的产物。仓颉有可能是黄帝时的史官，但已被历史放大以致失真，所谓"仓颉四目，生而知书"即是。汉字从无到有，从少到多，是一个日积月累、不断膨胀的过程。其产生与发展的情形诚如鲁迅先生所言："在社会里，仓颉也不止一个，有的在刀柄刻一点图，有的在门户上画一些画，心心相印，口口相传，文字就多起来，史官一采集，便可以敷衍记事了。"可见，如果仓颉确有其人，至多是做了一些文字的搜集、整理和推广工作。

　　汉字历史悠久，是世界上最古老的文字之一。殷商时代的甲骨文，距今已三千多年。甲骨文无论在形体上还是构造上都堪称成熟的文字。可以推断，汉字的诞生时间要远早于殷商。西安半坡村遗址出土的一些彩陶距今有五六千年，其上的一些刻画符号如"⊥、十、×、↑"等，极可能是汉字的前身或雏形。

　　同世界上其他文字一样，汉字源自图画，是原始图画日益简化的结果。早期汉字中的大量象形字即是一个明证。由文字画到文字不仅过程漫长，之间的区别也十分明显：图画只表示一个模糊、混沌的概念，随意性较大，并且不跟语言中的音节相对应；文字除了表达一个相对完整、清晰的意义外，还具有一个特定的语音形式。结构的繁简与是否方便实用也是两者的重要差别。

三、汉字的特点

（一）汉字属于表意体系的文字

世界上的文字基本分为两大类：一类是表音文字，如拉丁文、斯拉夫文和日文等；一类是表意文字，如古埃及的圣书字、汉字。表音文字是用几十个符号（字母）来表示一种语言里有限的音位或音节，一般是一个符号代表一个特定的音，语言中所有词语都由这几十个符号拼合而成。人们只要掌握了字母的读音及拼写规则，即可读出词语的实际音来。表意文字则是用大量的表意符号来记录语言中的语素或词，这些符号本身一般不能显示词语的读音信息。

汉字能表意而不能表音，音有限而意无穷。汉字的表意性质直接铸就了汉字形体繁杂、数量惊人的特点，客观上造成了汉字难认、难读、难写的现状。汉字在历史发展过程中不断地调整自身、完善自身，其由象形、指事、会意向形声的进化，正是出于弥补自身不足的需要。汉字是世界上仅存的表意文字，之所以如此，形声化起了很大的作用。

（二）汉字是形体复杂的方块结构

汉字不像拼音文字那样呈线形排列，有长有短。它无论笔画多的还是笔画少的，所有笔画都写在同样大的方块中。在一个一个方格内纵横交错地组成形体各异的字形，结构自然很复杂，笔画多的，多到一个字有二三十笔，必然难记。那些形体和读音相近的字容易写错读错，这是汉字比较难读、难写、难记、难排检的原因之一。不过，汉字复杂繁多也带来了表音文字没有的优点，一方面是辨义力强；另一方面词形较短的汉语写下来更节省篇幅。在联合国档案室里，同样内容的文本，汉字文本比表音文字的文本都薄一些，这同汉字复杂多样的形体都放在方块结构里不无关系。

（三）汉字分化同音词能力强

汉语同音词比较多。如果使用表音文字，同音就同形，理解的速度就慢，容易产生歧义。汉字能使用几千年，能不被易读、易写、易排检的表音文字所代替，能分化同音词、辨义能力强是主要原因之一。

（四）汉字有超时空性

我国历史悠久，幅员辽阔，方言复杂，汉字同语音无直接的、固定的联系，这一特点使有一定文化基础的人能够阅读一两千年前用汉字写的诗文，使广大方言地区的人用书面交际成为可能。它能表示古今方言不同的音，能为古今不同方言的人所使用。这说明汉字适应记录汉语的需要，在客观上为维护民族团结和国家统一、保存和传播历代优秀文化都做出了巨大的贡献。

四、汉字的作用

(一) 保证了汉文化的传播与发展

汉字对我国社会的发展、国家的统一、汉语的发展,都有重要的作用。中华民族创造的光辉灿烂的古代文化,如哲学、政治、经济、军事、科技、历史、文学、艺术等方面的重大成果,都靠汉字记载下来,传播四方,流传到现在,成为中华民族和全世界人民共同的宝贵财富。

(二) 维系了国家与民族的统一

现在,汉字是国家法定的通用文字。我国各少数民族为了参与国家大事,同汉族人民相互学习,交流经验,也在学习和运用汉字。汉字不但在历史上有过不可磨灭的功绩,而且在我国社会主义建设中,也已经发挥并将继续发挥重要的作用。

(三) 促进了汉文化与周边文化之间的交流

汉字也曾被我们的邻国越南、朝鲜、韩国、日本借去,用于记录各自的民族语言,至今,日本还在使用部分汉字。新加坡、马来西亚先后发布实施同我国完全一致的《简化字总表》,把汉字作为他们国家运用的正式文字之一。因此,汉字对保存这些国家的文化遗产,对促进我国同这些国家的交往与文化交流,也有重要作用。汉字还是联合国的六种工作文字之一,在国际交往中正发挥着越来越重要的作用。

思考与练习

1. 汉字是怎样产生的?你怎样认识"仓颉造字"说?
2. 将汉字同某一种表音文字进行比较,具体谈谈汉字的性质。
3. 有人主张汉字应分词连写,你认为是否可行,谈谈你的看法。

第二节 汉字知识:汉字的形体

【目标要求】 了解汉字形体的演变和现行汉字的形体。

一、汉字形体的演变

汉字的历史悠久,曾先后出现过甲骨文、金文、篆书、隶书、楷书五种正式字体以及草书、行书等辅助字体。甲骨文、金文、篆书被称为古文字,隶书及其以后的字体被称为今文字。

1. 甲骨文

甲骨文是指商周时代刻写在龟甲和兽骨(以牛骨和鹿骨为主)上的文字,距今约三千多年。甲骨文于 1899 年在河南安阳市郊的小屯村被发现。甲骨文的别称有殷墟文字、卜辞、契文、殷契等。

甲骨文以象形字、会意字居多,显然属于早期的汉字。但从拥有一定数量的形声字这点来看,甲骨文已是一种较为成熟的文字。甲骨文笔画细瘦,线条苍劲,多方笔与直笔,字形瘦长且大小不一。甲骨文象形性强,同一字往往有若干变体。

图 2-1　甲骨卜辞

2. 金文

先秦称铜为"金",金文即浇铸在青铜器上的文字。青铜器以钟鼎居多,故金文又称钟鼎文。金文用模范铸就,笔画丰满粗壮,多圆笔,字形匀称,渐趋方块形。较之甲骨文,金文象形性差,线条化明显,形声字多,是一种更为成熟的形体。

图 2-2　毛公鼎铭文

3. 篆书

篆书一般有大、小之分。大篆又有广义与狭义之别。广义的大篆指先秦所有的文字,包括甲骨文、金文、籀文和六国文字;狭义的大篆专指春秋战国之际秦国的文字。此处取狭义。大篆以籀文和石鼓文为主。籀文因著录于《史籀篇》(已失传)而得名。大篆直接脱胎于金文,故尚有较浓的金文的痕迹,但笔画更趋均匀,字形更趋整齐。

图 2-3　石鼓文

图 2-4　[秦]高奴禾石铜权铭文

小篆由大篆发展而来,是秦统一六国后,作为"书同文"的产物而采用的全国标准字体。传说小篆为秦相李斯所作。推行小篆是汉字发展史上的

57

第一次汉字规范化运动。小篆的问世一扫历代字体混杂的局面,使汉字走上了标准化、规范化的康庄大道。较之大篆,小篆字形更为匀称整齐、更为统一,更为简化和定型,异体字也大为减少。小篆正式通行时间不长,汉代即被隶书取代。但在历代印章制作中,小篆仍占据一席之地。

4. 隶书

隶书分秦隶和汉隶两种。此处的"隶"指政府中的下级吏员。秦隶又称古隶,始于秦代,是小篆的一种省变体,宜于日常急用。秦代篆、隶并用,小篆是规范的正体,隶书是应急的俗体。秦隶因源自小篆,故保留了较多的篆书特征。与前代文字相比,秦隶在形体上实现了根本的转变,即基本摆脱了汉字象形的意味,可谓古文字与今文字的分水岭。

图 2-5 [唐]梁升卿《唐御史台精舍碑》

汉隶又称今隶,由秦隶进一步演变而来,通行于两汉的大部分时期。汉隶使汉字结构更趋简化和定型,奠定了现代汉字的基础。秦隶笔画敛束,无飞扬之势;汉隶字体扁平,笔画有波势。

5. 楷书

楷书又称真书和正书,"楷"是模范、标准的意思。楷书兴于汉末,盛于魏晋南北朝。楷书由隶书省改而来:波势改为平直,扁平改为方正。楷书一直沿用至今,是通行时间最长的标准字体。

6. 草书和行书

广义的草书是指比正式字体来得潦草的字体。因此,草书是一种辅助性字体。可以说,所有正式字体包括甲骨文、篆书、隶书和楷书都存在相应的草体。

图 2-6 [唐]欧阳询《九成宫醴泉铭》

通常所谓的草书指章草、今草和狂草三种。章草是隶书的草写体,因盛行于东汉章帝时而得名。章草的特点是:笔画带草意,多连笔,但字字独立,不相牵连,明显保留了汉隶的波势。今草是楷书的草写体,始于东汉末。今草的特点是:笔画连接,字体连绵,一笔到底,一气呵成,无章草的波势。狂草起于唐代,书写

图 2-7 汉章帝《辰宿帖》

诡奇多变,极难辨认,如张旭、怀素的作品等。狂草没有实用性,在书法艺术领域却有独特的美学价值,所谓"翩若惊鸿,矫若游龙"。草书均有一定的章法,不可任意而为。

行书产生于东汉末年,始于楷书之后,介于楷书和草书之间,兼得二者之妙,所谓"近楷不拘,近草不放,好写易认,方便实用"。行书又分行楷、行草二类,前者近于楷书,后者近于草书。行书是应用最广泛的手写体。

汉字形体演变的趋势:由象形到不象形,由不定型到定型,由繁体到简体,由非方块形到方块形。

图2-8 [东晋]王羲之《兰亭集序》摹本

二、现行汉字的形体

现行汉字的常规形体是楷书和行书,非常规形体则包括草书、隶书、篆书甚至甲骨文,主要见于印章、对联、匾额及书法作品中。从形成手段看,现行汉字则有手写体和印刷体。

(一) 手写体

汉字的手写体一般不超出行书、楷书和草书三种,以行书、楷书为主,草书主要见于书法作品。

(二) 印刷体

汉字的印刷体习惯上只指印刷上常用的楷书的以下各种变体:(1) 宋体(又叫老宋体、古宋体);(2) 仿宋体;(3) 楷体;(4) 黑体(又叫黑头字、方头字)。印刷体按字体大小分为不同的字号,大到初号,小到七号。

> **思考与练习**
>
> 1. 谈谈你对汉字形体演变趋势的看法。
> 2. 现行汉字的楷书和行书在使用场合和字形上有什么不同?

第三节 汉字知识:汉字的结构

【目标要求】 了解汉字的结构单位,掌握笔画、部件的组合方式,偏旁、部首与部件的区别;了解笔顺的含义及基本规则,掌握一些疑难字的书写笔顺;掌握汉字造字法的类型以及各种造字法的具体含义、种类和相关问题。

一、结构单位

现行汉字的结构单位有三级:一是笔画,二是部件,三是整字。部件由笔画构成,所以笔画是构成汉字的最小单位,独体字、合体字都是由笔画构成的。部件是构成汉字的预制构件,是高一级的构字单位。

(一)笔画

笔画是构成汉字字形的最小单位。从落笔到起笔所写的点、线,叫一笔或一画。

1. 笔形

笔画的具体形状称笔形。

传统的汉字基本笔形有八种,即点、横、竖、撇、捺、提、折、钩,又称"永"字八法。

现代汉字的基本笔形有五种,即一(横)、丨(竖)、丿(撇)、丶(点)、𠃍(折),又称"札"字法。其中前四种是单一笔形,后一种是折笔形,又称复合笔形。这是1965年文化部和中国文字改革委员会发布的《印刷通用汉字字形表》和1988年国家语言文字工作委员会、新闻出版署发布的《现代汉语通用字表》中规定的。

表 2-1 现行汉字笔形表

基本笔形	笔 形			基本笔形		笔 形	例字
横一	主笔形	横	一	一	丿	弯钩	犹
	附笔形	提	✓	习	㇄	斜钩	弋
竖丨	主笔形	竖	丨	卜	乙	横折折	凹
	附笔形	竖钩	亅	小	乙	横折弯	朵
撇丿	撇		丿	八	乚	横折提	计
点丶	主笔形	点	丶	斗	𠃌	横折钩	刁
	附笔形	捺	㇏	八	㇆	横斜钩	飞
折𠃍	𠃍	横折		已	㇅	竖折折	鼎
	㇇	横撇		又	㇈	竖折撇	专
	⼀	横钩		买	乚	竖弯钩	七
	㇄	竖折		山	㇍	横折折折	凸
	㇄	竖弯		四	㇌	横折折撇	延
	㇗	竖提		以	乙	横折弯钩	几
	㇋	撇折		乡	㇈	横撇弯钩	阳
	㇏	撇点		女	㇉	竖折折钩	与
	丿	撇钩		乄①	㇋	横折折折钩	乃

---

① 这是个日本汉字。

2. 笔画数

笔画数指的是每个汉字有几个笔画。正确计算笔画,在汉字教学、查字典和索引时很重要,排列人名也往往按姓氏笔画的多少和笔形的顺序。《现代汉语通用字表》规定了7 000个通用汉字每个字的笔画数,是汉字笔画数的标准。

3. 笔画的组合

笔画的组合是指笔画和笔画的组合方式,现代汉字的笔画组合方式有三种。

相离:笔画彼此分离,如:三川小六习习。

相接:笔画和笔画相接触,如:厂了口上工乍。

相交:笔画和笔画相交叉,如:十丈中车丰事。

多数汉字是以上三种组合方式的综合运用。如"史"字五画,前三画是相接的,组成扁口形;第四画是撇,和扁口相交;第五画是捺和撇相交。

(二) 部件

部件是由笔画组成的具有组配汉字功能的构字单位,一般大于笔画小于整字。如"亿"可以拆分成两个部件,即"亻""乙"。

1. 部件的分类

(1) 单笔部件/多笔部件:只有一个笔画的部件,叫单笔部件,例如"乚";由两个和两个以上笔画组成的部件叫多笔部件,例如"也""子"。

(2) 成字部件/不成字部件:可以独立成字的部件,叫成字部件,例如构成"病"的"丙";不能独立成字的部件,叫不成字部件,例如"疒"。

(3) 基础部件/合成部件:最小的不可再拆分的部件叫基础部件,又叫单纯部件;由于基础部件总是处在组字的最低层次,所以又称末级部件。由两个和两个以上基础部件组成的部件叫合成部件。例如"瓒"字中的"赞"属合成部件,"王、先、贝"属基础部件。

2. 部件的名称

学习和使用汉字,常常需要把汉字的构成部件说出来。例如"尊姓?""姓张,弓长张。"成字部件可以按字的读音去称说部件。多音的部件可以选取常用音去称说部件。不成字部件,一部分有习惯上的描写性称说,不过说法往往不一致。例如"宀"有"秃宝盖"与"平宝盖"两种称说法。部件的名称有待于规范。大量不成字部件还缺少大家习惯的称说法,需要集思广益予以定名。下面是称说比较一致的不成字部件的名称:

立刀旁(刂)	单人旁(亻)	两点水(冫)	言字旁(讠)	单耳旁(卩)
双耳旁(阝)	提手旁(扌)	草字头(艹)	大口框(囗)	双人旁(彳)
三撇儿(彡)	反犬旁(犭)	折文旁(夂)	反文旁(攵)	竖心旁(忄)
三点水(氵)	走之底(辶)	绞丝旁(纟)	老字头(耂)	四点底(灬)
病字头(疒)	衣字旁(衤)	虎字头(虍)	竹字头(⺮)

目前还没有一致称说法的不成字部件,可以先选一个以该部件组成的常用字来

称说。例如：

区字框(匚) 同字框(冂) 建字底(廴) 弄字底(廾)

3. 部位的名称

要确定部件的名称,还要给汉字字形结构的各个位置定名,这就叫部位。可以分为八类：

(1) 头：上下结构的上部。"分"的上部称为"八字头"。
(2) 底：上下结构的下部。"兄"的下部称为"儿字底"。
(3) 旁：左右结构的左边。"快"的左边称为"竖心旁"。
(4) 边：左右结构的右边。"体"的右边称为"本字边"。
(5) 心：内外结构的内部。"国"的内部称为"玉字心"。
(6) 框：内外结构的外部。"固"的外部称为"大口框"。
(7) 腰：左中右或上中下结构的中间部分。"湖"的中间部分称为"古字腰"。
(8) 角：上下结构的四角。"器"的四角均称为"口字角"。

综合起来,可以把汉字结构部位的名称编成16字口诀：

上"头"下"底",左"旁"右"边",内"心"外"框",中"腰"四"角"

使用统一规范的部件和部位名称,可以把一个结构复杂的汉字称说得既准确又清楚,这就叫"部件识字法",例如"赢"可以称说为："亡字头,口字腰,贝字底,左下月字角,右下凡字角。"

4. 偏旁、部件、部首的异同

偏旁是用二分法对合体字进行一次性切分而获得的结构单位,可分为"形旁"和"声旁"两类。形旁通常表示该字的意义类别,声旁通常表示该字的大致读音。多数形声字由一个形旁和一个声旁组成,例如"梢""杖"的形旁都是"木",而声旁分别为"肖""丈"。会意字的两个偏旁都属于形旁,例如"休""明"。

部件这个术语是适应现代汉字分析字形的需要而提出来的。部件这个概念可大可小：有时部件是对合体字进行一次切分而得出的两个单位,这时的部件往往相当于偏旁；有时部件是对合体字进行多次切分而得出的多个单位,这时的部件就小于偏旁。

部首是字书中各部领头的部件或笔画,具有字形归类作用。含有同一部件的字,在"字集"中均排列在一起,该部件作为领头单位排在开头,成为查字的依据。部首一般包括两类：一是形旁,例如"栋""梁"的部首都是"木"；二是某些笔画,例如"头"的第一笔"、"就是部首。

(三) 整字

根据汉字部件的多少,汉字可分为独体字和合体字。由一个基础部件构成的字是独体字,如"人、也、巾、弓、专、农、女"等字。

由两个或两个以上基础部件构成的字是合体字。合体字部件的组合方式主要有五大类。
(1) 左右组合：① 左右结构：明　许　把　粘　保
　　　　　　　② 左中右结构：粥　辨　街　班　掰
(2) 上下组合：① 上下结构：岩　笔　类　姜　骂　是
　　　　　　　② 上中下结构：器　葬　曼　率　哀　禀
(3) 包围组合：① 两面包围：上左包围：厅　庆　病　居　房
　　　　　　　　　　　　　上右包围：句　司　氧　式　可
　　　　　　　　　　　　　左下包围：远　赶　题　建　翘
　　　　　　　② 三面包围：上三包围：问　凤　同　网　向
　　　　　　　　　　　　　下三包围：凶　凼　函　幽　山
　　　　　　　　　　　　　左三包围：区　医　巨　匠　臣
　　　　　　　③ 四面包围：国　围　回　困　园
(4) 框架组合：巫　乘　噩　爽　乖
(5) 品字组合：晶　森　矗　磊　淼

绝大多数汉字属于左右组合和上下组合，包围组合较少，框架组合、品字组合极少。结构复杂的汉字可能分析出多层次组合。例如"糖"有四层组合，一层组合是"耒、磨"，左右结构；二层组合是"磨"的"麻、石"，上左包围；三层组合是"麻"的"广、林"，上左包围；四层组合是"林"的"木、木"，左右结构。

二、笔顺

笔顺是指笔画书写时的先后顺序。汉字笔顺的基本原则：
(1) 从上到下：二、劳。
(2) 从左到右：卜、班。
(3) 先横后竖：十、丰。
(4) 先撇后捺：人、八。
(5) 先外后内：月、用。
(6) 先开门后进入再关门：日、圆。
(7) 先中间后两边：小、水。

汉字笔顺的补充规则有：
(1) 下三包围结构，先内后外：凶、函。
(2) 左三包围结构，先上后内再竖折：区、医。
(3) 辶廴包围结构，先内后外：造、近。
(4) 其他左下包围结构，先外后内：题、起。
(5) 上左包围结构，先外后内：厅、质。
(6) 由勹厂气等构成外框的上右包围结构，先外后内：刀、司、旬、氧。
(7) 由丁弋戈构成，或以丁弋戈为主件构成外框的上右包围结构，先上后内再右：可、式、戒、武、载。

(8) 点在右上角,最后写点:书、犬、钱、术。

三、造字法

汉字的构造方式,传统上有象形、指事、会意、形声、转注和假借这"六书"之说。一般认为,前四种为造字法,后两种为用字法。

(一) 象形

象形是描绘事物形状的造字方法。象形字表示的多是具体事物,有的勾勒事物的整体轮廓,如"山、水、日、月"等字的古文字,有的勾勒事物最有特征的一部分,如"羊、牛"的古文字。有些象形字本身特征不明显,还需要把与其有关的事物加以描绘,以便烘托要表示的事物,这类字如"瓜"等。

象形字只能表示有形可象的事物,抽象的概念、复杂的事物无法用它来表示,因此有很大的局限性。象形字是比较少的,但它是构成汉字的基础。

现在绝大部分的象形字已丧失象形的意味,只有极少数的字如"井、田、伞、雨、网"等尚依稀可辨。

(二) 指事

指事是用象征性符号或在象形字上加提示性符号来表示某个意义的造字法。指事法的优势是可以表示一个抽象的概念。

指事字有两种。一种是符号,如一、二、三、五、上、下等字。一种在象形字上加提示符号。如"本"是在象形字"木"的下部加一短横或一点,表示树根;"寸"是在象形字"又"(像一只手)的手腕部位加一点,表示寸口所在。"亦"是在"大"(像一个人)的两侧腋部加两点,表示腋窝。

现行的指事字,大多是从古代的指事字演变而来的。有些古代的指事字,在现行汉字中,仍可以看成是指事字,如数字一、二、三等。指事字表意有限,因而造的字很少。现代指事字有卡、乒、乓。

(三) 会意

会意是指两个或两个以上部件合成一个新字的方法,新字的意义由部件融汇而成。会意建立在人们的联想和推理的基础上。其主要类型有异体会意字和同体会意字。异体会意字是用不同的部件组成,如"武",从戈从止。止是趾本字,武是戈下有脚,表示人拿着武器走,有征伐或显示武力的意思。同体会意字用相同的字组成,如"从"字是一个人跟着另一个人向前走,表示跟从。

(四) 形声

形声是由表字义类属的部件和表字音的部件组成新字的方法。形声既表音又表意,兼得两者之妙,具有极高的能产性,甲骨文仅 20% 左右的形声字,现代汉字则占 90% 以上。

关于形声字,有下面几个问题需要重视。

1. 形旁。形声字中的形旁只表示字的意义类属,并不能表示准确的字义。如"扌"旁的字大多表示这个字与手的动作有关。"氵"旁表示这些字与"水"有关。因此,形旁的表意功能有很大局限性。由于社会的发展、词义的变化以及文字的演变,一些形旁表示的意义不好理解。如"题"的形旁是"页",为什么以"页"为形旁,现代人很难理解。原来"页"指人的头部,"题"指额头。"赂"的形旁是"贝",因为远古时代人们曾以贝壳为货币。"肝"原以"肉"做形旁,后来"肉"讹变为"月"。要正确分析形声字的形旁,对一些常用部首的意义、对一些偏旁的变化等要有所了解。

2. 声旁。形声字的声旁具有表音功能,但是由于语音变化了,声旁并不一定也随之而变化,因而形声字声旁的表音功能局限性很大,现行汉字中,大多数声旁不能反映或者说不能准确反映形声字的实际读音。

3. 形旁与声旁的位置。

左形右声:江、河、购、语、梧、桐

右形左声:锦、劲、战、群

上形下声:孟、芳、竿

上声下形:盂、贷、架

外形内声:围、园、匣、匪、匡

内形外声:问、闻、辩、衷

形占一角:疆、颖、修、倏

声占一角:徒、旗、施

要注意掌握一些典型的形声字的分析方法。"旗"的声旁是"其",同类型的"旌""施"也是如此分析。

4. 一般的形声字有两个偏旁,一形一声。有的形声字,虽有两个以上部件,但最终落实起来,仍是一形一声。如"颖""湖"等。

5. 亦声字。有些形声字的声旁还有表意作用,这样的形声字属于会意兼形声字,叫作亦声字,如"娶"从女从取,取亦声。还有"功、婢、诏"等。

表 2-2　汉字造字法示例

象形	指事	会意	形声
正面象形　如:目 侧面象形　如:马 俯视象形　如:车 特征象形　如:日 底面象形　如:燕	上 下 日 刃 本 朱	从 并 斗 解 饮 典	左形右声 　江 祺 昭 爬 哼 右形左声 　攻 期 胡 鸠 上形下声 　草 景 零 空 箕 下形上声 　盲 堡 基 辜 照 外形内声 　阁 固 匪 园 府

65

思考与练习

1. 具体说明下列各字是综合运用哪些笔画组合方式构成的。

  杨　氧　灼　多　抽　点　改　冈　憋　能　回　花

2. 汉字笔顺的主要规则是什么？具体说明下列汉字的笔顺。

  插　史　肃　医　再　及　迅　转　连　载　发　辈　纯　鸦

3. 古代的"六书"是什么？

4. 分析象形字、指事字、会意字、形声字的异同。

5. 下列古文字各是用什么造字法造的？从现行汉字看，哪些还能看出原来的造字法？

  火　田　山　上　下　木　森　从　屯　年　牵　丞　为　及　取

6. 分析"据剧锯琚"和"距拒矩钜"的读音，分析它们和声旁的读音有什么关系。

第四节　汉字知识：汉字的标准化和规范化

【目标要求】　了解汉字的标准化和规范化的内容，掌握纠正错别字的方法。

传统汉字存在繁与乱的问题，笔画繁多，异体纷呈，读音歧异，给汉字的学习与运用带来不便。时代的发展，对汉字提出了规范化与标准化的新要求，唯有不遗余力地开展汉字的规范化与标准化工作，才能做到字数有定量，书写有定型，认读有定音，排检有定序。

一、汉字的标准化

汉字的标准化包括定量、定形、定音、定序等四个方面。

（一）定量

定量，即规定现代汉字用字的总量。从古至今积累下来的汉字约有五六万之多。《汉语大字典》收有五万多，其中近90%是今天已被弃用的异体字、繁体字。《新华字典》重排本收字11 000多个，其中异体字、繁体字也有4 000多个。定量就是要在现代汉语用字中，排除那些历史上曾经使用过，如今已基本不用的字，并对异体字加以整理，确定现代汉语的通用字，以适应语言教学、信息处理、文化交流与社会生活的需要。

1988年，国家语言文字工作委员会、国家教育委员会发布了《现代汉语常用字表》，共收常用汉字3 500个，其中一级常用字2 500个，二级次常用字1 000个。当年5月，国家语委与新闻出版总署发布《现代汉语通用字表》，确定通用汉字7 000个。2001年1月起正式实施的《中华人民共和国国家通用语言文字法》规定：公民有学习和使用国家通用语言文字的权利;国家为公民学习和使用国家通用语言文字提供条件;地方各级人民政府及其有关部门应当采取措施,推广普通话和推行规范汉字;国家机关以普通话和规范汉字为公务用语用字;学校及其他教育机构以普通话和规范汉字为基本的教育教学用语用字;汉语文出版物应当符合国家通用语言文字的规范和标准;公共服务行业以规范汉字为基本的服务用字;等等。2013年6月,国务院发布《通用规范汉字表》。该表在整合《第一批异体字整理表》(1955年)、《简化字总表》(1986年)、《现代汉语常用字表》(1988年)、《现代汉语通用字表》(1988年)的基础上制定,共收录汉字8 105个,分为三级。一级字表为常用字集,收录字3 500个,主要满足基础教育和文化普及的基本用字需要。二级字表收录字3 000个。一、二级字表合计6 500字,主要满足出版印刷、辞书编纂和信息处理等方面的一般用字需要。三级字表共收录字1 605个,主要是姓氏人名、地名、科学技术术语,以及中小学语文教材文言文用字中未进入一、二级字表的较通用的字,以满足信息化时代与大众生活密切相关的专门领域的用字需要。

(二) 定形

定形,即规定现代汉语用字的标准字形。汉字一字多形的情况十分常见,增加了学习和用字的困难。1955年,中国文字改革委员会和文化部发布《第一批异体字整理表》,列出异体字810组,共1 865个字,淘汰了重复多余的异体字1 053个。1956年国务院发布的《汉字简化方案》,是汉字简化与定形的规范。1964年国务院编印的《简化字总表》,1986年重新发布。该表不仅简化了汉字,而且对简化字的字形做了规范。《简化字总表》共分三个表:第一个表有350个不做偏旁用的简化字;第二个表有132个可以做偏旁用的简化字和14个简化偏旁;第三个表有类推简化字1 753个。经过局部删除、偏旁更换、全部更换等方法,一些汉字的笔画减省了近一半。为解决一些汉字的结构和轮廓基本相同,但笔画数目有出入、笔画形状有差别、构字部件有不同的问题,文化部和中国文字改革委员会于1965年1月联合发布《印刷通用汉字字形表》,规定了通用汉字印刷体(宋体)的标准字形,规定了所收字的笔画数目,笔画形状,笔画顺序和部件位置,它既是印刷体的标准,也是手写体规范的依据,对促进汉字字形标准化有着重要的意义。2013年《通用规范汉字表》的发布,基本确立了现代汉字的标准形体。

(三) 定音

定音,即规定现代汉语用字的标准读音。要规范汉字的读音,就要对异读词加以审定,消除异读现象,使每个汉字都有明确规定的普通话读音。

1957至1962年间,普通话审音委员会发布了《普通话异读词审音表初表》的正编、续编和第三编,并于1963年发布《普通话异读词三次审音总表初稿》,共计审音1 800多条。1985年,国家语言文字工作委员会、国家教育委员会和广播电视部联合发布《普通话异读词审音表》,继承了《普通话异读词三次审音总表初稿》的研究成果,又重新审订了 863 条异读字的读音。2011 年 10 月国家语委启动了新中国成立以来第三次普通话审音工作,2016 年 6 月发布了《普通话异读词审音表(修订稿)征求意见公告》,这个"修订稿"正式公布后,将成为汉字定音的一个新标准。

(四)定序

定序,即规定现代汉语用字的排列顺序。定序其实就是汉字排检方法的标准化与规范化。部首排检法的规范化,主要指部首数量、字的归部原则要有标准。笔画笔顺排检法的规范化,主要指笔画数相同的字如何排序要有标准。音序排检法的规范化,主要指按汉语拼音方案字母表的拉丁字母顺序排列汉字。四角号码排检法的规范化,主要指笔形与号码的对应关系、取号规则要有标准。

二、汉字的规范化

《中华人民共和国国家通用语言文字法》规定"推行规范汉字"。规范汉字,指国家有关部门发布的经过简化和整理的字表规定的现行汉字。跟规范汉字对立的是不规范汉字,它包括两个内容:一个是不符合国家发布的汉字整理的字表规定的汉字,例如国家已经简化的繁体字,已经淘汰的异体字、旧字形等;另一个是写错或读错的错别字。要正确使用规范汉字,必须掌握国家发布的《通用规范汉字表》和其他有关汉字整理的字表,并能切实纠正错别字。

(一)掌握规范字

要认真学习《简化字总表》《第一批异体字整理表》《现代汉语通用字表》《部分计量单位名称统一用字表》《通用规范汉字表》等有关文件,熟练掌握规范汉字。《简化字总表》的学习,要以一、二表为主,特别是第二表更重要。要注意下面几个问题。

1. 注意类推简化的范围。一表中的字不可做偏旁类推,如"燈"简化为"灯","登"简化为"丁",但其他字中做偏旁的"登"不能类推简化为"丁",如"澄""橙"中的"登"就没有简化。二表中的字可做偏旁类推,如"貝"简化为"贝",依此类推,"貸、貨、賂、賄"等字中的"貝"都简化为"贝"。第三表中的字由二表类推而来,没有收入第三表的字,如果有第二表中的字做偏旁,原则是应同样简化。

2. 注意简化字的细微差别。如要注意"仓"与"仑"的区别,不要混淆。

3. 注意简化字和简化偏旁的笔顺。如长、马、鸟。

4. 注意辨析多音多义字。如"卡"用于译音时,读 kǎ,表示关卡、卡住时读 qiǎ。"纤"当表示与绳子有关的意义时读 qiàn,当表示与细、弱有关的意义时则读 xiān。

5. 把握繁体字的适用范围,不能滥用繁体字。如一些文物古迹、商店招牌可以使用繁体字,翻印古籍也可以使用繁体字。一定要严格控制繁体字的使用场合、使用范围。

6. 不写不规范的简体字。这里说的简体字,主要是指《简化字总表》二表中已被废止的字。如把"糖"的右边写成"广";把"酒"的右边写成"九";还有把"鞋"左边的

"革"简化成"又"的。

7. 不写异体字,如峰(峯)、够(夠)等。但异体字有其他用途时,不在此列。如姓氏"仝"不能改成"同"。

8. 掌握异形词的规范写法。如"毕恭毕敬"的"毕"不要写成"必"。

9. 不写已被废止的计量用字。如用"千瓦",不用"瓩";用"海里",不用"浬"。

(二) 纠正错别字

错字,指写得不成字、规范字典查不到的字。别字,又叫"白字",指把甲字写成乙字。错别字也可简称错字,因为写"别"的也是写错的,通常所说的写错字也包括写别字在内。

汉字笔画繁多,结构复杂,极容易写错读错。提高语言文字运用能力,避免错别字,一要从主观上重视这个问题,养成细心认真的习惯。再者,要从下面几个方面入手解决写错字、读错字的问题。

1. 避免写错别字

(1) 注音字形。注意一些字形或部件的写法,特别要注意辨析形似字形或部件,例如:

　　余—佘　　孤—狐—弧　　肓—盲　　瞠—膛

　　戌—戍—戎—戊—戉

再比如:"柿"的右半边是"市",而"沛"的右半边是"市",这两个偏旁极容易混淆。"即""御""卸"的共同偏旁是"卩",而不是"阝";而"邓""邯"是"阝"。

分析汉字的结构有助于提高书写正确率。"染"中的"九",经常错写成"丸"。"染"是会意字,"氵"表示染东西用的液体,"木"是木棍,"九"表示用木棍多搅动搅动。写成"丸"显然不能反映"染"的这个意思。"男"由田和力两部分组成,是会意字,中间写成一撇,当然是错误的。

(2) 注意字音。可以联系声旁来纠正错别字。如用"仓"做声旁的字韵母多是 iang 或 ang,而读 un 的多用"仑"。

　　仓—沧、苍、枪、呛　　　　仑—轮、沦、论

(3) 注意字义。分析字义有助于避免写错别字。例如:"梁"是房梁,与木头有关,所以下面是"木";"粱"是一种作物,所以下面要用"米"。再如"针砭"的"砭"是石头做的针,是"石"字旁;"褒贬"的"贬",与钱财有关,古代又是用贝壳做货币,所以是"贝"字旁。

2. 避免读错字

(1) 注意形声字的声旁,不要"秀才读半边"。例如:

　　烙(lào)印、停滞(zhì)、嗔(chēn)怒

(2) 注意一字多音，一字多义问题，根据意义来掌握字音。例如：

解：① jiě：解剖、解乏；② jiè：押解；③ xiè：姓解、解虞县

(3) 注意一些字的特殊读法。例如：

秘(bì)鲁　　否(pǐ)极泰来

(4) 注意文白异读字的读音。

文读是读书识字所使用的语音，又叫作读书音、文言音、字音；白读是平时说话时所使用的语音，又叫作说话音、白话音或话音。例如：

薄(bó)情—纸张很薄(báo)　　剥(bō)削—剥(bāo)花生
地壳(qiào)—蛋壳(ké)　　血(xuè)液—流了点血(xiě)

思考与练习

1. 汉字的标准化包含哪些内容？
2. 给下列加点字注音。

盥洗室　龋齿　提防　暴殄天物　恪守　豢养　叶韵　缫丝　蚌埠

3. 发现并修改错别字。

本着不放过一个坏人，不怨枉一个好人的原则，侦查员们又开始慎密的梳理。尽管作案人隐藏地很深，还是留有蛛丝蚂迹。侦查员老李终于发现重要线索，一股作气抓获了犯罪嫌疑人。真没想到嫌犯的住所竟然就在侦查队队部的隔壁。小结会上，老李不无调砍地念起了苏轼的诗句："不识庐山真面目，只原生在此山中。"

第五节　汉字知识的应用

【目标要求】　了解小学语文识字与写字教学的要求和统编本识字与写字教学的特点；掌握小学识字与写字教学的要则。

一、小学识字与写字教学的要求

《课标》中有关小学汉字知识的教学主要是识字与写字教学，现将教学要求归纳如下：

(一) 识字教学要求

第一学段(1—2年级)

1. 喜欢学习汉字，有主动识字、写字的愿望。
2. 认识常用汉字1 600个左右，其中800个左右会写。

3. 学习独立识字。能借助汉语拼音认读汉字,学会用音序检字法和部首检字法查字典。

第二学段(3—4年级)

1. 对学习汉字有浓厚的兴趣,养成主动识字的习惯。
2. 累计认识常用汉字 2 500 个左右,其中 1 600 个左右会写。
3. 有初步的独立识字能力。会运用音序检字法和部首检字法查字典、词典。

第三学段(5—6年级)

有较强的独立识字能力。累计认识常用汉字 3 000 个左右,其中 2 500 个左右会写。

(二) 写字教学要求

第一学段(1—2年级)

1. 掌握汉字的基本笔画和常用的偏旁部首,能按笔顺规则用硬笔写字,注意间架结构。初步感受汉字的形体美。
2. 努力养成良好的写字习惯,写字姿势正确,书写规范、端正、整洁。

第二学段(3—4年级)

1. 能使用硬笔熟练地书写正楷字,做到规范、端正、整洁。用毛笔临摹正楷字帖。
2. 写字姿势正确,有良好的书写习惯。

第三学段(5—6年级)

1. 硬笔书写楷书,行款整齐,力求美观,有一定的速度。
2. 能用毛笔书写楷书,在书写中体会汉字的优美。
3. 写字姿势正确,有良好的书写习惯。

二、小学汉字知识的教学

小学汉字知识的教学主要是识字与写字教学。

(一) 统编本识字与写字教学的特点

1. 单元教学,集中识字

统编本用识字单元和《语文园地》中的"识字加油站"让学生集中认识生字。识字单元设计贴近低年级学生的年龄特点,极富童真童趣,语言表达以浅显的韵文为主,内容多反映儿童的生活情趣,音韵流畅,朗朗上口,适合低年级儿童念唱。如《拍手歌》《田家四季歌》等,有助于儿童在诵读中发展语言能力,感受汉字独特的音韵美。《语文园地》的"识字加油站"则是从不同单元的编排角度出发,引导学生集中识字。

2. 随文识字,"字"在文中

统编本将学生要认识的生字放置在课文里,让学生在具体的语言环境中读准字音、辨清字形、理解字义。"字不离词,词不离句,句不离文",无形中拉近了学生与生字的距离,降低了他们认识生字的难度,学生学来别有意趣。

3. 融合字理,妙趣横生

统编教材从汉字构字规律和儿童认知规律、身心发展规律出发,在表现形式上呈现童趣性,旨在激发学生学习汉字的兴趣,让其感受汉字的魅力。作为汉字造字的主要方法,"形声"以其一半表音、一半表意的结构模式,成为"最多产"的造字方式,它揭示了汉字构字规律,温情而有理趣,这一特点也最易为儿童所接受。教材强化字理教学,要求学生能体会形声字的特点。如识字单元的《树之歌》集中学习了 8 个"木"字旁的汉字;《语文园地五》的"识字加油站"引导学生根据偏旁特点判断字义,把生字填入相应的词语中。

4. 遵循规律,归类识字

统编本新增加了"量词归类识字""形声字分类"等识字方法,如"识字1"的《场景歌》,把量词分类集中在图画之中,让学生在认识事物的同时,认识表示事物的汉字,对学生进行初步的逻辑思维训练,并引导学生学以致用,能够把身边的事物用量词表达出来;如《语文园地六》的"识字加油站"就是让学生通过对车、船等常用交通工具的分类,来认识"轿""摩""托"等字。这样的归类识字,有利于培养学生观察、分析、综合、比较、类推的思维能力。

5. 搭建平台,生活识字

统编本真实反映儿童现实生活情景,充分开发并利用多种资源,不断拓宽语文学习的渠道,引领学生在生活中主动识字,丰富知识,提升生活能力。如《语文园地一》《语文园地三》《语文园地四》的"识字加油站"中设计的"去野外观察大自然""熟悉的课外活动""火车票识字"等,这些活动充分发挥母语学习资源无处不在的优势,进一步强化生活识字的理念。同时,它们都与学生的生活相关联,学生还能够将学习收获运用于生活。

(二) 统编本识字与写字教学要则

1. 巧妙激趣,爱上识字

教师应该根据学生的心理特点,找寻兴趣点。比如识字单元,我们可以通过"大小声读生字""听音找牌"等字卡游戏的形式,让识字变得好玩起来。随着识字量的增多,我们可以开展"小小分拣工"的游戏,分类加强记忆;可以通过看图识字、实物识字,让学生瞧一瞧、摸一摸,让汉字和学生能够多次"亲密接触";可以借助于多媒体的动画效果,调动学生的多种感官,学生一旦有了浓厚的兴趣,就会产生强烈的求知欲望。

2. 强化习惯,重视实践

课标中明确提出要在每天的语文课中安排 10 分钟的写字时间。因此,要在每天的教学过程中,留给学生充分的写字时间,教师要板书示范指导,在示范的过程中,培养学生观察、分析、比较的能力,对于不容易写好的笔画、容易写错的笔顺,要求学生多练习;抓住字的关键笔画,注意间架结构,让学生初步感受汉字的形体美,在学生心中播下"写好字"的种子。另外,对于生字要科学地分布到每一课时中去,不要集中在某一课时里,避免增加学生的学习负担。

3. 授人以渔,自主识字

提高学生识字量的最佳途径是教给学生自主识字的方法,查字典可以帮助学生自主识字。在一年级下册语文教材学生学习了音序查字法的基础上,二年级上册语文教材在《语文园地二》中专门推荐了部首查字法,详细介绍了步骤要领,并对其中两个较难的步骤进行了专门练习。教师应运用多种方式,巩固部首查字法,把查字典的练习实践融入儿歌学习,渗透在课后的练习如《大禹治水》、《语文园地七》的"字词句运用"中。教师还应引导学生通过字典的运用,形成查阅工具书辅助学习的良好学习习惯,最终形成独立识字的能力。

猜读识字是统编教材的又一创新之处,例如二年级上册教材不再像一年级的教材那样所有篇目全文注音,但课文的课后练习中都有这样的问题:"猜猜下面加点字的读音,和同学交流你是怎么猜出来的?"《语文园地八》中的"字词句运用"也要求学生先猜读音,再读句子。教材在学生识字量增加和已经积累了一定的识字方法的基础上,逐步引导学生独立识字,增加识字的思维含量,有利于学生主动识字,为他们能尽快过渡到独立阅读阶段创造条件。

4. 多元识字,渗透文化

汉字是信息的载体,是承载母语的文字,它就如同"中华民族掌心的纹路",承载着民族的文化。基于儿童的认知特点,统编教材的编排中尝试用文化引领识字。例如《朱德的扁担》《大禹治水》《难忘的泼水节》等一篇篇文章,意在让儿童在阅读中主动识字,在阅读中了解伟人艰苦奋斗的品质、悠久的历史文化和绚烂的民族风情。我们就可以将其中一个典型的汉字追根溯源,转化为一幅生动可感的画面,激发学生想象汉字背后的故事,让汉字有温度、有情趣地扎根在儿童幼小的心田里。它不仅能帮助儿童更好地识字,还能帮助他们打开一扇朝向汉字文化的窗户。

思考与练习

下面是一位老师关于课文《日月明》的教学设计[①],请大家评析。

《日月明》教学设计

【设计理念】

本课设计是围绕"有趣的汉字"这一主题开展实践活动的,目的是进一步扩展学生

---

① 见 http://old.pep.com.cn/xiaoyu/jiaoshi/tbjx/sheji/sj/12/201008/t20100823_706144.htm。

对会意字的认识,通过读词语了解四个字的意思,激发学生对祖国文字的喜爱之情。

【教学目标】

1. 在熟读课文中认识汉字,并引导孩子发现构字规律,认识"笔尖、鲜花"等8个词语,会写本课生字"力、手、水"。

2. 正确朗读课文,初步感受汉字的构字规律。

3. 通过小组合作学习,调动团队合作的意识,提高识字效率。

4. 通过不同形式的朗读,理解、感悟汉字,掌握朗读技巧。

5. 让学生感悟汉字的构字规律,培养主动学习汉字的浓厚兴趣,激发学生热爱祖国汉字文化的热情。

教学的重点难点:帮助学生了解一些会意字的构字特点,培养学生初步的认字能力。

【课前准备】

教师准备:生字卡,构成本课生字的部件卡。有关识字的课件。

【课时安排】

两课时

【教学流程与设计意图】

第一课时

一、导入新课、激发情趣

你们还记得《阳光》这篇课文吗?太阳光芒四射,洒遍了大地,所以日的意思是——(学生回答),月呢?日和月合在一起就组成了一个新字——明。

[设计意图:以激励性的语言导入,能激发学生学习的情趣,为进一步学好生字服务。]

二、形象揭题,趣味识"明"

1. 师:小朋友,我们已经认识了很多汉字,能自己读书、看报,还能自己写句子,真是了不起。今天老师还要带你们到汉字王国里认识一些有趣的朋友。来,我们先来认识几个老朋友(课件出示:太阳)这是老朋友"日",(课件出示:月亮)这是老朋友"月",(课件出示:日出)你看到了什么?(太阳越升越高,放射出万道金光,照亮了大地。)

(课件出示:月升)谁再来说?

师小结:太阳也叫日,月亮也叫月。日和月都给大地带来了光明,它们组成了一个新的字(课件出示:明)开火车正音。

2. 你知道"明"是什么意思吗?

这节课我们就要学习许多像"明"这样的字。

现在,太阳想和月亮手拉手做朋友,成了一个新的字"明"。

这个字读什么?(正音,齐读)你们以前有没有见过"明",你能不能用"明"组词?

"日"和"月"这两个老朋友住在一起,相处得很融洽,特别是"日",作为老大哥让着小弟弟,它把大部分位子让给了"月",这样组起来的字才好看。

[设计意图:以生动形象的课件引导,使小学生联想到生活的体验,能激发小学生

学习的兴趣,将"日"和"月"视作两个老朋友,充满了人文色彩。]

三、变化形式、朗读课文

1. 赶紧打开书,翻到"日月明"这一课,拿好书,看着书,听我读。(配乐,师范读)

2. 你们想读吗?把书摆好,用右手指着字,跟我读。

3. 读得可真仔细!还想读吗?请拿好书,看着课文,再跟我读。

4. 读得很有精神!自己轻声也来试试看,遇到不会读的生字请拼音宝宝帮忙。

5. 会读了吗?咱们分大组对读。

6. 男女生也来比比看!男生先开始。老师给你们读课题。

7. 大家一起读。

8. 读得可真棒!开火车会读吗?开双轨火车。正音:鲜、尖(拼一拼,注意读准变调)、休、灭(拼一拼)、森、从(开火车读准平舌音)、众(读准翘舌音)。

9. 还有哪一大组再来试试?

10. 听着你们读得这么起劲,我也想读,咱们合作读,好吗?拿好书,师读日月——真聪明,就这么读。

11. 好玩吗?同桌小朋友也这样来玩一玩。

12. 去掉拼音会读吗?真的会读?那咱们就来试试看!合上书,放桌角,看大屏幕!哪一桌小朋友来读?还有人自告奋勇吗?

13. 这么多人都想读啊!那怎么办呢?一起来读好不好?

14. 小朋友就是能干!不用看拼音都会读了!再加大难度还会吗?(大屏幕隐去前面两个字,生字变红)现在还会读吗?你是怎么读出来的?

15. 不按顺序会读吗?我指到哪,你就读,会吗?指名读。会读的小朋友都来试试。

[设计意图:积极倡导自主、合作、探究的学习方式,使学生变被动的接受学习为主动的探究学习,强调多读,让学生在读中理解、读中感悟、读中积累,体现了语文学科以读代讲的特点。本环节以情感激励为主,变化读的方式,引导小学生正确朗读课文,既使课堂充满了生活情趣,又为下一环节的理解做好了铺垫。]

四、理解字义

1. 我们的汉字很有趣,你要想办法记住它。课件出示鱼的图及汉字,羊的图及汉字。让学生观察,说说如何记住"鲜"字。

2. 鼓励学生用编顺口溜的方法记住"鲜"。师示范,如:

① 有鱼又有羊,这事真新鲜。② 桌上有鱼,有羊,味儿真鲜美等。

3. 生齐读并给"鲜"字组词。

[设计意图:课件出示鱼的图及汉字,羊的图及汉字,展示了汉字的有趣。鼓励学生自主识字,有利于培养学生的探究能力和创新能力。]

4. 我们再来玩个游戏好吗?猜一猜的游戏。看看图,猜猜是什么字,并告诉大家你是怎么猜出来的。课件演示:

灭:这一横就像灭火的树枝;

尘:尘土飞扬;

男:男人在田里出力;

休:人要变成"亻"人靠在树下休息。

林:捺要变成"、"。

5. 会看图猜字了,那看字你能来想想画面吗?

出示:鲜、尖、从,自由选择来说。

师点拨:鲜——我想起了一首儿歌,想听听吗?"江南水连天,鱼儿味道鲜;塞北羊儿肥,羊儿味道美。"有意思吗? 如果你们也想起一些儿歌也可以来告诉大家哦! 尖——找找看身边哪些东西是尖的? 看看这些尖的东西都长什么样? 从——皇帝出行时,都有很多随从。

6. 看图猜字会了,看字想画面也会了,再出个难题考考大家好吗?

猜字谜:上看一棵树,下看两棵树,仔细看一看,还有许多树。这是什么字? 拿出卡片,师引导。

7. 你能给"众"也编个字谜吗?

8. 用这三个字扩词,小组进行竞赛、交流、评议。

[设计意图:展示课件,游戏识字,极大地激发了小学生识字的兴趣,使字义的理解变得形象有趣,具有极大的亲和力,使学生如沐春风。]

五、扩展练习

小朋友们真棒,一下子认识了这么多有趣的汉字。我想考一考大家,比一比谁聪明,好吗? 请用下面的字组词,再说一句话。

森 众 鲜 从 明

第二课时

一、导入新课

上节课我们认识了13个生字,这节课我们不但要把课文读好,还要把字写好,有信心吗?

二、熟读课文

1. 指导学生读课文,评议。

2. 同桌用对口令的方式读一读。

3. 教师示范读,强调韵尾,学生仿读,看谁读得好。

4. 齐读,边拍手边读。

5. 自己试着背一背。

[设计意图:积极倡导自主、合作、探究的学习方式,使学生变被动的接受学习为主动的探究学习,强调多读,让学生在读中理解、读中感悟、读中积累,体现了语文学科以读代讲的特点。]

三、完成课后"我会读"

1. 自读,汇报,交流。

2. 认读新词,并在生字下面打上点。

3. 扩展。你能用带点的字组词或说一句话吗?

四、指导书写

1. 出示"力、手、水"三个字,学生观察一下,怎么样才能把这三个字写好。

2. 学写"力"字。

① 学生描红(了解"力"的笔画、笔顺,以及在田字格中的位置)。

② 指导学生说说"力"的第一笔与"目"的横折的不同之处。

③ 教师示范写。学生模仿写。

3. 学写"水"字。

① 学生说说压线笔及左边的横撇的位置。

② 学生书写,教师巡视,个别指导。

4. 学生观察,写好水字。

5. 小组选好的作业,进行展评。评选小小书法家。

五、小游戏、记汉字

1. 拼一拼。

把手中的独体字卡片进行组合,看看能拼成什么,并读一读,口头组词。

2. 飞鸽送信(有些小朋友手中拿的是音节,有些小朋友手中拿的是汉字,让音节找汉字或让汉字找音节)。

[设计意图:让学生在活动中识记生字,丰富的活动形式为学生提供发展自我,展示自我的学习舞台,让学生居于活动的中心,成为活动的主人,激发学生的兴趣。]

六、读读想想

汉字的结构很有意思,很多汉字都是由不同的字组合在一起,表示另一个意思。出示"歪、晃、品、晶"四个字,学生认读。

1. 指导学生说说意思,组词。

2. 读读"歪歪扭扭、晃眼睛、品茶、亮晶晶"这几个词语。

3. 把这四个字仿照课文编一篇韵文,小组进行合作。

4. 交流。如:

不正不正,歪歪斜斜。日光日光,明明晃晃。

三个口字,品尝品尝。三个日字,晶晶亮亮。

七、扩展练习

找一找前面学过的汉字,如:妈、笔、坐、如、朋,学一学课文的样子,以小组合作的形式,编一篇韵文或字谜。

[设计意图:本环节充分调动学生的识字积累,发展他们的思维能力和想象能力,适当渗透一些识字的知识和方法,采取活泼有趣的方式反复再现生字,让学生从整体上认记字形,使识字得以巩固。创设自主合作的学习机会,培养学生在学习过程中的自主意识和创新意识,并从相互交流学习的过程中给学生展示的机会,体验学习的快乐。]

板书:

日 月 明   二 木 林

鱼 羊 鲜   三 木 森

小	土	尘	一	火	灭
田	力	男	二	人	从
人	木	休	三	人	众
	手	目	看		

【课后反思】

"日月明,鱼羊鲜,小土尘,小大尖……"节奏明快,音韵和谐,读着这样的文字似乎能听到稚嫩的童音,那么动听,那么美妙。这篇短短的韵文,揭示了会意字的构字特点,让人隐约感受到中国人造字的智慧。巧妙的会意构字,能让学生感受识字的乐趣,激发学生更大的识字热情。在教学设计中,彻底摒弃单调的认读,烦琐的分析,巧妙地借助教材这一载体,精心设计多种语文实践活动,让学生在朗读中自主识字,在活动中提高语文素养。这课的设计有以下两个特点:

(一)创设情境,愉悦识字。《语文课程标准》在第一学段"识字写字"方面提出的要求是"喜欢学习汉字,有主动识字的愿望"。因此,低年级的语文教学要力求做到入情入境,牢牢抓住学生的年龄特征,调动其学习的积极性。在实际教学中,我通过让学生说会意字的特点、游戏等一系列识字活动,让学生在宽松、自然的状态下进入情境,进入课文,去发现构字规律,掌握汉字结构,从而感悟汉字文化,积累语言文字。

(二)小组交流,合作探究。学生是学习和发展的主体。语文教学必须根据学生身心发展的特点,关注学生的个体差异和不同的学习需求,学生的好奇心、求知欲,充分激发学生的主动意识和进取精神,倡导自主、合作、探究的学习方式。课堂上,把学生的主动权交给学生,让他们以独立或随机组合的方式组成学习小组,选择自己已经知道或者含糊不清的一些生字的意思,在小伙伴中进行交流,形成人人争当小老师的局面。这样,同学之间互帮互学,深化了对知识的认识;大胆交流,提高了交往能力。他们的团体合作意识被调动起来了,从而充分体验合作的愉快。

附:《日月明》课文

日月明 (rì yuè míng)

日(rì) 月(yuè) 明(míng), 鱼(yú) 羊(yáng) 鲜(xiān),

小(xiǎo) 土(tǔ) 尘(chén), 小(xiǎo) 大(dà) 尖(jiān)。

一(yī) 火(huǒ) 灭(miè), 田(tián) 力(lì) 男(nán),

人(rén) 木(mù) 休(xiū), 手(shǒu) 目(mù) 看(kàn)。

二(èr) 木(mù) 林(lín), 三(sān) 木(mù) 森(sēn),

二(èr) 人(rén) 从(cóng), 三(sān) 人(rén) 众(zhòng)。

第三章
词汇知识与应用

微信扫一扫

获取本章拓展资源

第一节 词汇知识概述

【目标要求】 了解词汇与词是集体与个体的关系,认识词汇的单位,能区分词和语素,掌握合成词的构词类型。

一、词汇

词汇是语言的建筑材料。词汇又称语汇,是词和固定短语的总汇。词汇是集合体,词汇和词的关系是集体和个体的关系。词汇可以有不同的涉及范围,它既可以指一种语言的词和固定短语,如汉语词汇、日语词汇;也可以指某一个人或某一作品所用的词和固定短语,如鲁迅的词汇、毛泽东的词汇、《毛泽东选集》的词汇;还可以只涉及某一种语言的某个方面,如一般词汇、基本词汇、文言词汇、方言词汇等。

词汇反映着社会发展和语言发展的状况,也标志着人们对客观世界认识的广度和深度。就一种语言而言,它的词汇越丰富越发达,语言本身也就越丰富越发达,表现力也就越强。现代汉语是世界上最发达的语言之一,首先是因为它的词汇非常丰富。

就个人而言,他掌握的词语越多,他的词汇就越丰富,能确切地表达思想的能力就越强。学习语言,就要有意识地积累词汇,不断地丰富自己的词汇。积累词汇,首先要深入生活,在丰富的语言生活中有意识地搜集、记录各种类型的词汇;其次要认真阅读古代的、现代的、文艺的、政论的、科技的各种作品,从中汲取语言营养。为了巩固自己的词汇,提高运用词汇的能力,还要加强说和写的实践锻炼。

二、词汇的单位

(一)语素

"语素"是词的构成成分。语素是语言中最小的音义结合体,是既有声音又有意义的最小的语言单位。

现代汉语的语素绝大部分是单音节的,如"人、手、第、习、说、他、呢"等,也有两个音节的,如"干部、的士、蜻蜓、琵琶、沙发"等,还有三个或三个以上音节的,如"麦克风、阿司匹林、歇斯底里、英特纳雄耐尔"。双音节语素有一部分是从外语借来的,三音节和三音节以上的语素大都是从外语借来的。

判断一个语言的片段是不是一个语素,就是看它是不是"最小",是不是"音义结合体"。如果一个语言片段没有意义,它就不是语素,如"幽默"中的"默",有音,但是没有意义,所以,"默"不是一个独立的语素。如果一个语言片段,继续切分后,各个部分还有音有义,它的整体就不是一个语素,而是几个语素。如"学习"中的"学"和"习"都有音有义,那么,"学习"包含两个语素。这里说的有音有义,是指在指定的语言片段中具备的。如"默"本身是有音有义的,"mò"是它的音,"不说话"是它的意义。但是,在"幽默"中的"默"显然没有"不说话"的意义,它只有音,没有义。

根据音节多少,语素可分为单音节语素和多音节语素。根据语素的组合能力(成句或构词能力),可以分为成词语素和不成词语素,能单独成词的语素是成词语素,不能独立成词的语素是不成词语素。

成词语素既能够独立成词,一般也能同别的语素组合成词,如"白",既是词,又可以组合成"白菜、白粉、白饭"等词。有的成词语素能独立成词,但一般不能同别的语素构成合成词,如表示语气和感叹的语素:吗、吧、哟、咦等。

不成词语素只能同别的语素组合成词。例如:"器、悉、子、蒙蒙。"

表示词的基本意义的语素也称词根,如"器材"中的"器""材"。位置固定,只表示一些附加的意义的语素,又叫词缀,如"桌子"中的"子"。

(二) 词

词是最小的能够独立运用的语言单位。"独立运用"是指能够单独成句,或单独做句法成分,或单独起语法作用,例如:"小黄和小张去跑步了。""小黄、小张、去、跑步"都能够单说,可以单独做句法成分,都是词。"和""了"能单独起语法作用,也是词。

所谓"最小的""能独立运用的",是指词这种单位本身就是一个整体,表示一定的意义,不能再分解。词内部一般不能再加进别的造句成分,即使两个自由语素组成的词也不能分开。例如"菩萨"这个词不能再分成两个有意义的部分。"朋友"虽然由两个有意义的部分构成,但分解后,"朋"不能自由地用来造句。"江山"虽然能分开成两个有意义的部分,各部分也能单独用来造句,但是"江山"的意义不是"江""山"意义的简单相加。所以,"菩萨""朋友""江山"都是词。

确定一个语言单位是不是词,关键就看该单位是不是最小的能够独立运用的语言形式。如果只看是不是最小的,那么语素比词更小,但语素不能独立运用;如果只看能不能独立运用,那么短语也可以,但短语不是最小的。

词是造句的单位,语素是构词的单位。词是由语素构成的,记录它们的书写符号则是字。汉字是记录汉语的书写符号系统。汉字同汉语是对应的,基本上是一个汉字记录一个音节。而汉语中的语素绝大部分也是单音节的,所以,从整体上看,大多数汉字和语素具有对应关系。凡是单音节语素或者只由一个单音节语素构成的词,都用一个字来表示,这时,词、语素、字三者是一致的。

(三) 固定短语

固定短语是词跟词的固定组合。固定短语一般不能任意增减、改换其中的词语。与固定短语相对的叫临时短语。临时短语是词跟词按表达的需要的临时组合(如"生活美好""提出申请"等)。固定短语又可分为专名(专有名称)和熟语两类。

专名以企事业单位的名称占绝大多数。举凡成立机关团体,开办工厂、商店、学校等等,一般都要取个专名以别于其他单位。例如"五一路""华东师范大学"等。召集会议,举办活动,也可以用固定短语做专名,如"2003广东省高校电工电子技术研究会年会"。一般短语一旦用作书名、篇名、杂志名、电影电视片名,也成了固定短语,如《岭南文史》《建党伟业》等。

熟语包括成语(如"叶公好龙、东施效颦")、惯用语(如"半瓶醋、马后炮")、歇后语(如"狗拿耗子——多管闲事、刀切豆腐——两面光")和谚语。熟语结构上较为固定,功能上相当于一个词。

(四) 略语

略语是压缩和省略的词语。在语言的使用过程中,由于语言交际的经济性原则的作用,或者是主观上出于表达简洁性的需要,人们常把较长的名称或习用的短语压缩和省略成为略语。略语可分两类:

1. 简称

简称是较复杂的名称的简化形式。简称与全称相对,大都是选取全称中有代表性的语素或词压缩而成。大体有下列几种方式:

(1) 每个词中提取一个语素。

取两(或多个)词的第一个语素:体格检查—体检、华南师范大学—华师大、北京师范大学—北师大

取两词的第二个语素:电影明星—影星

取前词的前语素和后词的后语素:归国华侨—归侨、高等学校—高校

取前词的后语素和后词的前语素:物理化学—理化、香港澳门—港澳

(2) 提取前面各个词中的一个语素和最后的一个词,一般见于并列结构。

双项:春装和秋装—春秋装、中学和小学—中小学

多项:一等二等和三等—一二三等、陆军海军和空军—陆海空军

(3) 提取短语的前段或者后段。

取原短语的后面一段:中国人民志愿军—志愿军、中国人民解放军—解放军

取原短语的前面一段:西藏自治区—西藏、南开大学—南开

(4) 选取原短语中最主要的语素再重新组合。

拼合选取:中国共产党第十九次全国代表大会—十九大

变序选取:长沙师范学院附属第一幼儿园—一附幼、第九国营棉纺厂—国棉九厂

(5) 选取原短语中代表性语素或音节替代整个专用短语。

语素替代型:中国人民政治协商会议—政协、农副产品贸易市场—农贸

市场

音节替代型:奥林匹克运动会——奥运会、乌鲁木齐市——乌市

"政""协""农"等是语素,而"奥""乌"都是原音译语素中的一个音节。

简称本来是全称的临时替代,在正式场合,为了表示郑重其事,往往要用全称。但是有些简称经过长期使用,形式和内容都固定化了,人们在使用中已很少用全称,再用就显得啰唆了,便转化为一般的词,全称反而很少使用了。如:化肥、初中、中国、地铁(地下铁路)、空调(空气调节器)、教研室(教学研究室)等。

近年来新增加了许多外文字母简称,如 VCD、CD、CT、SOS、WTO 等,有的还加上汉字,如 B 超、BP 机、维 E、T 恤衫、AA 制等。这些语言单位使用时有它的方便之处,但是大多数掌握起来还有一定的困难,因为不了解简缩的根据,只能死记。如 LCG、LG 虽是著名的品牌,但很少人知道其含义,远不如"奔腾""日立""三菱"容易为一般人民群众接受。

2. 数词略语

数词略语是用数字概括并列词语的语素或者语义成分的略语。例如:

思想好、学习好、身体好——三好

耳、鼻、口、目、舌——五官

数词略语称说简便,也有可能取得词的资格。但是数词略语容易使原来的具体内容落空,数字越大,内容落空的可能性也越大。"八节康宁""十八层地狱""五花八门"都成了熟语,具体指哪些"节""层""花"或"门",一般人都不了解。20 世纪 50 年代的"三反五反",60 年代的"四清""黑五类""九种人",80 年代的"五讲四美",人们也很难记住它们的具体内容。

三、构词类型

词都是由一个或几个语素构成的,构词语素分两种,一种叫词根,指的是意义实在、在合成词内的位置不固定的成词语素和不成词语素;一种叫词缀,指的是意义不实在、在合成词内位置固定的不成词语素。根据构词语素的不同,可以将词分为单纯词和合成词两种。

(一) 单纯词

由一个语素构成的词,叫作单纯词。

单音节词基本上都是单纯词,多音节的有以下几类。

1. 联绵词

(1) 双声(两个音节的声母相同):崎岖、琉璃、惆怅、尴尬。

(2) 叠韵(两个音节的韵母相同):逍遥、蜻蜓、迷离、窈窕。

(3) 其他:玛瑙、牡丹、珊瑚、峥嵘、疙瘩、鹧鸪、囫囵、蟋蟀。

2. 叠音词

叠音词由两个相同的音节相叠构成。叠音词中的音节不能单独表义,重叠后是一个语素。如:

  姥姥、猩猩、奶奶、蝈蝈、蛐蛐

3. 音译的外来词

  咖啡、巴士、马克思、歇斯底里

模拟自然界和人类自己声音的拟声词,也是单纯词,比如"哐啷、滴答、哈哈"等。

(二) 合成词

由两个或两个以上的语素构成的词,叫作合成词。合成词有复合式、附加式、重叠式三种构词方式。

1. 复合式

由两个不相同的词根结合在一起构成。从词根和词根之间的关系看,主要又有五种类型:

(1) 联合型。由两个意义相同、相近、相关或相反的词根并列组合而成,又叫并列式。例如:

  休息、计算、制造、声音、根本
  动静、来往、早晚、开关、教学
  忘记、师傅、窗户、睡觉、国家

(2) 偏正型。前一词根修饰、限制后一词根。例如:

  草帽、马路、火车、手表、桥墩、蜂房
  火红、笔直、雪亮、腾飞、筛选、热销

(3) 补充型。后一词根补充说明前一词根。例如:

  看见、放开、扩展、推翻
  函件、车辆、人口、枪支

前面一组,前一词根表示动作,后一词根补充说明动作的结果。后面一组,前一词根表示事物,后一词根表示事物的单位。

(4) 动宾型。前一词根表示动作、行为,后一词根表示动作行为所支配关涉的事物。又叫支配式。例如:

  关心、留意、效力、用功、投机
  举重、吃香、讲和、入迷、失明

(5) 主谓型。前一词根表示被陈述的事物,后一词根对前一词根进行陈述。又叫陈述式。例如：

　　海啸、地震、霜降、气喘、人为
　　性急、手软、眼红、肉麻、心虚

2. 重叠式

由两个相同的词根相叠构成。如：

　　偏偏、常常、刚刚、仅仅、单单
　　哥哥、姐姐、舅舅、叔叔、爸爸

3. 附加式

由词根和词缀构成。在词根前的词缀叫前缀，在词根后的词缀叫后缀。
(1) 前加式（前缀＋词根）。

　　老：老师、老婆、老外、老板、老乡
　　阿：阿姨、阿哥、阿姐、阿婆、阿爸
　　小：小丑、小姐、小李、小辫、小菜
　　第：第一、第二、第三、第五、第十

(2) 后加式（词根＋后缀）。

　　子：桌子、椅子、骗子、推子、空子
　　头：砖头、骨头、想头、来头、花头
　　性：党性、创造性、属性、原则性、概括性
　　者：记者、老者、读者、文艺工作者、唯心主义者
　　化：简化、规范化、演化、自动化、固化

还有一种三音节后加式，由词根和一个叠音后缀组成。例如：

　　乎乎：黏乎乎、稀乎乎、稠乎乎、胖乎乎
　　蒙蒙：灰蒙蒙、雾蒙蒙、黑蒙蒙、迷蒙蒙

现代汉语由两个语素组合成的词占绝大多数，也有三个或三个以上语素构成的词，这时词的内部构成可以不止一个层次。例如：

```
宽 银 幕          太 空 服
|偏| 正|         |偏| 正|
   |偏|正|          |偏|正|
```

> **思考与练习**

1. 词和词汇是什么关系？
2. 下列字中，哪些记录的是成词语素？哪些是不成词语素？哪些不是语素？

85

素 妹 湖 南 祝 习 狗 境 伟 卫 阿 者 水 牛 道 葡 橄
3. 什么是词根？什么是词缀？词根和词缀有什么区别？

第二节 词汇知识：词义

【目标要求】 了解词义的内容、性质，掌握词的概念义、色彩义，理解词义和语境的关系。掌握同义词辨析方法。能对词进行义素分析。

词义是词的意义，包括词汇意义、语法意义。"书"是"装订成册的著作"，可以做主语、宾语等，可以用于口头书面等场合，这些分别构成"书"的词汇意义和语法意义。通常说的词义，往往是指词汇意义。词指代各种各样的事物和现象，或者表示各种关系。它所指代的事物或者现象，表示的各种关系都是词义的内容。词所指代的事物包括客观存在的事物和人们想象中的事物。凳子是现实生活中的事物，"有腿没有靠背的坐具"就是"凳子"的词义。"玉皇大帝"是人们想象中的事物，"神话中天庭的最高统治者"就是"玉皇大帝"的词义。

一、词义的性质

（一）词义的概括性

词义是对同类事物或者现象，或者同类关系的概括。词义概括了同类事物、现象或者关系的共同特征。例如"书"这个词的意义是"装订成册的著作"。"成册的著作"是各式各样的书的共同特点，它舍掉了线装、平装、精装的区别，厚薄、大小的区别，中文、外文等形状不一，颜色各异的区别。从各种各样的书中，保留区别于其他事物的特点，概括出来的共同的本质的特征，就是"装订成册的著作"。词所表示的对象都应该有这种共同的本质的特征，而该词所不能表示的对象都没有这种特征，只有这样，词义才能准确地把词同相应的事物联系起来。任何一个词的意义都具有概括性，即使专有名词也不例外。

有些词所表示的客观存在的事物只有一个，而不是一类，如"地球"。它们的词义也是概括的。"地球"的词义就概括了地球的过去和现在，概括了地球区别于其他事物的各种特点或属性。

（二）词义的模糊性

词义的模糊性指的是词义的界限有不确定性，它来源于词所指的事物边界不清。例如"凌晨"与"早上"的界限是模糊的，到底是几点几分，没有标准。再比如"快"和"慢"，"高"和"矮"，"大"和"小"，都没有一个明确的标准，其界限都是模糊的。

词义的模糊性是客观事物连续性的反映。事物的核心部分一般来说还是比较明确的，但是，边缘部分则容易被忽略。

(三)词义的民族性

同类事物,不同的语言用什么词、用几个词来表示可以不同,词义概括的对象范围也可以不同,它体现了词义的民族性。例如汉语用"哥哥、弟弟、姐姐、妹妹"表示同一父母所生的子女,而英语只用 brother 表示哥哥或弟弟,用 sister 表示姐姐或妹妹。

词义不仅在理性意义上有民族性,在附加色彩上也可以显示出民族性。例如"猫和老鼠"的形象,虽然汉族与美利坚民族对这种家畜都是喜爱的,但用于指人或作为艺术形象塑造时,褒贬就大不相同。

二、词义的分类

词汇意义可分为概念义和色彩义。

(一)概念义

词义中同表达概念有关的意义,叫概念义,又叫理性义或者主要意义。例如:

【笔】写字画图的用具。
【硬】物体内部的组织紧密,受外力作用后不容易改变形状。

词典对词目所做的解释,主要是概念义。

概念义的作用就在于给词所联系的事物划一个范围,凡是该词所指的事物都包括在内,凡不是该词所指的事物都不包括在内。例如"笔"的理性义就在于说明该词所指的是"写字画图的用具",因此,凡不是"写字画图的用具"都不在"笔"之列。

(二)色彩义

色彩义附着在词的概念义之上,表达人或语境所赋予的特定感受,也叫附属义。色彩意义类别较多,大体而言,包括感情色彩、语体色彩、形象色彩等。

1. 感情色彩

有些词表明说话人对有关事物的赞许、褒扬的感情,这就是词义中的褒义色彩,这样的词称作"褒义词"。例如:"崇仰"的敬爱感情色彩,"铭感"的感激感情色彩,"祖国"的亲切感情色彩。

有些词表明说话人对有关事物的厌恶、贬斥的感情,这就是词义中的贬义色彩,这样的词叫作"贬义词"。例如"恶棍"的憎恶感情色彩,"青面獠牙"的惧怕感情色彩。

大部分词只表示客观的事物或现象,不带感情色彩,例如"房屋""工作"等。这一类词称为中性词。

2. 语体色彩

语体色彩又叫文体色彩。有些词语由于经常用在某种语体中,便带上了该语体所特有的色彩。有些词通常只用在口头上,带口语色彩,是口语词,例如"脑袋瓜""法儿(法子)""个儿(个子)""揍""瞧""乐""哆嗦"等。有些词通常只用在书面上,带书面语色彩,是书面语词,例如"头颅""身躯""措施""殴打""观看""欢笑""颤抖"等。

双音节的书面语词大都有口语里常用的单音词与之相应。例如:

  阅读—读 挑选—挑 歌唱—唱 疾病—病 睡眠—睡
  偷窃—偷 甜蜜—甜 美好—好 美丽—美 飞翔—飞

3. 形象色彩

除了有概念义之外,有的词还同时具有形象感,以生动、具体的形象诉诸人们的视觉、听觉、嗅觉、味觉等。这就是词的形象色彩。

词的形象色彩,以视觉形象的居多。例如"金钱豹"这个词,使人仿佛看到所指的猛兽有着钱状的黄色花纹。又如,"须眉""鹅黄""映山红""四脚蛇"等都具有视觉形象色彩。

有的词带有听觉形象,如"笑哈哈""喔喔"等;有的词带有嗅觉形象,如"香喷喷""臭烘烘"等;有的词带有味觉形象,如"甜丝丝""淡巴巴"等,有的词带有动感,如"抽搭""晃荡"等。这些词都具有很强的形象感。

三、义项

(一) 什么是义项

义项,是词的理性意义的分项说明。有的词只有一个义项,有的则有两个或两个以上义项。词的义项多少,是从该词出现的语言环境中归纳出来的。如果该词在所有语境中只有一个意义,这个词便只有一个义项。"北京"一词在所有语境中只有一个意义,即我国的首都。这个词只有一个义项。如果有两个或两个以上意义,那么这个词便有多个义项,如"骄傲",我们说"这个人太骄傲了,总是过高地估计了自己",这里的"骄傲"是自以为了不起的意思;而我们说"大家都为北京申奥成功而感到骄傲"时,这里的"骄傲"是"自豪"的意思;当我们说"长城是中华民族的骄傲"时,它的意思却是"值得自豪的人或事物"。所以"骄傲"这个词在现代汉语中有三个义项。一个词有几个义项,各义项之间存在着互补关系,即各个义项只出现在自己的语境中,每个具体语境只有一个义项适用。例如上面的"骄傲"有三个义项,而各例句中的"骄傲"却分别适用一个义项。

词的义项之间的地位并不是平等的,其中至少有一个义项是基本的、常用的;其他的义项一般由这个义项直接或间接地发展转化而来。前者叫作基本义,后者叫作转义。

基本义是对转义而言的,并不一定都是词源学上说的词的原始意义(本义)。比如"走"的原始意义(本义)是奔跑,基本义是行走。当然基本义和原始意义(本义)也可以重合,比如"水"和"山"的原始意义(本义)就是基本义。词的转义主要是通过引申和比喻两种方法产生的。

在基本义的基础上经过推演发展而产生的意义是引申义,又称派生义。比如"紧"的基本义是"两物密切合拢"(捆得很紧),引申出三个义项:"不宽裕(过紧日子)""不放松、严格(对孩子管得很紧)""没有充分的时间和余地,很急迫(风声很紧)"。

借用一个词的基本义来比喻另一种事物,这时所产生的新的意义是比喻义。"疙瘩"本指皮肤上突起或肌肉上结成的硬块,又比喻"不容易解开的思想问题"。

词的比喻义同修辞上的比喻既有联系,又有区别。修辞上的比喻是临时的打比方,比喻义则是固定地成了词的一个义项。例如"江山如画"是修辞上的比喻,"江山"这个词并没有"画"这个转义。词的比喻义则不同,虽然大都是通过修辞的比喻用法逐渐形成的,但是它已经成为词义中的一部分。我们一看到"酝酿"一词,除了明白它是造酒的发酵过程外,还会联想到它"做好各项准备工作"的意义。我们在应用时几乎感觉不到它是一种比喻了。

(二)单义词和多义词

根据义项的多少,可以把词分为单义词和多义词。

1. 单义词

只有一个义项的词叫单义词。

汉语中有一定数量的单义词。交际时,单义词不受语境的限制,也不会产生歧义。单纯词中单义词少,合成词中的单义词较多。

科学术语要求意义固定,单义词比较多。例如:

  内因 圆周 直角 电子 元素 针灸

草木、鸟兽、器物及其他一些常见事物的名称也多是单义词。例如:

  蓖麻 骆驼 刀子 房屋 太阳

人名、地名之类的专有名称,也多是单义词。例如:

  李白 北京 母亲 哥哥 舅舅

有一些新词语,因为刚刚进入交际领域,所以一般都是单义的。比如:

  特区 倒爷 光驱 扶贫 手机

2. 多义词

有两个或两个以上的义项的词叫多义词。多义词的各个义项互有联系。例如:"学"有四个互相有联系的意义:① 学习:学技术。② 模仿:学鸡叫。③ 学问、学到的知识:学有专长。④ 学校:上了一天学。

多义词对语境有很强的依赖性,在一定的语境中只能有一个义项适用,比如"老"的基本义是"年岁大",引申出来的义项有:"陈旧的(老房子)""原来的(老一套)""历时久的(老字号,老厂)""长久地(伤口老不见好)""经常地(老出问题)",而这些不同的义项所出现的语言环境既是各不相同的,又是互相补充的。如果在同一语境中可

89

以同时适用两个或更多的义项,就会产生歧义。比如"借"有"借出"和"借入"两层意思,所以,"他借我那本书,还没看完呢"这句是有歧义的。

(三) 同音词

同音词是语音相同而意义之间并无联系的一组词。同音词可分为同字同音词和异字同音词两种。

同字同音词(又叫同形同音词),各项意义之间没有内在的联系,只是用了相同的文字书写,例如:

  风化(风俗教化)—风化(风吹雨淋使岩石产生变化)
  新生(新的生命)—新生(新来的学生)

同字同音词在一定的上下文中大都能区分开来,不会影响交际。比如:

  获得了新生—招来了新生

异字同音词(又叫异形同音词),是书写形式不同的同音词,如:

  正视—正式
  失事—施事—失势

要注意同音词和多义词的区别。多义词是一词多义,义项之间有密切联系;而同音词是两个或两个以上完全不同的词,意义之间毫无联系,只是在语音形式上巧合。

四、同义词和反义词

(一) 同义词

意义相同或相近的词叫作同义词。同义词包括下列两类:

第一类的两个(或一组)词,不论从哪一方面来看,意义都相同,在语言中通常可以换用。这类同义词称为等义词,在词汇里比较少。例如:

  自行车—脚踏车 衣服—衣裳 气力—力气
  演讲—讲演 青霉素—盘尼西林

第二类同义词意义并不完全相同,因此也有人称为近义词。近义词的基本意义相同,但有细微的差别。近义词对语言表达起着非常积极的作用,它们在词汇中大量存在。例如:

  天气—气候 误解—曲解 滥用—乱用
  勇敢—英勇 坚决—坚定 亲热—亲切

1. 同义词的作用

同一种事物,同一个动作,同一个现象往往有许多同义词可以选用。恰到好处地选用同义词对于增强语言的表达效果,具有多方面的积极意义。

(1)可以使语言的表达精确、严密。

精心选用同义词,可以使表达细致入微,精确严密,对于增强语言的表达效果有积极作用。例如:

　　他用柔和的眼光看着李四光说:"我们支持你。"(徐迟《地质之光》)

　　(纪念碑)从一九五二年八月一日动工兴建以来,得到了全国人民的热情支援和关怀。(周定舫《人民英雄永垂不朽》)

"支持"和"支援"都有鼓励、帮助的意思。上句主要指精神上给予鼓励、帮助,所以选用了"支持";下句主要指物质上给予鼓励、帮助,所以选用了"支援"。

(2)可以使语体风格鲜明。

由于语义色彩不同,不同的词有不同的使用场合。比如:

　　某先生、某女士:兹定于公历2003年12月18日晚6时30分假座肇庆市华侨大厦龙凤大厅,为小儿新婚之喜,略备薄酌,恭请光临。

在这样的使用场合当然不宜写成:"现在已经决定,2003年12月18日晚6时30在肇庆市华侨大厦龙凤大厅请你们吃饭,希望你们前来。"

描写人物时,如果能恰当地选用同义词,能使人物的性格和形象更鲜明、更生动。例如:

　　孔乙己便涨红了脸,额上的青筋条条绽出,争辩道,"窃书不能算偷……窃书!读书人的事,能算偷么?"(鲁迅《孔乙己》)

鲁迅写孔乙己说话,不用口头习用的"偷",而用带文言色彩的"窃",使孔乙己迂腐不堪、死要面子的书呆子形象跃然纸上。

(3)可以使文句生动活泼,富于变化。

同义词前后换用,可使语句富于变化。在同一句话,同一段上下文,或同一段唱词里,使用同义词既可表达细致的思想感情,又可使词句生动活泼,不至于单调重复。例如:

　　这只是我自己心情的改变罢了,因为我这次回乡,本没有什么好心绪。(鲁迅《故乡》)

"心情"所表示的感情状态,着重在内心的境界;"心绪"也指一种心情,但重在表示安定或紊乱的状况。上句使用这组同义词,是因为两个词意义有差别,同时,交错使用也避免了用词重复。

(4)可以使语气委婉。

为了适应交际的需要,表达一种委婉的语气,可以选用不同色彩的同义词。例如"个人问题"和"婚姻大事"同义,"单身汉""王老五""钻石王老五"等也同义,但色彩态度有别。我们可根据交际的需要进行选用,增加语言表现力。

(5) 同义词连用,可以增强气势。

意义相近的同义词并列连用,可以使意义更加明朗,增强气势。例如:

要是句子短些,章节短些,文章就生动活泼。(郭沫若《关于文风问题》)

"生动"和"活泼"都可以指从内容到形式是活生生、不死板的,但比较起来,"生动"侧重于内容,"活泼"侧重于形式。这一句"生动活泼"连用,意义上互相补充,同时也增强了语势。

同义词拆散连用,交叉搭配,可以构成成语。这样的成语用起来能够加重语气,突出形象,增强表现力。例如:

心满意足　　门当户对　　改头换面　　粗枝大叶　　花言巧语

2. 同义词之间的差别

同义词的基本意义都是一致的,至少在某一义项上它们有共同的义素,而且主要义素是相同的。但另一方面,同义词之间必然会有一些或大或小,或显或隐的差别。要准确地反映客观事物之间的细微差别,表达对客观事物的各种感情态度,适应各种语体风格,就必须学会辨析同义词之间的细微差别。同义词的差别,可以表现在许多方面。

(1) 理性意义方面的差别。

① 意义的轻重。

有些同义词的差别主要表现在词义的轻重不同。例如:

"损坏、毁坏":"损坏"指程度较轻的破坏、损失;"毁坏"指性质较严重的破坏。

"努力、竭力":"努力"是说把力量尽量使出来,"竭力"是说用尽力量。

② 范围的大小。

有些同义词词义范围大小不同。例如:

"年代、年月":"年代"指比较长的时期,"年月"指比较短的时期。

"事情、事件、事故":"事情"泛指一切活动和所发生的现象,意义范围最大;"事件"指已经发生的不平常的事情,范围比较小;"事故"指由于某种原因而发生的不幸的事情,范围最小。

③ 集体与个体不同。

集体与个体不同,也可以说是具体与概括的不同。如"信件"和"信"指同类事物,但"信件"指同类事物的集合体,很多信;"信"则指具体的个别的信。类似的例子如"树木"和"树"等。

④ 搭配对象不同。

有的同义词的差别表现在它们所适用的对象、范围不同。有的用于人,有的用于物;用于人的还有老幼尊卑之分,用于物的还有抽象具体之别。如"爱护"可以用于人,也可以用于物,可以用于对上,也可以用于对下;而"爱戴"只用于人,并且不能用于上对下。

(2) 色彩方面的差别。

主要表现在感情色彩和语体色彩方面。

① 感情色彩不同。

例如"成果、后果、结果"都指事情发展到最后的结局,但"成果"只指好的结局,是褒义词;"后果"只指坏的结局,是贬义词;"结果"兼指好的和坏的,是中性词。

② 语体色彩不同。

即口语和书面语的不同。例如"父亲"和"爸爸",前者适用于庄重场合,有书面色彩;后者适用于一般场合,有口语色彩。书面语体还可以分为文艺、公文、科技、军事等,使用时不宜随意换用。

(3) 词性方面的差异。

一般地说,词性或句法功能不同的词,不能形成同义词。但是,当一个词具有几种不同的意义,并且分别属于不同词类的时候,则可以在意义相同或相近而词性相近的条件下,分别同别的词形成同义词。"深刻"和"深入","深刻"是形容词,既能做定语修饰名词,又能做状语修饰动词,如:"深刻的印象""深刻地批判"。"深入"能做形容词用,但不能修饰名词,只能修饰动词,如"深入地批判",还能做动词用,后边带宾语,如"领导深入群众"。

同义词之间的细微差别是多方面的,有时几个方面错综交织在一起。

3. 辨析同义词的方法

辨析同义词的方法多种多样,其中最重要的方法是从语境中去考察,考察它们可能出现的上下文语境,设想替换的可能性。一般来说,可替换的总是显示出同义词中相同的部分,不能替换的往往是差异所在。以"商量"和"商榷"为例,第一步是把所有包含要辨析词语的例句列出,并进行归类,看看可能用几个义项进行解释。这是辨析同义词的第一步工作。

  ① 这种(商量、商榷)是必要的。
  ② 我们正在进行(商量、商榷)。
  ③ 我们正在和他(商量、商榷)。
  ④ 办事要有(商量、商榷)。
  ⑤ 我们在(商量、商榷)一件事。
  ⑥ 我们(商量、商榷)一会儿。
  ⑦ 中国历史分期问题尚待(商量、商榷)。
  ⑧ 这个观点我认为很值得(商量、商榷)。

第二步工作便是互相替换,看能否在相同的语境中互换。

①②可以互换,③④⑤⑥只能用商量,⑦⑧只能用商榷。

第三步则是对种种替换情况的分类及其概括说明,指出同义词在哪些方面有差别。

"商量、商榷"的共同点:为求得一个共同意向,对问题进行讨论,交换意见。都是动词,都能做谓语中心(②)和某些动词的宾语(④⑦),都能临时活用(①)。但是,"商量"适用于各种情况(①②③④⑤⑥),语体色彩属于通用,"商量"可带表示时间的补语和带宾语(⑤⑥)。"商榷"多用于学术问题或较为严肃、需要慎重考虑的重要问题,具有尊敬客气的态度色彩,并且有对认为有欠缺甚至是错误的意见提出讨论的意思,商量没有此意义。商榷不能带表时间的补语和带宾语(⑤⑥)。

当然,辨析同义词也可以对一组同义词中较为明显的意义、色彩、用法等异同做直接的简要说明。例如"坚定""坚决",都有意志坚强不屈之意。但是"坚定"侧重于定,即立场不动摇,"坚决"侧重于决,即态度不犹豫。

辨析同义词还可以从一组同义词的反义词来分析说明,例如"虚假"和"虚伪"都指与实际不符。"虚假"的反义词是"真实","虚伪"的反义词是"真诚"。从"真实"和"真诚"的细微差别,可反观得知"虚假"可指人或事,主要用来形容事物和现象的内容和实质;"虚伪"则主要指人,常用来形容人的态度、作风和品质。

(二) 反义词

意义相反或相对的两个词互为反义词。如"上"和"下"构成一对反义词。反义词表现出来的意义上的矛盾,往往就是客观事物矛盾对立的反映。有的反义词所反映的事物本身,孤立地看来并不互相矛盾对立,只是人们在社会交际中常常把它们当作同一范畴中相互矛盾对立的事物看待,久而久之,表示这种事物的词成了习惯上的相对反义词。如"红—白""手—脚""春—秋"等。

构成反义的两个词必须是属于同一意义范畴的。如"长—短"同属于度量范畴,"早—晚"同属于时间范畴。不同范畴的词不能构成反义义场。如"深"与"小"就不能构成反义词。

反义词是词与词的关系,词和短语不能构成反义词。有些词和短语虽有反义关系,但不构成反义词。"好"和"不好"不是反义词。一个词的前面加上"非""不"不能同该词构成反义词。"党员"和"非党员","规则"和"不规则",都不是反义词。当然,"有理数"和"无理数","有机化学"和"无机化学",可以构成反义词。

1. 反义词的类型

反义词可以分为两类:互补反义词和极性反义词。

(1) 互补反义词。

两个互补反义词之间是相互排斥的,不是A就是B,排除了"既不是A也不是B"的中间状态。肯定A必定否定B,肯定B必定否定A;反过来,否定A必然肯定B,否定B必然肯定A。这种相反是互补性质的,两者中间绝不允许出现第三种情况。例如:

生—死　　公—私　　动—静　　存—亡
真—假　　内—外　　曲—直　　有—无

"不存"就是"亡","不真"就是"假";反过来,"不亡"就是"存","不假"就是"真",其余可以类推。互补反义词之间的反义关系是绝对的,所以又可以称之为绝对反义词。

(2) 极性反义词。

极性反义词处于一个系列的两端。肯定 A,就否定 B;肯定 B,就否定 A。但是不能逆推,否定 A,不一定就是 B;否定 B,不一定就是 A,因为还有 C、D、E 等其他意义存在的可能。两者之间可以有中间状态和其他情况。例如:

| 白—黑 | 高—矮 | 南—北 | 轻—重 |
| 厚—薄 | 忙—闲 | 前—后 | 贫—富 |

"厚"就肯定不"薄","薄"就肯定不"厚";但是反过来,不"厚"不一定就"薄",不"薄"不一定就"厚"。是"白"肯定不是"黑",是"黑"肯定不是"白";但非"白"不一定是"黑",非"黑"不一定是"白"。因为非"白"和"黑"的还有"红""黄""蓝"等。其余可以类推。这类反义词也有人称为相对反义词。

两种类型的反义在特定情况下可以改变,互补反义可以当作极性反义来用,极性反义也可以变成互补反义。例如:不死不活;半推半就;不真不假;若即若离;男不男,女不女。其实这只是一种语言现象,从逻辑上讲,"不死不活"还是"活","半推半就"还是"就",只是假装推辞了一下而已;"若即若离",不是指同时"既"即又"离",而是一会儿"即",一会儿"离";"男不男,女不女",其实还是"男的"或者"女的",只是"男的"像"女的",或"女的"像"男的"而已。

多义词有几个义项,每个义项都可以有自己的反义词。这样就形成了一个词有多个反义词的现象。"老"的本义是"年岁大",在这个意义上,它的反义词是"少"和"幼"。"老"的引申义有"很久以前就存在的",如"老朋友",在这个意义上,它的反义词是"新"。"老"还有一个引申义是"(蔬菜)长过了适口的时期",如"菠菜老了",在这个意义上,它的反义词是"嫩"。这样"老"的反义词就有"少""幼""新""嫩"等。反过来,"少""幼""新""嫩"就有共同的反义词"老"。

有些词,孤立地看彼此意义没有明显的相反或相对的关系,可是当它们在一定的语言环境里对举时就具有了反义关系。这种在对举的语言环境中临时构成反义的两个词不是真正的反义词。它们的反义关系以一定上下文为基础,离开了上下文,反义关系就瓦解了。例如:

妥协还是抗战?腐败还是进步?(毛泽东《论持久战》)

"妥协"和"抗战","腐败"和"进步"之间临时构成反义。严格地讲,"妥协"的反义词是"斗争","腐败"的反义词是"廉洁"。毛泽东这样用是适应特定的表达需要,是一种修辞现象。

2. 反义词的作用

由于反义词意义的对立通常是客观事物矛盾对立的反映,因此正确地、巧妙地使用反义词,可以使人们在对比鲜明的情况下,认清事物的真伪优劣、是非善恶、轻重缓急,收到很好的表达效果。

(1) 运用反义词,可以揭示事物的矛盾,形成意思的鲜明对照和映衬,从而把事

物的特点深刻地表示出来。例如:

> 悲剧将人生有价值的东西毁灭给人看;喜剧将那无价值的撕破给人看。(鲁迅《再论雷峰塔的倒掉》)
>
> 总之,在任何工作中,都要记住:"虚心使人进步,骄傲使人落后。"(吴晗《说谦虚》)

"悲剧"和"喜剧","虚心"和"骄傲","进步"和"落后"两两对照,反对什么、鼓励什么,观点十分鲜明。

(2) 多组反义词连用,可以起到加强语气、强调核心意思的作用。比如:

> 朋友,我相信,到那时,到处都是活跃的创造,到处都是日新月异的进步,欢歌将代替了悲叹,笑脸将代替了哭脸,富裕将代替了贫穷,康健将代替了疾苦,智慧将代替了愚昧,友爱将代替了仇杀,生之快乐将代替了死之悲哀,明媚的花园将代替了凄凉的荒地!(方志敏《可爱的中国》)

作者连用10对反义词热情地讴歌了美好的未来,通过反义词的连续使用,增强语言的气势,文章酣畅淋漓,气势磅礴。

反义词,尤其是极性反义词(相对反义词),总是处在一个语义系列的两端,所以反义对举含有"举此两端以概其余"的意思,往往可以统指整个范围的全部。使叙述简练、明确。例如:

> 可是做工是昼夜无休息的:清早担水晚烧饭,上午跑街夜磨面,晴洗衣裳雨张伞,冬烧汽炉夏打扇。(鲁迅《聪明人和傻子和奴才》)

"清早"和"晚","上午"和"夜","晴"和"雨","冬"和"夏"对举,表示一年四季无时无刻不在忙碌的意思,有强调、渲染的作用。又如:

口语中常有这样的用法,如"不怪天,不怪地,只怪自己不争气",是不怪任何人的意思;"这也对,那也对",即都对;"男女老少齐上阵",是大家都上阵的意思。

极性反义词(相对反义词)A的否定式与B的肯定式在语义上是接近的。在表达上有着不同的效果。交替使用,可以收到错综委婉的效果。比如:

> 张德贵,真是好,跟着恒元舌头转;恒元说个长,德贵说不短;恒元说个方,德贵说不圆。(赵树理《李有才板话》)

这样肯定否定交替,既有讽刺性又有幽默感。

(3) 反义词可以构成对偶、映衬的句子,使语言更加深刻有力。

反义词可以对举,通过对偶的形式,构成言简意赅、富有哲理的警策语句。比如:"勤则易,惰则难""智者千虑,必有一失;愚者千虑,必有一得"等。

(4) 由于反义词具有鲜明的对比作用,人们有时为了使语言新颖而简练,按原有的词临时创造一个反义词。这种通过反义联想,临时仿造反义词,显得新颖别致。比如:

> 读者定会觉得这是一条"新闻"吧,其实却是一条"旧闻"。(毛泽东《质

问国民党》)

有些天天喊大众化的人，连三句老百姓的话都讲不出来，可见他就没有下过决心跟老百姓学，实在他的意思仍是小众化。(毛泽东《反对党八股》)

"旧闻""小众化"都是临时反义词，修辞上也叫仿词。

此外，反义词作为语素可以用来构成合成词。例如"动静、来往"等。反义词还可以用来构成成语。例如："左右为难""坐卧不安"等。

五、词义和语境

(一) 什么是语境

语境就是语言单位出现时的环境。语境大致可以分为两类：上下文语境和情景语境(又叫社会现实语境)。

上下文语境指文章中的上下文和讲话时的前言后语。词、短语、句子等在语流中出现时，它前面或后面出现的其他语言单位都是该单位的上下文语境。"上下文"是一个宽泛的概念，在一段话或一篇文章中凡出现在某语言单位之前的词、语、句都是该语言单位的上文，出现在后的都是下文。但是最切近最重要的上下文却是跟该词处于同一个句子的其他的词或短语。

山上的杜鹃开了。
树上的杜鹃叫了。

两个句子中都有"杜鹃"一词，"山上""树上"分别是两个句子的上文语境，"开""叫"就是两个句子的下文语境，"山上""开"和"树上""叫"分别是两个"杜鹃"最直接的上下文语境。

情景语境则指说话时的人物、背景、牵涉的人或物，时间处所、社会环境和对话双方的辅助性交际手段(包括表情、姿态、手势等非语言因素)。

情景语境范围很大，大致包括三个方面：① 交际双方本身的文化教养、知识水平、生活经验、语言风格、方言基础等；② 交际的时间、场合、背景、目的，牵涉的其他人物及双方的辅助性交际工具，比如表情、姿态、眼神、手势等体态语；③ 交际双方所处社会的性质和时代特点，交际双方的思维方式、文化习惯、民族心态等。任何词都要在语境中出现，有些词甚至可以直接在情景语境中得到解释。例如要解释"苹果"，可以拿一个苹果来说："这就是苹果。"听者很容易就知道了"苹果"一词的意思。

要准确地表达和理解话语，既要参照上下文语境，又要参照情景语境。在日常对话中，人们总是结合着情景语境选择词语、理解词语的。一般来说，情景语境越具体，上下文语境的作用就越小。反之，情景语境越一般化，上下文语境的作用越大，越需要多用词语对情景语境做详尽的介绍。譬如日常会话，情景语境很具体，所用词语就很简练。小说的作者(说话人)与读者(听话人)不处在同一个具体情景语境中，就需要上下文语境来补偿，所以小说里总有情景语境的描写。

(二) 语境对词义的影响

语境对词义的影响是多方面的,主要有下列几种:

1. 语境使词义单一化

一般地说,多义词在一定的语境中只使用一个义项。比如"打"是一个多义词,但是"打铁"这样的语境中只适用于"敲打"这一义项;在"打格子"中只适用于"画"这一项;在"打伞"中只适用于"撑"这一义项;在"打酱油"中,只适用于"买"这一义项。

同样,语境也可以分化同音词,比如"仪表堂堂"和"仪表测试"就可以分化两个同形的"仪表"。

如果语境不足以限定单一的义项,就可能产生歧义。

2. 语境使词义具体化

词义具有概括性。比如"马"的词义是:四肢强健,颈有鬣,尾有长毛,供乘骑或拉车的家畜。这个意义具有相当的概括性。但是,词义又可以指整类事物中的某些或某一个个体,什么时候指整类,什么时候指个别成员,由语境决定。当我们说:"李广骑马射石","石东根醉醺醺地骑在马上挥舞着指挥刀"(吴强《红日》),"杨子荣打虎上山骑的马"当然就只能指汉朝时候的、解放战争孟良崮战役时和建国初期剿匪斗争中的某一匹具体的、特定的马。

语境可以对词义进行任意的分割,即可指其中的某一部分。例如"球"是概括的,但是下面词语中的"球"指的球是具体的:削球(乒乓球)、角球(足球)、任意球(足球)、点球(足球)、抽球(足球)、头球(足球)、扣球(排球)、三分球(篮球)。

语境为解释词义提供依据。例如:在各个不同时代的文献中,"妻子"可以分别表示:① 妻子和儿女;② 妻子和儿子;③ 妻子和女儿;④ 老婆、夫人。而同样是杜甫的诗句,他的"剑外忽闻收蓟北,初闻涕泪满衣裳。却看妻子愁何在,漫卷诗书喜欲狂"中的"妻子"和他的《新婚别》中"结发为妻子,席不暖君床"中的"妻子"就不一样。前句是妻子和子女,后句是"妻",和现代义一样。"新婚"的语境为后句的词义解释提供了依据,从而使词义具体化。

3. 语境增加临时性意义

有些词出现在一定语境中的时候,词义中增添了一些新的义素。

比如"观鱼"的"鱼"增添了[＋活]的义素,而"煎鱼"的"鱼"增加了[－活]的义素。

语境还能使词的附加意义发生变化。"酒肉"原本无贬义,和"朋友"搭配,"酒肉朋友"就有了贬义。

4. 语境表现出词义的选择性

运用词语最应注意的是词语搭配。词语搭配,实质是词语可以在怎样的语境中出现。能在什么语境中出现或不能在什么语境中出现,表现了词义的选择性,即词义对语境的选择。"听"要求的是具有"听觉形象"意义的词语,"看"要求的是具有"视觉形象"意义的词语,因此,受这两个词词义的搭配选择所限,我们能说"听歌、听故事"

等,也能说"看报、看风景"等,却不能说"看歌、看故事"及"听报、听风景"。有的词语既具备"听觉形象"意义又具备"视觉形象"意义,因此均可与之搭配,我们能说"听戏",也能说"看戏"。

词出现的语境有宽有窄。有的词只能在特定的语境中出现。词出现在不能出现的某种语境中,或者说与某种起决定性的义素互相抵触,就是我们常说的搭配不当。例如:"倍"不能出现在表示减少意义的句子,是因为"倍"的意义里含有"增长、增大、增多、增加"等决定性的义素。

词语组合也影响词义的选择,词语组合的内容越多,在它所形成的语境中可能出现的词就越少。例如,"在____上跑"这一语境,"跑"的对象可以是"人,动物,交通工具"等。我们可以说"运动员在赛场上跑""汽车在公路上跑""火车在轨道上跑""小狗在小路上跑"等等。假如我们增加词语组合的内容"____在赛场上跑",那"跑"的对象就只能是"人"了。可见词语组合的内容越多,在它所形成的语境中可能出现的词就越少。

思考与练习

1. 什么是词义的模糊性,词义的模糊性是否影响语言的交际功能?
2. 举例说明色彩义包括哪些方面。
3. "离别""卡住""不要"等意义都可以用"别"表达,"从表面到底部距离大""深奥""深厚""时间长""浓重"等意义都可以用"深"来表达,从这里出发,是否可以说"深""别"都是多义词,为什么?
4. 什么是同义词,同义词可以从哪些方面去辨析?
5. 举例说明语境和词义的关系。

第三节 词汇知识:现代汉语词汇的组成

【目标要求】 理解和掌握基本词汇和一般词汇的概念以及两者的关系,了解古语词、方言词、外来词的表达作用。

词汇是一个系统,我们可以从不同的角度,对词汇中的词进行归类,从而将词汇系统划分成不同的子系统。根据词在词汇系统中的不同地位和作用,通常把词汇分成基本词汇和一般词汇两种。根据词的来源,可以将词汇划分为外来词汇、传承词汇、新造词汇。从分布的空间范围来看,词汇可以分成全民词汇、方言词汇,其中方言词汇还可以分成地域方言词汇、行业方言词汇。

一、基本词汇和一般词汇

1. 基本词汇

词汇中最主要的部分是基本词汇。基本词汇反映了一种语言词汇的基本面貌。基本词汇中的词就叫基本词。基本词反映自然界、人类本身和社会生活的一些最基本的概念。例如：

  有关自然界事物的：天、地、风、云、水、火、雷、电等；
  有关生活与生产资料的：米、灯、菜、布、刀、笔、车、船等；
  有关人体各部分的：心、头、手、脚、牙、血、嘴等；
  有关亲属关系的：爷爷、奶奶、爸爸、妈妈、哥哥、弟弟等；
  有关人或事物的行为、变化的：走、想、写、喜欢、学习、发展等；
  有关人或事物的性质、状态的：大、小、好、坏、甜、苦、美丽、快乐等；
  有关指称和代替的：我、你、他、这、那、谁、什么、怎样等；
  有关数量的：十、百、千、万、斤、两、尺、寸、元、角、分、个等；
  有关程度、范围、关联、语气的：就、很、最、都、全、把、和、跟、因为、所以、但、虽、吗、了等。

从整体看，基本词汇中的词有下列特点：

第一，比较稳固。基本词与人们日常生活的联系比较密切，或者反映了人类思维中的一些最基本的概念，所以，从古到今一直在被使用，没有发生变化。如："一""牛""门""天""左""大"等。

第二，构成词语的能力强。语言要表现新出现的事物和新的概念，就需要不断地增加新的词语或者使原来的词语增加新义，而这两种方法都以基本词为基础。基本词都是人们最熟悉的，以此为基础创造出来的词语，容易被人们接受，便于流传。例如，"火"这个词在甲骨文里就有了，以"火"为基础构成了许许多多的词语，如"火把、火速、火烧眉毛、火上浇油、刀山火海、十万火急"等。

第三，全民常用。基本词的流行地域很广，使用频率很高。不受阶级、阶层、行业、地域、文化、性别、年龄等条件的限制，全民族的人都理解，都要用。

应该注意的是，上述三个特点是就基本词汇的整体来说的，不是说所有的基本词都具备这三个特点。

2. 一般词汇

一般词汇，是基本词汇以外的部分。一般词汇中的词，也就称非基本词，或者一般词。人们交际频繁，要说明复杂的事物，要表达细致的思想感情，单单用基本词是不够的，还需要用大量的一般词。

一般词汇中词的数量多，不一定为全民族的成员所普遍掌握。语言中的一般词汇，人们一般只掌握其中的一部分，而且总是在生活、工作的实践中习惯性地掌握和使用一些与自己的环境和素养有关的部分。自己生活、工作无关的一般词汇就不怎么了解,也没有必要了解。所以,一种语言词汇量的大小主要在于一般词汇。一个人理解和表达能力的强弱,也同他掌握的一般词的多少有关。掌握了多少一般词,掌握了哪些一般词,不但可以反映一个人的语文水平,而且还能折射出他的职业和社会角色,并反映出个人在使用语言上的特点和风格。

3. 基本词和一般词的转化

基本词汇和一般词汇的关系是核心和外围的关系。基本词汇和非基本词汇虽然是对立的两大词汇类型,却有着相互联系、相互渗透的密切关系。主要表现在以下两个方面:

第一,基本词构成新词的能力强,也就不断地向一般词汇输入新鲜血液。

第二,基本词和一般词可以互相转化。在长期的发展演变过程中,有些基本词退居一般词汇甚至消亡,有些一般词则加入了基本词汇。

随着社会的发展,一些旧词的使用频率逐渐降低,使用范围逐渐减小,慢慢地转化成为一般词,甚至消亡。比如"君",在古代,尤其是整个封建社会是很常用的词,也较能产,所以是基本词汇的成员。但发展到现在,已转入了一般词汇。

在一些基本词转为一般词的同时,大量的新词也在不断产生。新词产生之初,一般使用频率不高,使用范围也有限,属于一般词。但是,这些新词中的一部分,不断扩大使用范围,并获得了能产性的特点,逐渐转化成基本词。可以说,新词总是先进入一般词汇,通过时间的筛选,其中一部分进入基本词汇。如手机、能源、污染等。

现代汉语一般词汇包括古语词、方言词、外来词、行业语与隐语等。

二、古语词、方言词和外来词

1. 古语词

古语词是现代汉语中仍使用的那部分古代汉语词语,是现代汉语词汇的组成部分。古语词包括一般所说的文言词和历史词。

文言词指在古代汉语中使用过的,所代表或指称的事物、现象、关系等在现实生活中仍然存在,有较浓重的书面语色彩的词语。例如"笑靥、囹圄、毋、之、而已"等。

表示历史上的事物或现象的古语词,叫历史词。在一般交际中不使用历史词,但在叙述历史事物或现象,或在国际交往中还经常使用,例如"皇帝、亲王、大臣、公主、酋长、陛下、殿下、公爵、男爵"等。

古语词在表达上的作用是:

(1) 可使语言简洁匀称。例如:

> 凡此十端,皆救国之大计,抗日之要图。当此敌寇谋我愈急,汪逆极端猖獗之时,心所谓危,不敢不告。倘蒙采纳、抗战幸甚,中华民族解放事业幸甚,迫切陈词,愿闻明教。(毛泽东《向国民党的十点要求》)

(2) 可以表达庄重严肃的感情色彩。例如:

> 唯独共产主义的思想体系和社会制度,正以排山倒海之势,雷霆万钧之

力,磅礴于全世界,而葆其美妙之青春。(毛泽东《新民主主义论》)

这个例子所选用的文言词,都具有庄严色彩,它们同文章的风格和谐一致。
(3)可以表达幽默、讽刺等意义。例如:

现在许多人在提倡民族化、科学化、大众化了,这很好。但是"化"者,彻头彻尾彻里彻外之谓也;有些人则连"少许"还没有实行,却在那里提倡"化"呢!(毛泽东《反对党八股》)

这里的文言词用得恰当,讽刺了党内部分同志说得多做得少的错误做法,显得幽默诙谐,妙趣横生。

古语词虽然有这些特点,但文章里绝不能随便使用。使用古语词,一定要适应实际的需要,充分考虑所写文章的评价义、语体义。否则就有可能出现半文不白,掉书袋,不伦不类的现象,影响表达的效果。

2. 方言词

方言词是指普通话从各方言中吸取来的词。例如垃圾、忽悠等。

人们的口语里往往混杂着各种各样的方言词,愈接近口语的文章,方言词就愈容易出现。不同类型的文章使用方言词的频率是不同的。公文、科技著作中不用或很少用方言词,文学作品中由于描写风土人物的需要,方言词往往用得比较多。不少方言词正是通过文学作品的媒介而扩大了流通的范围,逐渐进入普通话词汇里的。但是文学作品如果不恰当地使用方言词,读者不懂,就会降低作品的表达效果。

现在我们还没有把作为"基础方言"的北方话的词汇完全调查整理清楚,不能把北方话中的一些具有特殊表现作用或带有一些特殊的修辞色彩的口语词一律看作方言词,排斥于文学作品之外,或在文学作品中一出现,就被看作不规范。因为这样做很可能影响现代汉语词汇的不断丰富和发展。

3. 外来词

外来词也叫借词,指的是从外族语言里借来的词。外来词有以下几种类型:
(1)音译外来词。

照着外语词的声音对译过来的,一般叫音译词,也叫纯音译词。
不考虑所用汉字的意义,只求声音近似,如:

坦克(英) 模特儿(法) 苏维埃(俄)

选用声音近似的汉字时,有意识地用一些意思比较符合原词的语素,如:

幽默(英)

(2)音意兼译外来词。把一个外来词分成两半,一半音译,一半意译。

沙文主义 爱克司光 新西兰

(3)音译外来词之后,外加一个表示义类的汉语语素。

摩托车　啤酒　芭蕾舞　吉普车

（4）字母外来词。直接用外文字母（简称）或与汉字组合而成的词。

DNA　MTV　AA 制　B 超　卡拉 OK　pH 值

此外还有借用日语中的汉字词，但不读日语读音而读汉字音。例如：积极、政党、集团、经验、写真、料理。日语借词与汉语词在外在形式方面非常接近，而且都是用汉语的语音读的，所以，不懂日语的人一般很难体会到这些词是外来的。同直接借用拉丁字母相比，日语词是借形借义不借音，拉丁字母是借形借义还借音。

三、行业语和隐语

1. 行业语

行业语是各种行业应用的词语的总汇。行业词语同人们所从事的职业有关。有人称"专有词语"，例如：

用于工业的：切削　冷焊　油压　热处理　模具　钻床
用于农业的：轮作　中耕　复种　盘点

行业语也是丰富普通话词汇的源泉之一。一些行业词语，特别是科学术语，随着科学知识的普及和某一行业的发展而渐渐地被推广，取得全民性，在专门意义之外又获得了一个一般的意义，从而成为普通话词汇，为广大人民所了解、掌握，例如：市场、腐蚀、后台、闭幕、反应等。

2. 隐语

隐语是个别社会集团或秘密组织的内部人懂得和使用的特殊用语。如：

平台——扒窃隐语，指上衣下兜　　查户口——扒窃隐语，指入室盗窃
住医院——犯罪团伙用语，指被捕　黄货——地下社会隐语，指黄金

隐语一般是用赋予现有普通词语以特殊的含义的办法构成的。隐语的使用范围相当广泛，只要两个以上的人为了保守秘密就可以约定一些隐语（实质上就是黑话）。不过，这种临时性的小范围的隐语，比起集团性固定性的隐语来，涉及面窄，不成系统。也有的隐语是用字谜办法创造的。还有少数隐语失去了秘密性，而进入了全民的共同语里，如"洗手、挂花、挂彩、清一色"等。

思考与练习

1. 什么是基本词汇，基本词汇有哪些特点？
2. 指出下面外来词的类型：
咖啡　沙发　卡车　沙丁鱼　香波　酒吧
3. 方言词、行业词和普通话词汇有什么关系？

第四节 词汇知识:熟语

【目标要求】 认识现代汉语中成语、谚语、惯用语、歇后语的特点以及表达作用。

熟语又叫习用语,是人们常用的定型化了的固定短语,是一种特殊的词汇单位。由于熟语具有凝固定型的性质,人们常常把它当作一个语言单位来用,因而,熟语是词汇学研究的对象,属于一般词汇。

熟语具有丰富的内容与精练的形式,大都源远流长,运用普遍,极富于表现力。

熟语包括成语、谚语、惯用语和歇后语。

一、成语

成语是一种相沿习用具有书面语色彩的固定短语,如"对牛弹琴、万马奔腾"等。

(一) 成语的特征

成语具有如下的基本特征:

1. 意义的整体性

与一般固定短语不同,成语的意义是整体表示的,是在其构成成分的意义的基础上进一步概括出来的整体意义。如"鸡毛蒜皮"不等于"鸡毛和蒜皮",而是指无关紧要的事情。成语的实际含义具有整体性,是隐含于表面意义之后的,其表面意义只是实际含义所借以表现的手段。

2. 结构的凝固性

成语的结构形式一般是定型的、凝固的。它的构成成分和结构形式都是固定的,不能任意变动词序或抽换、增减其中的成分。成语的构成成分的顺序不能随便变动,"左右逢源"不能写成"右左逢源"或"左逢右源"(只有少数并列关系的成语,前后可以互换,如"正大光明"也可以说成"光明正大",前后部分顺序互换后意思不变)。成语的语素定型,不能随意调换。"浑水摸鱼"不能写成"浑水摸虾"。成语的字数固定,一般不能随意增减。"不屈不挠"不能写成"不屈挠"。

(二) 成语的来源

成语来源于以下几个方面:

1. 神话寓言

自相矛盾(《韩非子》)、女娲补天(《山海经》)、刻舟求剑(《吕氏春秋》)。

2. 历史故事

一鼓作气(《左传》)、图穷匕见(《战国策》)、完璧归赵(《史记》)。

3. 诗文语句

信誓旦旦(《诗经·卫风·氓》)、当仁不让(《论语》)、发号施令(《尚书》)。

4. 口头俗语

成语一开始可能产生于口头形式,但后来被人广泛地引用,通过书面形式流传下来。如"投鼠忌器""同病相怜"都来自古代民间。"一干二净""古为今用"都来自后世产生的民间口语。

各种来源的成语,有的直接援用,有的经过改造。那些来源于神话寓言和历史故事的成语,大多数是对其故事情节加以概括而成的。

(三) 成语的构造

成语以"四字格"为基本格式,也有非"四字格"的,如"莫须有、迅雷不及掩耳"等。常用的四字格的成语有下列几种结构：

并列结构：才疏学浅　地广人稀　口是心非　天长地久
偏正结构：谦谦君子　庞然大物　害群之马　百年大计
动宾结构：叱咤风云　闪烁其词　出其不意　颠倒黑白
补充结构：一败涂地　危在旦夕　逍遥法外　战无不胜
主谓结构：波澜壮阔　沧海横流　风雨飘摇　衣冠楚楚
连谓结构：浅尝辄止　手到病除　解甲归田　望梅止渴
兼语结构：调虎离山　请君入瓮　有口难言　令人神往

有的成语今天已经无法分析它的结构,或者无法用一般的句法关系来分析,如"慢条斯理、乱七八糟、逃之夭夭"。

(四) 成语的运用

成语言简意赅,使用得当,可以使言语简洁,增强语言表达效果。例如："培养教育儿童要遵循客观规律,不能干拔苗助长的蠢事。""拔苗助长"本来是说一个人嫌禾苗长得慢,就一棵棵地拔高一点,后来禾苗都枯萎了。这说明如果违反了事物发展的客观规律,就会把事情弄糟。例句使用"拔苗助长"使得语言简洁,形象生动。又如："对于他们,第一步需要还不是'锦上添花',而是'雪中送炭'。"(毛泽东《在延安文艺座谈会上的讲话》)这两个成语用在这里对照十分鲜明,使人对事物的性质有了深刻的理解。连用成语还可以协调句式,增强表现力度。如："要做一番英雄事业,就得有一把硬骨头,不怕千辛万苦,不怕千难百险,不怕摔跟头,勇往直前,百折不挠。"

运用成语,主要应注意以下几点：

第一,弄清成语的实际意义。

如果不弄懂成语的意义,不求甚解,望文生义,往往会用错。例如：

　　过去年代里,洪水把千万亩良田变成了一毛不拔的沙滩。

"一毛不拔"是形容非常吝啬自私,这里应该改为"不毛之地"。

成语有褒义的,有贬义的,感情色彩非常鲜明。例如:

　　刘大姐对我们的关怀真是无所不至。

"无所不至"是贬义的,指什么坏事都做到了。这里应该用褒义的"无微不至",指没有哪点儿细微的地方没照顾到。

　　第二,成语是凝固结构,一般必须沿用原型,不能随意变换和增减其中的成分。"叶公好龙"不能写成"张公好龙"。当然,在特定的语言环境中,出于修辞的目的,成语也可以灵活运用。这与没有修辞作用的随意变动是不同的。例如"水落自然石出",这里在成语"水落石出"中间插入"自然",更加重了事实真相必然会显露出来这种肯定的语气。

　　第三,成语有其确定的字形和读音,须分辨清楚,不能写错读错。

　　注意成语的字形和读音,不能任意用同音字替换;也不要粗心大意,写成了形近字。例如:欢欣鼓舞——"欣"不能写作"心"。成语里有的字音比较特别,注意不要误读。例如:自怨自艾——"艾"念"yì",不念"ài"。

二、谚语

　　谚语是流传于民间的通俗易懂而含义深刻的口头用语。谚语一般都是完整的句子。例如:

　　只许州官放火,不许百姓点灯。
　　活到老,学到老,一生一世学不了。

　　谚语常常是用日常生活中浅显的事情来阐明一个深刻的道理,多富有启发和教育意义。在写作和言谈中准确使用谚语,可以使语言生动活泼,充满生活气息,同时也增强说服力。

三、惯用语

　　惯用语是指人们口语中短小定型的习惯用语,它结构形式灵活多样,富于变化。例如:半瓶醋、敲边鼓、吃定心丸、好戏在后头。

　　惯用语大都是三字的动宾短语,也有其他格式的。

　　动宾式:耍花招　走后门　走过场　碰钉子　打游击
　　偏正式:闭门羹　下马威　铁饭碗　墙头草　拦路虎
　　主谓式:天晓得、生米煮成熟饭、死马当作活马医
　　并列式:假大空

　　简明生动,通俗有趣,是惯用语的主要特征。惯用语与成语有一定的相似性,但是,惯用语口语色彩浓,成语书面色彩浓;惯用语含义单纯,成语含义丰富。一些惯用语(主要是动宾结构的惯用语)的结构成分可以用同义词替换,可以扩展。

四、歇后语

歇后语是由近似于谜面、谜底的两部分组成的带有隐语性质的口头用语。前一部分是比喻或说出一个事物，像谜语里的"谜面"；后一部分像"谜底"，是真意所在。两部分之间有间歇，间歇之后的部分常常不说出来，让人猜想它的含义，所以叫歇后语。

歇后语可分为两类：一是喻意，一是谐音。

（一）喻意歇后语

它的前部分是一个比喻，后部分是对前部分的解释。例如：盲人骑瞎马——乱闯，泥菩萨过江——自身难保。

有的解释部分的意义是它的字面上的意义，例如：八仙过海——各显神通。有的解释部分的意义是它的转化义，转化义是字面义的引申和使用范围的扩大或改变。例如：石板上钉钉子——硬碰硬。

（二）谐音歇后语

它的后一部分是借助音同或音近表达意思，这是一种"言在此而意在彼"、妙语双关的现象。例如：飞机上放鞭炮——响（想）得高；四两棉花——弹（谈）不上。

歇后语一般都用于口头上和一些通俗的文艺作品中，通俗易懂、生动形象、新巧活泼。它的优点是浅近又不失巧妙，俏皮又略带幽默，因此深受老百姓的喜爱。说话写文章能恰当地运用歇后语，可使语言生动活泼，饶有趣味，给读者留下鲜明深刻的印象，收到较好的表达效果。

歇后语的缺点是不严肃、不庄重。运用歇后语要选取内容健康，构词规范的，抛弃内容庸俗落后、不合歇后语构造规律的。对于内容健康的歇后语，也要根据作品所要表达的意思和语言环境恰当地使用，不能滥用，有的也不宜在庄严的场合里使用。正规的公文、政论文、科学论文都不宜使用歇后语。

> **思考与练习**

1. 什么是成语、谚语、惯用语和歇后语，它们之间有什么不同？指出下面的熟语的类别。

   韩信点兵　每况愈下　惨淡经营　吃一堑，长一智　生米煮成熟饭　铁公鸡　黄鼠狼给鸡拜年

2. 使用成语、谚语、惯用语和歇后语，应该注意些什么？

3. 解释下列惯用语的意义。

   墙头草　绣花枕头　半瓶醋　敲边鼓　放空炮

第五节　词汇知识：词汇的发展

【目标要求】 理解词汇发展变化的基本规律和途径。

现代汉语词汇是古代、近代汉语词汇的继承和发展。随着社会的不断发展与进步，人们实践领域的不断扩展，词汇在不断发展变化，主要表现在新词不断地产生，旧词逐渐地消亡；同时，词义内容和词的语音形式也不断地发生变化。

一、新词的产生

新词的产生可以通过新造词语、吸收方言词、吸收外来词、改造旧词等途径实现。

语言既有的构词材料和构词方式，是生产新词的语言基础，如"电脑、电疗"都是用旧有的构词材料（电、脑、疗），按偏正关系组织起来的。

新中国成立以来，社会各方面飞速发展，特别是改革开放以来，新词成倍增加。其中绝大多数是双音节，占新词总量的70%左右，如"火箭、中子"。也有不少的三音节词，如"计算机、凝聚力"。

新词大多是复合式的。主要为偏正型、联合型和动宾型。此外，附加式的新词也明显地增多了，产生了一批新的词缀或准词缀，由它们构成一系列的派生词。例如：

　　化：简化、规范化、演化、自动化、固化
　　热：气功热、考研热、出国热、英语热、电脑热
　　性：党性、创造性、属性、原则性、概括性
　　多：多角度、多层次、多侧面、多方位
　　感：责任感、危机感、亲切感、紧张感、认同感
　　族：上班族、追星族、推销族、打工族、工薪族
　　型：开拓型、交叉型、经营型、生产型、运动型

新词是来源于多方面的。近20年来产生于科技方面的新词所占的比例较大，这反映出科学技术在社会生活中占有越来越重要的地位。其中最能引起我们注意的是为数不少的科学技术新词，由于词义扩大而进入全民词汇，从而为全民所使用，如"推出、凝聚、滑坡、出台"等。

近些年来，网络词语大量产生。网络词语简洁、风趣，富有人情味和时代性。同时，网络词语也灵活多变。对网络词语，社会上有不同的态度。新词语正处于大发展大变化阶段，我们应当采取宽容、谨慎的态度，多观察，多研究，多引导，充分肯定健康、生动的词语，指出消极、混乱的词语，逐渐引导网络词语向健康、规范的方向发展，使现代汉语词汇更加丰富、多彩。

二、旧词的逐渐消失和变化

随着社会的发展变化，一些标志旧事物、旧观念的词语，逐渐在语言中消失了，有

的逐渐缩小使用范围。旧词的消失,有的是因为其指称的旧事物的消失,如"丫鬟、长工""大串联""忠字舞"等,成了历史词。有的旧词被新的词语所替代,如"戏子"被"演员"所替代,"厨子"被"厨师"所替代。

旧词是一个相对的概念,由于社会变革迅速,因政治经济形势需要临时产生的一些新词,如"地主"等,很快就变成旧词,逐步从日常交际生活中消失。现在一般认为,1978年以后产生的词语为新词语。到了21世纪后半期,这些词也许就不再是新造词了。

随着人们观念的变化和人际关系及体制的变化,一些一度退出人们日常交际过程的词语,又重新出现了。如"股票、经纪人"等。

三、词义的演变

词义演变的途径,有下列几种:

1. 词义的扩大

词义扩大指词的意义所反映的事物的范围比以前扩大了,或在原义的基础上又引申发展出新的意义。例如:

江:原来只是长江的名称,后来泛指一切江水。

飞:原来只指鸟、虫鼓动翅膀离开地面前进,而现在可以指利用机械比如螺旋桨等在空中飞行,包括飞机、飞船等离开地面甚至地球飞行。

2. 词义的缩小

词义缩小就是词所概括的对象的范围缩小,或者词的原来的某些意义消失了。例如:

瓦:古代指一切用陶土烧成的东西,现在专指铺屋顶用的拱形的、平的或半个圆筒形的建筑材料。

"丈夫":原来泛指"成年男子、大丈夫",现在指女方的配偶。

3. 词义的转移

词义的转移指表示甲类对象的词转用指称与之有关的乙类对象。如:

闻:本来指"耳朵听见",这个意义保存在"见闻""闻名"这些词里。现在,用鼻子辨别气味叫"闻"。

权:古代指秤锤,现在指"权力""权利"。

此外,还有词的感情色彩的转移,褒义转为贬义或贬义转为褒义,或转移为原义的反面,如:

"爪牙"本来指鸟兽的用于攻击的爪子和牙齿。引申为武臣,如《诗经·小雅·祈父》:"祈父,予王之爪牙",本来没有贬义,现在指坏人的党羽和走狗。

也有从中性转为褒义的。

"领袖"现在是褒义词,指国家、政治团体、群众组织的最高领导人。而在元明戏曲、小说中,它可以是贬义的。关汉卿的小令中的"戏班领袖"是中性的,《金瓶梅》中蒋竹山对李瓶儿讲西门庆是"打老婆的班头,坑妇女的领袖"是贬义的。

语音的变化可以分化词义,在汉语中在一些单音节的名词、形容词中增加一个去声读音,就可以表示相关的动作,从而导致词义变化。比如:种 zhǒng—种 zhòng,好 hǎo—好 hào。

思考与练习

1. 词汇发展变化的原因是什么?
2. 词汇发展变化主要体现在哪些方面?

第六节　词汇知识的应用

【目标要求】　了解《课标》对小学词汇教学的要求,认识并掌握利用词汇知识指导小学生积累、理解和运用词语的方法。

一、小学词汇知识教学的要求

《课标》中有关小学词汇知识教学的要求归纳如下:

(一) 积累词语的教学要求

第一学段(1—2 年级)

1. 在阅读中积累词语。
2. 积累自己喜欢的成语和格言警句。

第二学段(3—4 年级)

积累课文中的优美词语、精彩句段,以及在课外阅读和生活中获得的语言材料。

(二) 理解词语的教学要求

第一学段(1—2 年级)

结合上下文和生活实际了解课文中词句的意思。

第二学段(3—4 年级)

能联系上下文,理解词句的意思,体会课文中关键词句表达情意的作用。能借助字典、词典和生活积累,理解生词的意义。

第三学段(5—6年级)

能联系上下文和自己的积累,推想课文中有关词句的意思,辨别词语的感情色彩,体会其表达效果。

(三)运用词语的教学要求

第一学段(1—2年级)

在写话中乐于运用阅读和生活中学到的词语。

第二学段(3—4年级)

1. 尝试在习作中运用自己平时积累的语言材料,特别是有新鲜感的词句。
2. 学习修改习作中有明显错误的词句。

二、小学词汇知识教学的要则

根据《课标》对小学语文词汇教学的目标与内容要求,教师在小学词汇教学中的主要任务是:运用语素和构词方式的知识,指导小学生通过组词来积累词语,不断扩大词汇量;运用词义知识指导小学生进行词语解释,理解词语的意义;运用词义知识指导小学生辨析同义词、多义词。

(一)指导小学生积累词语

积累词语有多种方式,可以从阅读中积累词语,也可以通过利用已经学过的生字(语素)组成新词的方式积累词语。这里主要介绍组词的方式。通过组词,不但可以积累新的词语,扩大词汇量,同时也会加深小学生对生字的意义、应用范围、用法的了解。指导学生组词的方法有以下几种:

1. 让学生自由组词

这是最常用的组词方法。只要所组的词、成语或短语里用上所学的生字就算正确。例如《植物妈妈有办法》(统编本二年级上册语文教材)一课中安排了"法"这个生字,教师在教学时,可以让学生用"法"字进行自由组词,学生可能组成"方法""办法"等词语。这既可以活跃课堂气氛,激发孩子们组词的愿望,同时,又可以紧扣"办法"来提问:"植物妈妈有哪些办法播撒种子?"以关键词做统领,激发学生的阅读兴趣。

2. 引导学生按照规定的方式组词

以构词知识为核心,进行顺序组词、逆序组词、按成语组词等。所谓顺序组词就是把生字作为第一个语素,要求学生在它的后面再补上一个语素组成词;逆序组词就是把生字作为第二个语素,要求学生在它的前面再补上一个语素组成词;按成语组词就是组成包含生字的成语。在组词教学中,先用哪种方式再用哪种方式,共采用几种方式,要根据用来组词的生字的具体情况确定。学生熟悉哪种组词方式就用哪种方式。比如用"天"字组词,就可以先用顺序的方式组成"天上""天空""天地""天气"等,然后用逆序方式组成"晴天""今天""每天"等,还可以引导学生组成包含"天"的成语,如"天翻地覆""开天辟地"等。

3. 引导学生按照规定的语素意义组词

汉字(语素)大部分是多义的,一个汉字(语素)可以表示多个意义。教师应该运用组词帮助学生了解汉字(语素)的这一特点。例如"生"字就有多个意思,"生死"中的"生"是"活"的意思;"生病"的"生"是"产生、发生"的意思;"生根"中的"生"是"生长"的意思;"生人"的"生"是"生疏"的意思;"一生平安"的"生"是"生平"的意思。教师可以首先引导学生通过"生死""生病"这两个词认识"生"的两个意思——"活"和"产生、发生",然后规定学生只按照"活"这个语素义组词,引导学生组成"生死""生存""同生共死"等,再换成另外的语素义组词。这样,不但扩大了学生的词汇量,也能让学生对汉字的多义性有更直观的认识,从而加深学生对于语境对词义的作用的理解。

(二)指导小学生理解词语

理解词语,是小学语文词语教学的核心内容,积累词语和运用词语都要在理解词语的基础上进行。在教学中,教师可以从以下几个方面指导小学生正确理解词语。

1. 利用字典、词典了解词义

小学生在学习中,会遇到不少生字词,教师要引导学生善于利用工具书,熟练而准确地查字典、词典,自主了解生字词的词义。小学语文教学要求学生从二年级开始学习用音序查字法和部首查字法查字典,到三年级要求会数笔画查难检字。教师要教给学生这些查字典的基本方法,并注意培养他们选择义项的能力,提高检索的速度。对于音序检字法,要让学生熟记汉语拼音字母的排列顺序,熟悉某字母开头的汉字大体上在字典、词典的什么位置。在查某字母开头的汉字时,可以直接打开字典的正文进行检索,提高检索的速度。对于部首检字法,要让学生熟悉《部首检字表》的排列顺序,能够准确迅速地为生字确定部首。同时,学生查字典主要是为了正确理解课文的词句,因此,查字典时要注意强调选出切合课文内容的词义。

2. 利用语言环境准确地理解词义

词语在不同的语境中,所表示的意思也不同。确切地理解词语的含义,需要联系具体的语言环境。这也是小学阶段理解词汇意思最常用与最重要的方法。例如,于永正老师《月光曲》的教学片段就很好地运用了这一方法:

············

师:(生读到"一天到晚,他在幽静的小路上散步,听到断断续续的钢琴曲从一所茅屋里传出来"时)请停一下,从"断断续续"这个词中你们看出了什么?(板书:断断续续)

生:因为离得远,有时听得见,有时听不见。

师:是这样吗?再读读,再想想。

生：从这个词中,我们可以看出琴弹得不熟练。因为下面说了,姑娘"总是记不住怎么弹"。

师：这位同学的读书方法值得学习。他不是孤立地理解词语,而是从全篇考虑,联系上下文理解。

第一位学生从"断断续续"的概念义出发,将其理解为"有时听得见,有时听不见"。第二位学生则从语境义出发,通过联系上下文,将其理解为"琴弹得不熟练"。教师在肯定第二位学生做法的同时,也指明了理解词语意思的方法。

再如于永正老师的《给予树》教学片段：

……………

生："我"只攒了一百美元,要由五个孩子来分享,每人只能得到二十美元。（师在"并不宽裕"下面板书：一百、五个、二十）

师：从这里可以看出——

生：从这里可以看出这一家人的生活并不宽裕。

师：你说得很好。妈妈好不容易才攒了"一百美元",要分给"五个"孩子,每个只能得到"二十美元",这些数字就是对"并不宽裕"的具体说明。

……………

师：小朋友,课文后面最后一道题是：替得到洋娃娃的小女孩对金吉娅写几句感谢的话。咱们替这个小女孩写封信吧！看大屏幕——

师：信的称呼和署名我替你们写好了,你们照抄就行了。当中的话你们自己写。但是黑板上板书的词语——并不宽裕、一百美元、五个孩子、二十美元、八岁、如愿以偿,必须用上。一旦你们用上了,就会明白,作者为什么要具体地写出这些数量词,对金吉娅的理解也就更深了。

……………

数量词的使用是语法修辞的知识,于老师在教授数量词时,结合具体的语境,让学生在语境中体会其表达效果,注重理解与运用的结合：首先通过数量词来解释词语的意思。"一百""五个""二十"是学生都懂的词汇,来解释学生并不太熟悉的"并不宽裕"一词,浅显易懂,也让学生体会数量词与重点词汇相互对应的关系,体会数量词的表达效果。然后通过课堂习作,要求必须用上数量词,使学生在实践中更加深刻地体会到数量词的表达作用。

3. 利用语素分析法理解词义

小学词语教学的目的不是单纯地学习某个词语,而是为了丰富学生的词汇,提高理解词语的能力。因此,在词语教学中应当加强对语素的分析。现代汉语的语素有很强的构词能力,在一个词语的学习中掌握好一个语素,就为学习其他同语素的词语打下了基础。如"玩赏"的"赏",对于小学生来说并不常用,在指导学生理解词义时,可以先引导他们通过语境理解"赏"的意思,再查字典了解"赏"的准确含义,并用"赏"

113

组词来加深对"赏"的意义的理解,同时也让学生对"欣赏""观赏""赏析"等词语有正确的理解。

(三)指导小学生辨析词语

1. 辨析同义词

现代汉语中有大量的同义词,同义词虽然词义相近,但有细微的差别,恰当运用同义词,能更好地表情达意。在词语的教学中,教师可以运用替换法,帮助学生理解关键字词的表达效果。以下是《宋庆龄故居的樟树》教学片段:

师:"人们怀着崇敬的心情前来瞻仰宋庆龄的故居……""瞻仰"是什么意思?

生:就是看一看。

生:是"参观""游览"。

师:仅仅是看一看,参观一下?请大家注意这句话前面的"崇敬"一词。

生:应该是尊敬地看,因为故居的主人是个伟大的人。

师:能换成"参观""观看"吗?

生:不能,"参观"只是一般地看,而"瞻仰"是带着崇敬的心情去看。

师:对,许多词语都带有感情色彩,"瞻仰"一词就表达了作者对宋庆龄的敬仰之情。

2. 辨析多义词

现代汉语中的词语大多是多义词,在不同的语境中是不同的意思,教师应根据语境,引导学生仔细辨析多义词的词义。例如,《惊弓之鸟》中"那只大雁直往上飞,拍了两下翅膀,忽然从半空里直掉下来"。这一句话中"直"是一字多义,老师可以先出示"直"字的七种意义:"不弯曲""使弯曲的伸开""垂直""爽快""一个劲儿地""汉字笔画名称,即'竖'""公正的",然后引导学生比较"那只大雁直往上飞,拍了两下翅膀,忽然从半空里直掉下来"。这句话中两个"直"字的意思,让学生体会"直"字在不同的语境中不同的语境义。

> **思考与练习**
>
> 1. 在小学语文教学中,经常采用的组词方式有哪些?试举例说明。
> 2. 小学语文教学中,经常采用的解词的方法有哪些?试举例说明。
> 3. 解释下列加点的语素的意义。
>   文雅　　文章　　文职　　富饶　　饶恕　　饶头
>   刊登　　刊谬　　月刊　　风俗　　风雨　　学风
> 4. 试以统编本一年级下册语文教材《彩虹》的生字"高"教学为例,将词汇知识渗入词语教学中,设计一个教学片段。

第四章
语法知识与应用

微信扫一扫

获取本章拓展资源

第一节 语法知识概述

【目标要求】 明确语法及语法学、语法体系等基本概念,了解语法的性质,语法的各级单位,为以后的语法学习打下基础。

一、什么是语法

语法是语言的结构规则,是组成词、短语、句子等有意义的语言单位的规则。人们的言语行为必须符合语法规则,否则就无法交流信息。

从言语表达的角度看,说话者在用词造句时必须遵循语法规则,否则听话者就会不知所云。例如,光有"我、电影、喜欢、看"这几个词,还无法表达意思;只有按照汉语语法规则,把它们组成"主+动+宾"的结构,即说成"我喜欢看电影",才能让听话者理解,才符合语法规则,才是合格的句子。从话语理解的角度看,听话者在理解话语时必须借助语法规则的指示,否则无法真正理解话语的含义。例如一个不懂汉语语法结构规则的人,是很难真正理解"他们差一点赢得了比赛"这个句子的意思的。

在实际运用中,"语法"这个术语有两个含义。一是指语言结构规则本身;一是指研究语言结构规则的科学,即"语法学"。比如"这个句子有语法错误",这句中的"语法"是指语言的结构规则;"大学生应该学点语法",这句中的"语法"指研究语言结构规则的科学。

二、语法的性质

语法具有抽象性、稳固性和民族性三个方面的性质。

(一)抽象性

语法是语言的结构规则。抽象性是语法最基本的性质。所有语法规则都是从具体的话语中抽象概括出来的,结构规则是有限的,而人们能够说出或写出的句子则是无限的。相对有限的规则之所以能够生成无限多的句子,是因为语法具有抽象性的特点。例如"美丽的校园""喜欢的女孩""以前的生活",这些结构在具体意义上并无共同之处,但它们的结构规则却是相同的:都是由定语加中心语组成的偏正结构。按照偏正结构的组合规则,还可以造出无限多的短语或句子来。儿童在学习母语时,能用已学会的词语说出没有听过的句子,就是因为掌握了抽象的结构规则,能自行组织具体的句子。

(二)稳固性

语法的稳固性是相对语音、词汇而言的。因为语法具有高度抽象性,一条语法规则管着无限多的具体语言现象,一旦发生变动,可能会引起整个语言系统的改变,影响语言的交际功能。从汉语的发展中可以很明显地看出,语法具有很强的历史传承性,变化非常缓慢。现代汉语"主+动+宾"这种结构在甲骨文中就已存在。现代汉语的连动、兼语、双宾语等结构,也早在先秦两汉汉语中就已经出现。

(三) 民族性

不同语言的语法,既有共同性,又有差异性,有鲜明的民族性。例如,汉语数词与名词之间一般要出现量词,而英语则一般不需要量词。汉语名词性偏正结构是"定语+中心语",而傣语的则是"中心语+定语"。汉语的动宾结构是"动语+宾语",而日语的则是"宾语+动语"。英语的谓语动词有词形变化,而汉语的则没有。汉语的语序是最重要的语法手段之一,而俄语的语序则相对比较自由。

三、语法单位

语法规则离不开具体的语法单位之间的联系,语法单位有大有小,最小的是语素,比语素大的语法单位依次是词、短语和句子。

(一) 语素

语素是最小的音义结合体,它既是词汇单位,又是最小的语法单位。语素可以组合成词,有的可以单独成词。

(二) 词

词是最小的能够独立运用的语言单位,是组织短语和句子的备用单位。它既是词汇的主体层级,又是高一级的语法单位。词汇部分讨论它的构成,语法部分讨论它的句法功能。

(三) 短语

短语又叫词组,是由两个或两个以上的词组成的没有句调的语法单位。短语在结构上比词大,在功能上相当于词。

(四) 句子

句子是具有一个句调、能够表达一个相对完整的意思的语言单位,是由词或短语构成的语言的基本运用单位。口语中的句子都有一定的语气,句子前后都有间隔性的语言停顿;书面语中的句子则要用句号、问号或感叹号来表示语气和停顿。

思考与练习

1. 什么是语法?结合实际谈谈学习语法的意义。

2. 举例说明语法的性质。
3. 语法单位有哪些？试说明它们之间的关系。

第二节　语法知识：词类与划分词类的依据

【目标要求】　了解和掌握汉语词类的划分标准、各类词的语法特征、类型和使用，能够运用功能标准划分词类，并对词的兼类与活用有一定了解。

语言里有许许多多的词，它们是组成短语和句子的备用单位。各种不同的词在构造短语和句子时的作用并不相同，因此只有在词类划分的基础上，才能够进一步科学地分析和说明各类词的用法，以及短语、句子的结构规则。

一、汉语划分词类的依据

词类是词的语法分类，是词在语法结构中表现出来的功能类别。

汉语词类划分的依据有语法功能、形态、意义三个方面。但主要依据是词的语法功能，形态和意义是次要的、辅助的依据。

1. 语法功能

词的语法功能指词与词的组合能力和充当句法结构成分的能力。这是汉语划分词类最重要的标准。

（1）词与词的组合能力。

主要包括实词与实词的组合能力、实词与虚词的组合能力；词与词之间是否能够组合、以什么方式组合、组合后发生什么样的语法关系等。例如形容词大多可以和副词组合，接受"很""非常"等程度副词的修饰；副词一般不能跟名词组合，如"不学校""很电灯"等。

（2）充当句法结构成分的能力。

实词一般都能充当句法成分，例如名词可以做主语和宾语，副词可以做状语等。虚词不能做句子成分，但虚词能够依附在实词上，表达一定的语法意义。例如"的"可以用在偏正短语中表示修饰与被修饰的关系。

要注意的是，在划分词类的时候，并不是把一个词所有的语法功能都拿来做分类的依据，而是找出功能上所具有的一个或几个区别性特点，把具有共同语法功能的一组词归为一类。例如，根据能否经常做主语和宾语、能否经常做谓语、能否受"不"修饰等特征，将名词与谓词（包括动词和形容词）区分开来，进而根据能否带宾语，将动词与形容词区分开来。

2. 形态

英语、俄语等印欧语言有丰富的形态变化，词类和句法成分之间的对应关系比较简单，例如，动词与谓语对应，名词与主语、宾语对应，形容词与定语对应，副词与状语对应,等等,因此可以根据词的形态变化来确定词类。

但汉语中缺乏严格意义的形态变化,因此,根据形态标准只能给汉语中一小部分词归类,而无法确定不带形态成分的词的类属。汉语在形态方面表现出的这一特点,只能作为词类划分的参考。

3. 意义

在词类划分中所参考的"意义"主要是指抽象的"类别"意义,而不是具体的"词义"。例如,通常认为名词表示人或事物,动词表示动作或行为,形容词表示性质或状态等,就是"类别"意义。

词的类别意义在划分词类时也是一项重要的参考依据。一般来说,根据词的类别意义就可以确定其词类。比如,我们可以根据"苹果"属于"事物名称"一类,很快就能判断它是名词,而用不着去讨论它的语法特征——经常充当主语或宾语,不受"不"的修饰。但有的词从类别意义上看没有明显的差异,如"突然"和"忽然",从类别意义上就很难看出它们的词性,这时必须依据它们的语法特征来确定它们所属的词类。"突然"能做定语、谓语和状语,如"突然的情况""事情很突然""突然发现",可确定为形容词。"忽然"只可做状语,如"忽然出现",是副词。

二、实词和虚词

汉语的词首先根据是否能单独做句法成分,分为实词和虚词两大类。实词是能够单独充当句法成分,意义比较实在的词。实词包括名词、动词、形容词、数词、量词、副词、代词、拟声词、叹词等九类。虚词是不能单独充当句法成分,词汇意义比较虚化的词。虚词包括介词、连词、助词、语气词等四类。

(一)实词

1. 名词

名词是表示人、物、时、地的名称的词。

(1)名词的种类。

按照名词表示人、物、时、地的名称的不同情况,将名词分为以下几类:

1)普通名词:表示普通事物或者某一类人。例如:

  操场 电脑 机器 杯子
  演员 工人 医生 学生

2)专有名词:表示特有的人或事物。例如:

  鲁迅 巴金 北京 上海
  黄河 长江 泰山 中国

3)处所名词:表示地点。例如:

  近处 周围 附近 食堂

119

教室　会议室　图书馆　故宫（有的处所名词兼属专有名词和处所名词）

4）方位名词：表示方向、位置。例如：

上　　下　　前　　后
上面　下面　前面　后面
之前　以后　里外　左边

5）时间名词：表示时间。例如：

上午　现在　将来　今天
中秋　春季　明年　晚上

(2) 名词的主要语法特征。

经常做主语、宾语。例如：

太阳出来了。

我们爱祖国。

一般能受数量短语修饰，不同的名词通常要用不同的量词。例如：

两个鸡蛋　三个人　一种思想　一批药材

专有名词、时间名词和方位名词一般不受数量短语修饰。如"鲁迅、北京、春季、现在、上边、里面"等，一般不能与数量短语组合。

经常出现在介词后面，一起组成介词短语。例如：

从外面（进来）　在教室（上课）　把衣服（穿上）　用粉笔（画画）

通常不受副词"不""很"等修饰。例如，不说"不学校""很厂房""最今天"等。

汉语名词单数、复数同形。部分指人的名词或代词后可以加"们"表示复数，如"同学们""我们"。加了"们"之后不能再受数量短语修饰，如不能说"三个同学们""五个我们"。

2. 动词

动词是表示动作、行为、存在、心理活动或发展变化等意义的词。

(1) 动词的种类。

动词可以根据其语法特征和意义，分成不同的种类：

1) 动作行为动词：表示动作或行为的动词，具备动词的主要语法特征，是典型的动词。例如：

看　　停　　走　　做
学习　提高　计算　帮助

2) 心理活动动词：表示人物心理活动的动词。例如：

爱　　恨　　羡慕　　讨厌
想念　佩服　觉得　认为

3) 存现动词:表示存在、出现、变化、消失等意义的动词。例如:

在　　有　　存在　　发生　　死亡

4) 判断动词:表示判断的动词,现代汉语中的判断动词只有一个"是"。

5) 使令动词:表示命令、请求意义的动词。例如:

使　　叫　　请　　派
命令　吩咐　迫使　号召

6) 能愿动词:表示可能、必要、必然、意愿等意义的动词。例如:

能够　可以　愿意　要
敢于　乐于　应该　应

7) 趋向动词:表示动作行为趋向的动词。例如:

来　去　上　下　进　出　过　开　起　回
上来　下来　进来　出来　过来　起来　回来
上去　下去　进去　出去　过去　回去

8) 关系动词:表示事物间关系的动词。例如:

等于　像　似　姓

(2) 动词的主要语法特征。

主要充当谓语或谓语中心,大多数动词能带宾语。例如:

① 他们提高了工作效率。
② 我们现在讲授新课。

可以受"不""都"等副词修饰,但一般不受程度副词"很""太"等修饰。例如:

表扬:不表扬/都表扬——＊很表扬/＊太表扬
发生:不发生/都发生——＊很发生/＊太发生

只有表示心理活动的动词和一部分能愿动词能受程度副词修饰。例如:

(很)爱　(很)怕　(很)能　(很)会
(很)可能　(很)应该　(很)愿意　(很)可以

多数动词后面能带动态助词"着""了""过"。例如:

① 他坐着看书。
② 他看了一眼外面。
③ 他读过这本小说。

121

能用肯定否定方式并带宾语提问。例如：

走—走不走　想—想不想　怕—怕不怕
卖—卖不卖　来—来不来　是—是不是

部分动作行为动词可以重叠，表示动作的短暂尝试状态，动作的时量短或动量小。

单音节动词按AA式重叠。例如：

走—走走　看—看看　想—想想　说—说说

双音节动词一般按ABAB式重叠。例如：

调查—调查调查　　　讨论—讨论讨论
研究—研究研究　　　整理—整理整理

3. 形容词

形容词是表示性质和状态等意义的词。例如：

大　　　　小　　　　认真　　　美丽
雪白　　　笔直　　　初级　　　重型

(1) 形容词的主要语法特征。

主要充当定语、谓语或谓语中心。例如：

大树　　　红衣服　　皎洁的月光　美丽的风景
态度端正　语言含蓄　精神饱满　　观点新颖

形容词不能带宾语。

部分形容词可以重叠。

单音节形容词绝大多数都能重叠，重叠形式是"AA"（"AA的"或"AA儿"）。例如：

长—长长（的）　　　高—高高（的）
慢—慢慢（儿）　　　美—美美（的）

双音节形容词的重叠形式通常是"AABB"（"AABB的"或"AABB儿"）。例如：

高兴—高高兴兴　　　大方—大大方方
整齐—整整齐齐　　　漂亮—漂漂亮亮

有些双音节形容词还可按"A里AB"的方式重叠。例如：

慌张—慌里慌张　　　俗气—俗里俗气

形容词大多可以受程度副词"很""太"和否定副词"不"修饰。例如：

长—很长/太长/不长　　　好—很好/太好/不好

漂亮—很漂亮/太漂亮　　　　清楚—很清楚/太清楚/不清楚

可用肯定否定方式提问。例如：

冷—冷不冷　　　大—大不大　　　圆—圆不圆
清楚—清楚不清楚/清不清楚　　高兴—高兴不高兴/高不高兴

(2) 名词、动词与形容词语法特征的比较。

根据以上对名词、动词与形容词语法特征的介绍,我们将它们列表比较如下：

表 4-1　名词、动词与形容词比较表

主要语法特征和表达作用 \ 词类	名词	动词 形容词
能否经常做主语、宾语	能	不能
能否经常做谓语	不能	能
能否受"不"修饰	不能	能
能否用肯定否定并列式提问	不能	绝大多数能
能否重叠	不能	部分能
概括意义	人或事物	动作、性状
表达作用	在于指称	在于陈述

表 4-2　动词和形容词比较表

主要语法特征 \ 词类	动词	形容词
能否带宾语	多数能	不能
能否受副词"很"修饰	多数不能	多数能
重叠方式(双音节)	多为 ABAB 式	多为 AABB 式

4. 数词

数词是表示数目或次序的词。

(1) 数词的种类。

数词可以分为基数词和序数词两种。

1) 基数词：表示数目多少的数词。

基数词包括系数词(零、一、二、三、四、五、六、七、八、九)和位数词(十、百、千、万、亿、万亿、兆)。单纯由系数词构成的数词是单纯数词,系数词放在位数词前构成的数词是复合数词。在复合数词中,系数在位数之前,二者是相乘关系,例如"五百""三千"；系数在位数之后，二者是相加关系，例如"十一""三千二百四十九"。

基数词可以用来表示倍数、分数、小数和概数。

倍数：倍数用基数词后加上"倍"表示。例如：

  三倍 十倍 一百倍

分数：分数通常用"×分之×"或"×成"表示。例如：

  二分之一 百分之十 万分之三 五成

倍数也可以用分数来表示，如"百分之两百"表示"两倍"。

小数：小数是特殊的分数，用小数点表示，小数点前面是整数部分，小数点后面是小数部分。例如：

  0.7（零点七） 10.23（十点二三）

概数：概数表示大概、不确定的数目。概数的表示方法有：

基数词后加上"来、多、把、几、好几、左右、上下"等词。例如：

  十来（个） 三十多 百把人
  四十好几 五十左右 七十上下

相邻的基数词连用。例如：

  三四（个） 五六十（岁） 七八十（年） 三五（个） 千儿八百（斤）

2）序数词：表示次序先后的数词。

序数词通常由"第"加上基数词构成，也可由"初、头、阿"等加上基数词构成。例如：

  第一 初二 老八 阿三

（2）数词的主要语法特征。

数词常与量词组合成数量短语。例如：

  一条 两张 五次 三十斤

数词在现代汉语中一般不单独充当句法成分，通常与量词组合成数量短语后，充当定语、补语、状语等。例如：

  一双皮鞋 十斤大米 三本小说（做定语）
  跑一圈   踢一脚   住三天 （做补语）
  一口吃完 一眼相中 一拳打倒（做状语）

5. 量词

量词是表示计算单位的词。如"个、条、斤、双、次、遍"等。

（1）量词的种类。

物量词:表示人或事物的量的单位。又可以分为以下几类:
个体量词:表示个体事物的单位。例如:

  个　只　条　件　颗　头

集合量词:表示两个及两个以上个体事物组成的事物单位。例如:

  双　副　对　群　套　批

度量衡量词:表示度量衡的计算单位。例如:

  丈　尺　升　斤　吨　亩

临时量词:借用一些名词或动词做量词。例如:

  杯(一杯水)　　　碗(一碗饭)　　　桶(一桶水)　　　捆(一捆柴)

动量词:表示动作行为的单位。又可以分为两类:
专用的。例如:

  次　遍　回　顿　遭　趟

借用的。借用的量词原来是名词或动词,做量词用是临时性的。例如:

  脚(踢一脚)　拳(打一拳)　枪(打了几枪)　想(想了一想)

  此外,还有一些用于专门性计算的由两三个量词复合而成的复合量词。例如:"架次"用来表示飞机出动架数和次数的总和。例如:1 架飞机飞行 1 次叫 1 架次;3 架飞机飞行 10 次叫 30 架次。"人次"用来表示人数和次数的总和。例如:20 人出现 10 次叫 200 人次。

  (2)量词的主要语法特征。

  一般不能单独做句法成分,经常与数词或指示代词组成量词短语,在句中充当定语、状语或补语等。例如:

  一斤苹果　五架飞机　这台机器　那群孩子(做定语)
  一米长　　三斤重　　一把抱住　一手推开(做状语)
  看了两眼　说了三遍　走了一趟　砍一刀　(做补语)

  量词可以重叠,重叠后的量词可以充当主语、谓语、定语、状语等,表达不同的语法意义。例如:

  ① 个个都神采飞扬。(做主语,表示"每一")
  ② 条条大路通罗马。(做定语,表示"每一")
  ③ 传统技艺代代相传。(做状语,表示"逐一")
  ④ 海边浪花朵朵。(做谓语,表示"多")

  不同的名词要跟特定的量词组合。例如:

125

一个人　一头牛　一条蛇　一匹马　一缕轻烟

6. 副词

副词是修饰、限制动词或形容词,表示程度、时间、范围、方式等意义的词。

(1) 副词的种类。

1) 程度副词:表示程度、等级等意义的副词。例如:

很　最　太　更　极　顶　非常　特别
格外　更加　越　稍微　多么　何等　过于　尤其

2) 语气副词:表示疑问、推测、转折、强调等语气的副词。例如:

偏　却　只好　难道　究竟　莫非　何苦
简直　索性　也许　竟然　果然　幸而　几乎

3) 范围副词:表示范围的副词。例如:

全　只　都　共　就　光
仅仅　统统　一齐　一律　单单　一共

4) 时间副词:表示时间的副词。例如:

正　将　刚　就　才　先
已经　曾经　立即　正在　顿时　马上

5) 否定副词:表示否定意义的副词。例如:

不　没　别　未　莫　没有　未必

6) 频度副词:表示频度的副词。例如:

再　又　还　一再　始终　总是

7) 情态副词:表示情态、方式的副词。例如:

忽然　公然　赶紧　连忙　悄悄　大肆

8) 关联副词:用在短语或句子中起关联作用的副词。例如:

也　才　再　便　就　又　都

(2) 副词的主要语法特征。

副词的基本语法功能是修饰动词或形容词,在句中做状语。例如:

① 他赶紧站起来开门。
② 今天大家很高兴。

副词一般不能单说。但有些副词在省略句中可以单独成句,例如:

③ ——你写完没有?——没有。

(3) 副词与形容词的辨析。

副词和形容词有共同的特点,都可以做状语修饰谓词性中心语。但二者也存在显著的区别,它们的区别主要在于:

形容词能单独成句,而副词一般不能单独成句。

形容词能做谓语、定语、状语、补语等;副词一般只能做状语。例如:

④ 他一直很努力。(形容词做谓语)

⑤ 他努力地学习。(形容词做状语)

⑥ 努力的他终于获得了好成绩。(形容词做定语)

⑦ 他学得很努力。(形容词做补语)

⑧ 我们大力推进这项工作。(副词做状语)

形容词"努力"可以做谓语、状语、补语和定语,而副词"大力"只能做状语。

形容词一般可以受副词"很"的修饰,副词则不能。例如可以说"很突然""很努力",而不能说"很忽然""很大力"。

形容词的重要语法功能是修饰名词,副词的主要功能是修饰动词和形容词。

(4) 时间副词与时间名词的辨析。

时间副词和时间名词都能做状语,都表示时间概念。二者的区别主要在于:

时间名词可以做主语、宾语和定语,时间副词只能做状语。例如:

⑨ 今天我去了北京。(时间名词做状语)

⑩ 今天的气温下降了十几度。(时间名词做定语)

⑪ 今天星期五。(时间名词做主语)

⑫ 他刚刚从学校回来。(时间副词做状语)

时间名词前可以加介词组成介词短语,时间副词前不能加介词。例如:

刚才—在刚才　昨天—在昨天　将来—在将来　目前—在目前
将要—＊在将要　正在—＊在正在　忽然—＊在忽然　偶尔—＊在偶尔

7. 代词

代词是具有代替或指示作用的词。

(1) 代词的种类。

汉语中的代词分为人称代词、指示代词、疑问代词三类。

1) 人称代词:代替人或事物名称的代词。

人称代词分为第一人称代词、第二人称代词、第三人称代词、反身代词、双称代词、总称代词等。

第一人称代词:第一人称用来指称说话人一方。"我"是第一人称,复数形式是"我们"。

"咱"与"我"、"咱们"与"我们"都是以指代说话人自己为主的人称代词。但"咱"与"咱们"具有浓厚的口语色彩,而"咱们"与"我们"在指代对象的范围上有所不同:

127

"咱们"是包括式,包括听话人在内,用来称对方,含有缩短听说双方距离的意思。"我们"用于排除式,一般不包括听话人在内,有的时候也可以包括听话人。例如:

① 时间还早,咱们再商量商量。(包括式)
② 你不要再为我们操心了。(排除式)
③ 小张,我们明天一起去爬山。(包括式)

第二人称代词:第二人称用来指称听话人一方。

"你"是第二人称,复数形式是"你们"。

"您"是"你"的尊称。"您"的复数形式"您们"一般可以用于书面语中,口语中则经常用"您几位""您诸位"表示复数。

第三人称代词:第三人称指说话双方之外的第三方,还可以称代事物。

"他"是第三人称代词,书面上分别写作"他""她"和"它"。"他"用于男性,"她"用于女性,"它"用来指代事物。

"第三人称代词"的复数形式用后面加"们"表示。书面上分别写作"他们""她们"和"它们"。"他们"可以统称男性和女性,"她们"专用于女性,"它们"专用于事物。"他们"只有在与"她们"对举的时候才指代男性。

人称代词中还有反身代词"自己"(口语中常用"自个儿")、双称代词"彼此"和总称代词"大家"(口语中常用"大伙儿")。这三类人称代词既可以单独使用,也可以放在上述三类人称代词后面。例如:我自己、她们自己、我们大家、我们彼此。

2) 指示代词:指代和区别人或事物的代词。

指示代词可以用来指代方位、时间、数量、方式、程度等。

单音节指示代词有"这""那"。

多音节指示代词有:

这儿、这里、这边、这会儿、这样、这么样、这些、这么些

那儿、那里、那边、那会儿、那样、那么样、那些、那么些

其中,含"这"的指示代词表示近指,含"那"的指示代词表示远指。

3) 疑问代词:表示询问、设问或反问的代词。疑问代词主要包括:

谁、什么、哪、哪儿、哪里、多会儿、几、怎么、怎么样、怎样、多、多么、多少

(2) 代词的主要语法特征。

代词是词类系统中的特殊类别,可以代替或指示名词、动词、形容词、副词、数词和量词等各类实词。代词与其所代替或指示的词的语法功能相当,没有独立的语法特点。例如,代替名词的"你""这""什么"与名词的语法功能相当。代替副词的代词"这么""那么""怎么样"与副词的语法功能相当,只能充当状语。

(3) 代词的活用。

以上三类代词各自有自己的指代作用,但它们都可以活用,即与其实指用法不同的用法。

不定指。例如:

④ 你看看我,我看看你,大家都不说话。
⑤ 这孩子摸摸这儿,摸摸那儿,什么都觉得新鲜。
⑥ 我好像在哪儿见过她。("哪儿"为不能确定的某个地方)

任指。例如:

⑦ 谁都说服不了她。("谁"意为"任何人")
⑧ 什么事都难不倒她。("什么"意为"任何")

虚指。例如:

⑨ 你喜欢唱歌,就唱他个痛快吧!
⑩ 想吃就吃他一个饱。

8. 拟声词

拟声词和叹词是两个特殊的词类。它们可以单独成句,可以在句中充当句子成分,但不与其他的词发生结构关系,是汉语词类中比较特殊的两类。

拟声词又叫"象声词"或"摹声词",是描摹自然界声音、能够独立成句或单独充当句法成分的词。例如:

　　嗷　呼　啪　嘭　唧唧　扑通　轰隆　哗哗　咚咚

拟声词的主要语法特征:
可以单独成句或充当句子的独立成分。
拟声词加上句调可以单独成句,或者充当句子的独立成分。例如:

① 扑通! 他一头栽倒在地上。(单独成句)
② 砰,砰,砰,外面响起了敲门声。(独立成分)

充当状语、定语、谓语、补语等句子成分。
拟声词可以进入句子,充当多种句子成分。例如:

③ 树上的麻雀叽叽喳喳叫个不停。(状语)
④ 窗外传来哗啦啦的雨声。(定语)
⑤ 岸边的树丛里,鸟雀在睡梦中呢呢喃喃。(谓语)
⑥ 他早已睡得呼呼的了。(补语)

9. 叹词

叹词是表示感叹或呼唤、应答、能独立成句或单独充当句法成分的词。例如:

　　啊　咦　嘿　唉　哦　哈哈　哎呀

叹词的主要语法特点:
叹词独立性很强,常做句子中的独立成分,或单独成句。例如:

① 哎呀,这是谁干的? (独立成分)

②啊！真美！（单独成句）

叹词一般不在句子中充当成分，但有时也可做句子成分。

③ 门外传来"啊"的一声。（定语）
④ 他哎哟哎哟地叫起来。（状语）

（二）虚词

虚词没有词汇意义，只有语法意义。汉语由于缺乏印欧语言那样的词形变化，许多语法意义要靠虚词来表示。例如，表示动作的完成须在动词后加"了"；表示动作的持续须在动词后附上"着"；表示并列常在前后两项之间加上"和"或"并"；表示偏正关系常在修饰语与中心语之间加上"的"或"地"。

虚词不能单独充当句法成分，主要作用是连接和附着在各类实词和短语上。虚词不能独立成句。虚词也不能重叠。

虚词数量不多，但具有较高的使用频率。现代汉语的虚词主要有介词、连词、助词、语气词等四类。

1. 介词

介词是用在名词性词语前面、共同组合成介词短语来修饰谓词性词语的词，介词表示时间、处所、方向、方式、手段、施事、受事、对象、原因、目的等。

（1）介词的主要语法特征。

介词附着在别的实词或短语上组成介词短语，表示时间、处所、方式、对象等语法意义。如：

从现在（开始）（表示时间）　　在教室（上课）（表示处所）
按要求（办理）（表示方式）　　把衣服（穿好）（表示对象）

介词短语主要充当状语，修饰动词或形容词。如"从操场走来""比他矮"。介词短语不能做谓语。

（2）介词的种类。

表示时间或处所：从、自、自从、于、打、到、往、在、当、朝、向、顺着、沿着。

表示方式：按、照、按照、依、依照、本着、经过、通过、根据、以、凭。

表示目的：为、为了、为着。

表示原因：因、由于、因为。

表示对象、范围：对、对于、把、向、跟、与、同、给、关于。

表示排除：除、除了、除去、除非。

表示被动：被、叫、让、给。

表示比较：比、和、同。

（3）介词与动词的辨析。

现代汉语的介词大多数是从古代汉语演变而来的，有些词还兼有介词和动词两种功能。如"在、为、比、到、给、朝、经过、通过"等。

二者的区别在于：

能不能做谓语或谓语中心，能做的是动词，不能的是介词。例如：

① 火车到站了。（动词）
② 火车到九点钟才进站。（介词）

大部分动词能带动态助词"着""了""过"，介词不能。例如：

③ 公交车经过了五一路。（动词）
④ 经过认真的考虑，他决定放弃这次机会。（介词）

大多动词能重叠，介词不能。

⑤ 他们比比谁的个头高。（动词）
⑥ 他比小王高。（介词）

(4) 几个常用介词的用法。

1)"对"与"对于"

"对"与"对于"表示涉及的对象，"对"与"对于"一般可以通用，能用"对于"的地方也能用"对"，但能用"对"的地方不一定都能用"对于"，"对"的使用更加广泛，而且"对"还保留着较强的动词性。例如：

⑦ 对于他来说，这是一个好消息。→对他来说，这是一个好消息。
⑧ 你会对他产生亲切的感觉。→﹡你会对于他产生亲切的感觉。

2)"关于"和"对于"

"关于"表示关联、涉及的事物的范围，"对于"表示涉及的对象。例如：

⑨ 要认真贯彻政府关于知识分子的政策。
⑩ 大家对于这个问题的意见是一致的。

"对于"组成的介词短语做状语时，放在主语前后均可；"关于"组成的介词短语做状语，通常放在主语前面。

⑪ 对于这个问题大家要进一步思考。→大家对于这个问题要进一步思考。
⑫ 关于国外的研究动态，我们要加强了解。→﹡我们关于国外的研究动态，要加强了解。

"关于"组成的介词短语常用作标题，"对于"组成的介词短语则基本不见这种用法。

3)"给"

介词"给"的主要用法是介绍动作行为的接受者。例如：

⑬ 他给我们讲了很多有趣的故事。

"给"还可以引出动作行为的发出者,相当于"被"。例如：

⑭ 我们的出行计划给这场大雨耽搁了。

4)"在"

介词"在"常常和后面的方位短语一起组成介词短语,表示时间、处所、范围、条件等。例如：

⑮ 在期末考试前,大家都紧张地复习功课。(时间)
⑯ 同学们在操场上集合。(处所)
⑰ 在我们班上,他是性格最活泼的。(范围)
⑱ 在不懈的努力下,他们终于攻克了难关。(条件)

2. 连词

连词是起连接作用,用来连接词、短语、分句和句子等的词。

(1) 连词的主要语法特征。

连词具有纯连接性,只起连接作用,把两个或几个语法单位连接起来,组成更大的语法单位,连词本身没有修饰、限制或补充的作用,不能做句子成分。例如：

① 失败和成功,都是宝贵的人生经历。(连接词)
② 共同的经营理念与创业目标是我们正常合作的基础。(连接短语)
③ 因为这草都枯萎了,所以踩在脚下更感到柔软。(连接分句)

(2) 连词的种类。

1) 连接词或短语的连词

连接词或短语的连词主要有"和、跟、同、与、或、及"等,表示并列、选择或递进关系。

2) 连接分句或句子的连词

连接分句或句子的连词,表示分句或句子间的顺承、选择、递进、解说、条件、因果、假设等逻辑关系。

表示顺承关系的连词：跟着、接着、从而、而后、然后、于是。

表示选择关系的连词：不然、要不、要不然、否则、不是、就是、与其、宁、不如、毋宁。

表示递进关系的连词：不但、不单、不光、不独、不特、不只、非但、非独、尚且、而且、并且、况且、何况、进而、及至、乃至、甚至、反倒、反而。

表示解说关系的连词：例如、比如、譬如、比方、就是、就是说、即、总之。

表示条件关系的连词：只有、只要、一旦、一经、但凡、除非、好在、幸亏、幸而、幸好、亏。

表示因果关系的连词：既然、既是、因为、因、由于、唯其。

表示假设关系的连词：如果、假如、假使、假设、倘若、倘使、若、若是。
表示转折关系的连词：虽然、虽、虽说、虽说是、虽则、尽管、固然、诚然。
3）连接词语或分句的连词
"而、而且、并、并且、或者、只有、不管、无论"等连词既可以连接词或短语，也可以连接分句。
（3）几个常用的连词的用法。
"和""及""以及"
"和"表示并列关系，主要连接名词性成分。例如：

④ 母亲和宏儿都睡着了。

"和"也可以连接动词或形容词，例如：

⑤ 会议讨论和通过了销售部门提出的工作方案。
⑥ 雨后的村庄更显得安详和寂寥。

"及"是从文言中继承过来的，用在书面语中。它只能连接名词性成分，有的是前后并重，有的是前重后轻。例如：

⑦ 他将那些堆放在桌子上的资料及软盘清理了一下。（前后并重，也可以用"和"）
⑧ 这哪里是什么配载图及注释，简直是一份科学报告。（前重后轻，不能用"和"）

"以及"除了可以连接名词或名词性短语之外，可以用来连接分句。例如：

⑨ 怎么生产，以及怎样营销要事先策划好，要制订一个周密的切实可行的计划。

（4）连词与介词的辨析。
现代汉语中，"和""跟""与""同"既可以做介词，也可以做连词。做介词的"和""跟""与""同"与做连词的"和""跟""与""同"的区别主要是：
连词"和""跟""与""同"连接的前后两个成分位置可以互换，介词"和""跟""与""同"前后的成分不能互换。
连词"和""跟""与""同"前面不能加状语，介词"和""跟""与""同"前面可以加状语。
连词"和""跟""与""同"有时可以省略，介词"和""跟""与""同"不能省略。
例如：

⑩ 小张和小王都是计算机专业的学生。（连词）
⑪ 小张曾经和小王是同学。（介词）
⑫ 他和我谈起过这个人。（介词）

3. 助词

助词是附着在实词、短语、句子上，表示结构关系或动态等语法意义的词。

(1) 助词的主要语法特征。

助词最主要的语法特征是附着在某个语法单位上，表示结构、动态等方面的附加语法意义。

(2) 助词的种类。

助词按照不同的语法意义可以分为结构助词、动态助词、比况助词、概数助词等。

1) 结构助词：表示附加成分和中心语之间的结构关系。

"的、地、得"都读 de(轻声)，它们的分工是书面上的。定语后面的 de 写成"的"，状语后面的 de 写成"地"，补语前面的 de 写成"得"。

"的"

"的"是定语的标志，用在定语和中心语之间。例如：

  美丽的校园 我的家乡 摇曳的灯光 街角的酒吧

"的"能构成名词性"的字短语"。例如：

  我的 男的 红的 踢球的 卖菜的 看热闹的

书面语中双音节定语修饰单音节中心语，有时使用古汉语中的结构助词"之"。例如：

  小康之家 幸福之路 恻隐之心 彼此之间 高明之处

"地"

"地"是状语的标志，用在状语和中心语之间。例如：

  严肃地处理 认真地学习 不动声色地说 仔细地看

"得"

"得"是补语的标志，用在动词或形容词后面，引出状态补语或程度补语等。例如：

  说得很好 洗得干干净净 变得坚强起来 笑得直不起腰来

2) 动态助词：动态助词表示动作行为发展变化的进程状态。

汉语中的动态助词主要有"着、了、过"。

"着"

"着"附着在动词或形容词后面，表示动作正在进行或状态的持续。例如：

  ① 河里的青蛙纷纷跳上岸，没命地向两岸的庄稼地和公路上蹦窜着。

  ② 门开着，灯亮着。

"了"

"了"用在动词或形容词后面，表示动作的完成或变化的实现。例如：

③ 他盯着书看了一阵,一个字也没看进去。
④ 枫叶红了。

"过"

"过"用在动词或形容词后面,表示曾经发生过这样的动作或具有这样的性状。例如:

⑤ 他在北京工作过几年。
⑥ 这么多年来我从没见过他这么高兴过。

3) 比况助词:比况助词附着在名词性或谓词性词语后面,构成比况短语,表示比喻。

常见的比况助词有"似的、一般、一样"等。例如:

⑦ 他像木头似的一动不动。
⑧ 他咧着嘴直笑,高兴得孩子一般。

4) 概数助词:"多、来、把、左右、上下"等放在数词后面,表示大概的数目。例如:

五十多(元)　二百来(里)　百把人　四十左右　五十上下

4. 语气词

语气词是表示陈述、疑问、祈使、感叹等语气和停顿的词,主要用在句尾,有的也可以用在句中表示舒缓停顿或强调的语气。

(1) 语气词的主要语法特征。

语气词具有很强的附着性,一般附着在句尾(少数放在句中,后面有停顿),表达各种语气,增强表达的效果。例如:

① 大家安静了!(语气词"了"表示祈使语气)
② 明天会下雨吧?(语气词"吧"表示推测疑问语气)

语气词有时还起一定的语法作用,有的实词和短语加上语调之后,还要加上语气词才能成句。例如:

③ 他把衣服洗了。(语气词"了"具有成句作用)

(2) 常用的语气词。

语气词中最常用的是"吗""呢""吧""啊""的""了"等六个。

1) "吗"

"吗"用于疑问句,表示疑问语气。例如:

④ 你今天能完成这些工作吗?

2) "呢"

"呢"用于疑问句,表示深究追问的语气。例如:

⑤ 连年的战乱,天灾人祸,那一代人是怎么熬过来的呢?

⑥ 谁知他在这城市的哪个角落里呢?

"呢"用于陈述句,表示事实不容置疑,略带夸张语气,有时则表示持续的状态。例如:

⑦ 他数学一向学得好,还曾拿过全国中学生数学竞赛一等奖呢。

⑧ 外面还在下雨呢。

3)"吧"

"吧"用于疑问句,表示半信半疑、带有揣测的语气。例如:

⑨ 现在恐怕已经赶不上飞机了吧?

"吧"用于祈使句,表示商量、请求、催促、建议等语气。例如:

⑩ 我们快点走吧。

4)"啊"

"啊"用于感叹句,表达强烈的感情。例如:

⑪ 多美的风景啊!

"啊"用于疑问句,使疑问语气变得较为舒缓。例如:

⑫ 他到底来不来啊?

"啊"用于陈述句,表示恳切提醒或申明解释的语气。例如:

⑬ 你身上的担子不轻啊。

"啊"用于祈使句,表示请求、催促、命令、警告等语气。例如:

⑭ 你可得想清楚啊。

5)"的"

"的"用于陈述句,用来加强肯定语气或表示事情已经发生。例如:

⑮ 她妈妈一定会担心她的。

⑯ 我是坐火车回家的。

6)"了"

"了"用于陈述句末表示动作、变化已经实现或即将出现。例如:

⑰ 只剩下两天了。

⑱ 低沉的嗡嗡声不断从远方的天空传来,一场大雷雨就要到来了。

"了"用于祈使句,表示有结果,起成句煞尾的作用。例如:

⑲ 把这份资料复印了。

(3) 语气词"的"与助词"的"的辨析。

结构助词"的"有时也出现在句末,容易与经常出现在句末的语气词"的"混淆。例如:

⑳ 那样说是不对的。(语气词)

㉑ 这是我的。(结构助词)

区分"的"是语气词还是结构助词时,应注意三点:

第一,看去掉后是否影响句子结构和意义表达。

语气词"的"连同前面的"是"去掉的话,仍然成句,不会影响原句的基本意思。例如:

㉒ 那样说是不对的。→那样说不对。

结构助词"的"与前面的"是"搭配使用,所以不能省略。例如:

㉓ 这是我的。→*这是我。

第二,看后面是否能够加上适当的名词。

处于句末的结构助词"的"后面可以加上适当的名词。

㉔ 这是我的。→这是我的(书)。

语气词"的"后面不能添加相应名词。

第三,看否定词的位置。

否定副词能加在"是"前面,句末的"的"是结构助词。

㉕ 这是我的。→这不是我的。

否定副词只能加在"是"后面,句末的"的"是语气词。

㉖ 那样说是对的。→那样说是不对的。

三、兼类词

(一) 兼类词的定义

语言里绝大多数词都可以按照语法功能的异同分别划入不同的类,但有少数词经常具备两类或两类以上词的语法功能,而且意义上有联系,这样的词就是兼类词,这种现象叫词的兼类现象。

常见的兼类词主要有以下几种:

兼属动词和名词:决定、建议、代表、领导、工作、通知、总结、指示。

兼属名词和形容词:精神、困难、道德、矛盾、麻烦、科学。

兼属动词和形容词:端正、丰富、明白、深入、明确、讲究。

兼属动词和介词:在、给、比、用、向、朝、到、跟、叫、管、通过、为了。

(二) 兼类词的判断

判断兼类词应注意与同音词或词的活用相区别。

1. 兼类词与同音词

二者相同之处：语音形式相同。

二者的不同之处：兼类词所兼不同词类的词汇意义之间存在较密切的联系；同音词只是语音相同，而词汇意义不相关。例如：

① 我们要学习他全心全意为人民服务的精神。

② 他看起来很精神。

两句话中的"精神"读音相同，分别具备名词和形容词的主要语法功能，第一个"精神"经常做主语和宾语，第二个"精神"经常做谓语或谓语中心，可以受程度副词的修饰，而且两个"精神"的词汇意义相关，因而是兼属名词和形容词的兼类词。

③ 她穿了一件花衣服。

④ 我花了一个小时才做完作业。

前一个"花"是表示颜色丰富，后一个"花"是"花费、耗费"的意思，两个"花"只能算作同音词，而不是兼类词。

意义相关而读音相近但不同，也不是兼类词。例如：

⑤ 水凉了。

⑥ 水凉一凉再喝吧。

前一个"凉"与后一个"凉"，意义相关，分属形容词和动词，但语音形式不同，也不能看作兼类词。

2. 词的兼类与词的活用

词的兼类与词的活用不同。词的活用是指出于修辞的需要，把一个词临时当作其他类的词使用，使该词临时具备了其他词类的语法功能。例如：

① 他们兄弟一场最后也分道扬镳了。

其中"兄弟"本是名词，在这句话里出于表达上的需要，临时活用作"动词"。离开这句话，"兄弟"仍然是名词。这只是词的活用，而不是兼类。

② 那弹性的胖绅士早在我的空处胖开了他的右半身了。（鲁迅《社戏》）

这句话中的后一个"胖"就属于形容词临时活用作动词。

思考与练习

1. 汉语划分词类的依据主要有哪些？最重要的依据是什么？
2. 试说明汉语实词和虚词的区别。
3. 请划出下面这段话中的实词，并指出各是哪类实词。

有一个豆荚，里面有五粒豌豆。豆荚和豌豆都是绿的，豌豆就以为整个世界都是绿的。豆荚在生长，豌豆也在生长。豌豆按照它们在家庭里的地位，坐成一排。太阳在外边照着，把豆荚晒得暖洋洋的。这里既温暖，又舒适；白天明亮，夜间黑暗。豌豆坐在那儿越长越大，它们想，我们得做点事情啊。

4. 请划出下面这段话中的虚词，并指出各是哪类虚词。

五彩石找齐了，女娲在地上挖个圆坑，把五彩石放在里面，用神火进行冶炼。炼了五天五夜，五彩石化成了很稠的液体。女娲把它装在一个大盆里，端到天边，对准那个大黑窟窿，往上一泼，只见金光一射，大窟窿立刻就被补好了。

5. 在下面的括号内填上适当的量词。

一（　）笔　　　一（　）河　　　一（　）诗
一（　）信　　　一（　）歌　　　一（　）枪
一（　）眼镜　　一（　）帽子　　一（　）车厢

6. 指出下边这段话中的副词。

老屋离我愈远了；故乡的山水也都渐渐远离了我，但我却并不感到怎样的留恋。我只觉得我四面有看不见的高墙，将我隔成孤身，使我非常气闷；那西瓜地上项圈的小英雄的影像，我本来十分清楚，现在却忽地模糊了，又使我非常的悲哀。

7. 在下列句子的空白处填上一个适当的连词。

（1）小李＿＿＿小张都爱唱歌，＿＿＿唱得很好。
（2）他接受了这些批评＿＿＿建议，态度＿＿＿热情，＿＿＿诚恳。
（3）李明学习的时候认真细致，＿＿＿讲求效率。
（4）学生＿＿＿要学习好，还要身体好、品德好。
（5）事情＿＿＿不好办，＿＿＿我们要努力把这件事办好。

8. 在下列句子的空白处填入恰当的结构助词。

（1）一次又一次（　）将满地（　）鲜花抛向天空。
（2）五颜六色（　）礼花映亮了北京（　）夜空，也映亮了狂欢（　）人们。
（3）他乐呵呵（　）捉回了一只绿色（　）蝈蝈。
（4）小鹰飞到了大树（　）上面，它高兴（　）喊起来："我已经会飞啦！"
（5）它（　）头顶就像嵌着一颗红宝石，鲜红鲜红（　），怪不（　）人们叫它丹顶鹤。
（6）有很高（　）大楼房，有很宽（　）大礼堂，也有一点点小（　），小（　）只可以住进一只小麻雀。
（7）太阳（　）脸变（　）更红了，它轻轻（　）走向西山（　）背后，把灿烂

139

（　　）霞光流在遥远（　　　）天边。
9. 指出下列各句中"在"和"比"所属的词类。
（1）我们在教室唱歌。
（2）他在哪儿？
（3）他站在讲台上。
（4）我比他高。
（5）我和他比手劲。

第三节　语法知识：短语与短语分析的方法

【目标要求】　了解短语的结构类型的分类标准，在分析各种短语结构类型的基础上重点记住短语的五种基本类型。掌握短语的层次分析三原则，学会分化和消除歧义的方法。

一、短语的定义

短语是汉语中的基本语法单位之一，又叫"词组"，是两个或两个以上的词按照一定的语法规则构成的没有句调的语法单位。

二、短语的结构类型

短语可以从不同角度分出不同的类型，这里主要介绍短语的结构类型。短语的结构类型是根据构成短语的词与词之间的结构关系划分的类型，短语的结构类型主要包括主谓短语、联合短语、偏正短语、动宾短语、中补短语、复指短语、连谓短语、兼语短语、量词短语、方位短语、介词短语、助词短语等。

（一）短语的基本结构类型

现代汉语短语的基本结构类型有：主谓短语、动宾短语、偏正短语、中补短语、联合短语。

1. 主谓短语

主谓短语是由主语和谓语组成的短语，主谓短语的内部结构成分之间有陈述与被陈述、说明与被说明的关系。主谓短语的主语一般由名词性词语充当，谓语由谓词性词语充当，有时名词性词语也可以充当谓语。例如：

记者采访（名词＋动词）
历史悠久（名词＋形容词）
今天是晴天（名词＋动词＋名词）
今天晴天（名词＋名词）

2. 动宾短语

动宾短语是由动语和宾语组成的短语,动宾短语的内部结构成分之间有支配与被支配关系。动宾短语的动语由动词充当,宾语一般由名词性成分充当,有时也可以由动词或形容词充当。例如:

> 看电影(动词+名词)
> 喜欢他们(动词+代词)
> 吃三碗(动词+数量短语)
> 展开调查(动词+动词)
> 喜欢清静(动词+形容词)

3. 偏正短语

偏正短语是由修饰语和中心语组成的短语,偏正短语的内部结构成分之间有修饰与被修饰关系。又可以分为两类:

(1) 定中短语。

定中短语也叫"名词性偏正短语",是语法功能相当于名词的偏正短语。定中短语的修饰语是定语,定语和中心语之间有时用"的"。例如:

> 他们的老师(代词+的+名词)
> 我妈妈(代词+名词)
> 故乡的风景(名词+的+名词)
> 教室前面(名词+名词)
> 发展的前景(动词+的+名词)
> 红衣服(形容词+名词)
> 一斤白菜(数量短语+名词)

充当定中短语的中心语的一般是名词性成分,有时动词性成分也可以充当中心语,例如:

> 经济的振兴(名词+的+动词)
> 商人的精明(名词+的+形容词)

这种定中短语主要充当主语或宾语,不能做谓语,整体功能相当于名词。

(2) 状中短语。

状中短语也叫"动词性偏正短语",是语法功能相当于动词或形容词的偏正短语。状中短语的修饰语是状语,充当中心语的一般是谓词性成分。状语和中心语之间有时用"地"。例如:

> 经常出差(副词+动词)
> 非常出色(副词+形容词)
> 这么高兴(代词+形容词)

141

　　　　三尺宽（数量短语＋形容词）
　　　　仔细检查（形容词＋动词）
　　　　哗啦啦地响（拟声词＋地＋动词）
　　　　为人民服务（介词短语＋动词）

4. 中补短语

　　中补短语，也叫"述补短语"，是由中心语和补语组成的短语，中补短语的内部结构成分之间有补充与被补充关系。有的中心语和补语之间有"得"做标志。中补短语的中心语一般由动词或形容词充当，充当补语的主要是动词、形容词、副词以及动词性短语等。例如：

　　　　打得赢（动＋得＋形容词）
　　　　痛快极了（形容词＋副词）
　　　　走出去（动词＋趋向动词）
　　　　出生在北京（动词＋介词短语）

5. 联合短语

　　联合短语又称"并列短语"，是由语法地位平等的两个或几个部分组成的短语，内部结构成分之间是并列、选择或递进等关系。例如：

并列关系：

　　　　工业农业（名词＋名词）
　　　　美丽大方（形容词＋形容词）
　　　　唱歌跳舞（动词＋动词）

选择关系：

　　　　生存或死亡（动词＋或＋动词）
　　　　北京还是上海（名词＋还是＋名词）
　　　　先进或落后（形容词＋或＋形容词）

递进关系：

　　　　审议并通过（动词＋并＋动词）

　　五种基本结构类型短语的判定：
　　五种基本结构类型的短语是现代汉语中最常用的短语类型，判定短语所属的类型，我们可以依据下表提供的形式化的标准来进行。

表 4-3 五种基本结构短语表

语法关系	结构类型	例子	中间常插入的词	能回答什么问题
陈述关系	主谓短语	鲜花盛开	副词"不"	主语回答"什么""谁" 谓语回答"怎么样""是什么""干什么"
支配关系	动宾短语	看电视	了、着	宾语回答"什么"
修饰关系	偏正短语	黑头发	的	定语回答"什么样的" 状语回答"怎么样地"
		努力学习	地	
补充关系	中补短语	洗干净	得	补语回答"怎么样""多久"等
并列、选择、递进等关系	联合短语	美丽大方	和、或、并	

（二）短语的其他结构类型

除了主谓短语、偏正短语、动宾短语、中补短语、联合短语等五种基本结构类型外，短语还包括连谓短语、兼语短语、复指短语、介词短语、方位短语、量词短语、助词短语等。

1. 连谓短语

连谓短语，又称作"连动短语"，是由两个或两个以上的谓词性词语连用，谓词性词语之间没有语音停顿，不用关联词，也没有上述五种基本结构关系的短语。例如：

去游泳（动词＋动词）

上图书馆查资料（动宾短语＋动宾短语）

推开门走进去坐下（动宾短语＋动词＋动词＋动词）

连谓短语中的两个或几个谓词性词语都与同一个主语存在主谓关系，这些组成成分之间一般按照动作或行为发生的先后顺序排列，例如连谓短语"上图书馆查资料"中"上图书馆"发生在"查资料"之前。

连谓短语的直接成分之间没有主谓、动宾、动补、联合、偏正等结构关系，没有停顿和关联词语，如果有了语音停顿，或用了关联词，就不是连谓短语。

2. 兼语短语

兼语短语是由动宾短语和主谓短语套叠在一起构成的短语，动宾短语中的宾语兼做主谓短语中的主语。

兼语短语中的第一个动词一般由含有使令性意义或表示赞许、责怪的动词、表示选称意义的动词、判断动词、有无动词等充当，例如：

派他去（动＋代＋动）

令人激动（动词＋名词＋形容词）

143

鼓励大家好好学习(动词＋名词＋状中短语)
选他当班长(动词＋代词＋动词＋名词)
是他不对(动词＋代词＋状中短语)
有人说话(动词＋名词＋动词)

兼语短语中动语和兼语之间不能有停顿或语气词,不能加上状语。

3. 复指短语

复指短语又叫"同位短语",是由所指相同的词或短语组成、相互进行注释解说的短语。

复指短语的直接成分由不同的词语充当,复指短语的直接成分一般由体词性词语充当,谓词性词语有时也可以作为复指短语中的直接成分。两个直接成分中,通常一个所指比较具体,另一个所指比较概括。例如:

首都北京(名词＋名词)
父子二人(名词＋数词＋名词)
明明这孩子(名词＋定中短语)
中国科学院院士钱学森(定中短语＋名词)
海滨城市青岛(定中短语＋名词)
改革开放这项工作(联合短语＋定中短语)
跑步这项运动(动词＋定中短语)

复指短语的直接成分之间没有并列、选择或递进等结构关系,不能加入关联词语或助词"的"。

复指短语在形式上容易与联合短语混淆,它们的区别是:

(1) 联合短语是异名异指,复指短语是异名同指。

(2) 联合短语的组成成分之间是并列、选择或递进的关系,可以加上相应的关联词语,复指短语中不能加关联词语。

(3) 复指短语是名词性的,联合短语可以是名词性的,也可以是其他词性的。

例如:

美丽大方→美丽又大方
海滨城市青岛→*海滨城市和青岛

复指短语与定中短语的区别:

定中短语的修饰语和中心语之间是修饰、限制与被修饰、被限制的关系,其间一般可以加上"的"。复指短语的结构成分之间是平等关系,无偏正之分,不存在修饰、限制与被修饰、被限制的关系,中间一般不能加"的"。例如:

野生动物→野生的动物
首都北京→*首都的北京

4. 介词短语

介词短语又称"介宾短语",由介词附着在名词等词语前面组成。介词短语在句中主要做状语和补语,有时也可以做定语,但通常不能做主语、谓语和宾语。一般表示工具、方式、原因、目的、处所、时间、对象等意义。例如:

用钢笔(写字)(表示工具)
通过跑步(健身)(表示方式)
给病人(看病)(表示对象)
为荣誉(而奋战)(表示目的)
在阅览室(查资料)(表示处所)
从今天(开始)(表示时间)
因事(请假)(表示原因)

5. 方位短语

方位短语是由方位词直接附加在名词性词语或谓词性词语之后组成的短语。主要表示时间、处所、范围等意义。例如:

大门外(表示处所)
一年前(表示时间)
十八岁以上(表示范围或界限)

方位短语在实际使用中常与介词组合成介词短语。例如:在楼上、在屋门外、在许多年前、在比赛过程中、在茂密的森林中。

6. 量词短语

量词短语是由数词加上量词或指示代词加上数量短语组成的短语。

量词短语包括数量短语和指量短语。

(1) 数量短语:由数词与量词构成的短语。例如:

一次　二两　三个　十吨
十二小时　三趟　四架次

(2) 指量短语:由指示代词加上量词构成的短语。例如:

这件　这条　这份　这辆
那次　那双　那批　那帮

指量短语还包括由指示代词与数量短语构成的短语。例如:

这一次　这两个　那两本　那一位

7. 助词短语

由助词附着在词语上组成,包括"的"字短语、"所"字短语和比况短语等。

(1) "的"字短语。

"的"字短语是将助词"的"附着在词语后面构成的具有指称人或事物作用的名词性短语。"的"前的成分主要是名词、代词、动词、形容词、主谓短语、动宾短语、状中短语等。例如：

　　现代的（名词＋的）
　　我的（代词＋的）
　　玩的（动词＋的）
　　绿的（形容词＋的）
　　历史悠久的（主谓短语＋的）
　　看热闹的（动宾短语＋的）
　　精心制作的（状中短语＋的）

"的"字短语表示动作的发出者、物体的领有者、性质特点的所属者等意义，如"绿的"意思是绿的东西，"看热闹的"意思是看热闹的人。

(2) "所"字短语。

"所"字短语是由助词"所"加在动词前面构成的指称动作行为支配或关涉的对象的体词性短语。例如：

　　所见　所思　所想　所学　所认识　所熟悉

"所"字短语常与助词"的"组成"的"字短语。例如：

　　所说的（话）　　所熟悉的（人）
　　所需要的（资金）　所看到的（问题）

(3) 比况短语。

比况短语是由比况助词"似的""一样""一般""般"等附着在名词、动词或形容词等词语后面构成的短语。比况短语主要表示比喻，有时也表示推测。加在比况助词前的主要是名词性词语，有时也可以是谓词性成分。例如：

　　木头似的　　　丢了魂儿似的　　小老虎般　　繁星般
　　发疯了一般　　离弦的箭一样　　猎犬一样　　流水一样

比况短语前面经常加上"像"或"好像"等词。例如：

　　像木头似的　好像丢了魂儿似的

三、短语结构分析的方法

（一）层次分析法

语言构造是有层次性的。从一个短语来看，如果它内部包含三个或三个以上的词，从表面看这些词是一个挨着一个地排列着的，但在内部构造上，它们不一定处于同一个平面上,它们的组合是有先后、有层次的。例如"我不去"这个短语包含三个词——"我""不""去",它们并不是依次发生组合关系的,而是"不"先跟"去"组合,然后"不去"这个组合再跟"我"组合,从而形成不同的构造层次。分析复杂短语,目前最合适的分析方法是层次分析法。使用层次分析法,分析时尽量切分出两个直接组成成分,所以又叫"二分法"。遇到不能二分的兼语短语、连谓短语和多项的联合短语,就只能多分。

层次分析法包括两方面的内容,一是切分,二是定性。

所谓定性,就是给每次切分出来的单位定成分名称,定名的根据就是两个单位间的语法结构关系。借用传统语法的"主语、谓语、宾语、补语、定语、状语"等句子成分名称来标明每两个直接组成成分之间的关系。

正确的切分应满足以下三个切分条件:

第一,从结构上看,切分出的配对成分必须是个语法单位(即词或短语或是短语的等价物,包括它的省略形式)。

第二,从功能上看,切分出的配对成分必须有语法关系,或者习惯上能组合搭配。

第三,从意义上看,切分出的配对成分每个都有意义,加起来也有意义,而且符合整体的原意。

切分时,必须同时满足以上三个条件,只要有一个条件不符合就不能认为切分正确。

(二) 复杂短语的分析

对复杂短语进行结构分析时,一般采用层次分析法,用框式图解法从大到小逐层切分、定性。以下举例说明。

```
他    非    常    高    兴
|主|  |_____谓_____|
      |__状__| |__中__|

他  们  在  会  议  室  开  会
|主|  |_____谓_____|
      |_____状_____| |____中____|
      |介| |_____宾_____|
```

(三) 多义短语的分析

多义短语指的是一个短语表示两种或两种以上不同的意义。造成多义短语的原因有很多,有语音方面、词汇方面的、语法方面的,还有语用方面的,此处仅涉及语法组合方面造成的多义短语。

语法组合造成的多义短语,主要有以下几种:

1. 结构关系不同的多义短语

复印材料、进口电脑(动宾关系/偏正关系)

147

学校医院、奶油面包（联合关系/偏正关系）

经济困难、社会进步（主谓关系/偏正关系）

2. 结构层次不同的多义短语

外国文学研究

```
外  国  文  学  研  究
|偏|  |————正————|
      |偏|  |——正——|

外  国  文  学  研  究
|————偏————|  |—正—|
|偏|  |—正—|

两  个  学  校  的  学  生
|————偏————|   |—正—|
|偏|  |—正—|
|数|量|

两  个  学  校  的  学  生
|偏|  |————正—————|
|数|量|  |偏|  |——正——|
```

3. 语义关系不同的多义短语

这个人不认识

"这个人"可能是施事（这个人不认识我），也可能是受事（我不认识这个人）。

反对的是他

"他"可能是施事（他反对），也可能是受事（他被反对）。

思考与练习

1. 指出下列短语的结构类型。

美丽的姑娘（　　）　　身体健康（　　）　　开心地笑（　　）

继承并发扬（　　）　　走出去　（　　）　　操场上　（　　）

打电话叫车（　　）　　有人说话（　　）　　省会长沙（　　）

2. 指出下列各句中的联合短语和偏正短语，并说明它们充当什么句子成分。

(1) 信心，是理想王国的信天使。

(2) 他来自遥远的边疆。

(3) 齿鲸主要吃大鱼和海兽。

(4) 卷云、卷积云、积云和高积云，都是很美丽的。

(5) 几只小鹿在溪边散步。

3. 用层次分析法分析下列短语的结构。

(1) 向英雄模范学习

（2）他虚心接受意见

（3）保护野生动物

（4）他悄悄地走过来

（5）乒乓球这项运动开展得很好

（6）喝酒以后不要开车

4. 分析下列多义短语，分化其歧义。

（1）五个学校的老师

（2）出口电子产品

（3）老师的评价

（4）帮助老人的孩子

（5）反对的是小明的爸爸

第四节　语法知识：单句

【目标要求】　了解句型、句式、句类的分类依据的不同，记住各类句子的结构特点和语气特点及其使用条件，了解并掌握句子结构分析的方法。

句子有单句、复句之分。单句是由短语或词充当的、有特定的语调、能独立表达一个相对完整的意思的语言单位。单句可以从不同的标准来划分句型和句类。

一、句型

根据结构关系划分出来的句子类型叫句型。任何一种语言中的句子的数目都是无限的，但是句子的类型却是有限的。句型是从众多的具体句子中抽象出来的结构模式。

（一）现代汉语句型概况

按照结构关系，可以首先把现代汉语的单句分为主谓句和非主谓句两大类型。由主语和谓语两个成分构成的单句叫主谓句，分不出主语和谓语的句子叫非主谓句。

根据谓语的性质可以把主谓句分为动词谓语句、形容词谓语句、名词谓语句。

根据构成非主谓句的词语属性，可以把非主谓句分为动词性非主谓句、形容词性非主谓句、名词性非主谓句、叹词句、拟声词句。

表 4-4　汉语单句结构类型简表

主谓句	动词谓语句
	形容词谓语句
	名词谓语句

(续表)

非主谓句	名词性非主谓句
	动词性非主谓句
	形容词性非主谓句
	叹词句
	拟声词句

（二）主谓句

主谓句是汉语句子中最常见的句型。主谓句包括动词谓语句、形容词谓语句、名词谓语句等。

1. 动词谓语句

动词谓语句是由动词或动词性短语充当谓语的句子。主要用来叙述动作行为或发展变化等。例如：

① 你‖瞧！（单个动词做谓语）
② 我们‖马上出发。（状中短语做谓语）
③ 他们‖忙了一整天。（中补短语做谓语）
④ 他们‖都看过这部电影。（状中短语做谓语）
⑤ 我们‖最近去了一趟上海。（状中短语做谓语）

2. 形容词谓语句

形容词谓语句是由形容词或形容词性短语充当谓语的句子。形容词谓语句主要用来描写形状、性质、状态等。例如：

① 菜地‖绿油油的。（单个形容词做谓语）
② 她的脸‖更红了。（状中短语做谓语）
③ 那个小村庄‖宁静而安详。（联合短语做谓语）
④ 他‖急得直跳。（中补短语做谓语）
⑤ 雨‖渐渐小起来。（状中短语做谓语）

3. 名词谓语句

名词谓语句是由名词或名词性短语充当谓语的句子。

现代汉语中名词性词语单独做谓语的情况比较少见，主要用于口语中的肯定句，常用来说明天气、时间、节日、节气、姓名、年龄、籍贯、职称、方位、数量、容貌、性状等。例如：

① 明天‖晴天。（表示天气）
② 今天‖星期一。（表示时间）
③ 五月一日‖劳动节。（表示节日）

④ 今日‖寒露。(表示节气)

⑤ 我‖李明。(表示姓名)

⑥ 小王‖刚二十。(表示年龄)

⑦ 鲁迅‖绍兴人。(表示籍贯)

⑧ 她‖副教授。(表示职称)

⑨ 大米‖十斤。(表示数量)

⑩ 这孩子‖大眼睛,高鼻梁。(表示容貌)

⑪ 葡萄‖刚摘的。(表示性状)

名词谓语句中间一般可以加上"是、有"等变成动词谓语句。例如:

⑫ 明天‖是晴天。

⑬ 大米‖有十斤。

名词谓语句变为否定句,必须同时加上相应的动词。例如:

⑭ 今天‖不是星期一。

⑮ 葡萄‖不是刚摘的。

名词谓语句中谓语是表示主语的容貌或特点的偏正短语,可以变换为主谓短语。例如:

⑯ 这孩子大眼睛、高鼻梁。→这孩子眼睛大、鼻梁高。

(三) 非主谓句

非主谓句是不能划分出主语和谓语的单句。非主谓句由主谓短语以外的词或短语构成。例如:

① 车!(名词)

② 快!(形容词)

③ 下雨了。(动宾短语)

④ 多美的景色!(定中短语)

非主谓句无法分析出主语和谓语,但并不等于省略了主语或谓语。省略了主语或谓语的句子离不开特定的语境,否则就不能表达明确而完整的意思。而非主谓句在语义上基本是自足的,表意不需要依靠特定的语境。

非主谓句包括五类:动词性非主谓句、形容词性非主谓句、名词性非主谓句、叹词句、拟声词句。

1. 动词性非主谓句

(1) 动词性非主谓句由动词或动词性短语构成。例如:

① 下雨了。

② 着火了！

③ 出太阳了。

④ 请勿吸烟！

⑤ 禁止大声喧哗！

⑥ 有人找你。

⑦ 热烈欢迎新同学！

（2）动词性非主谓句主要用于表示自然现象、突然发生的事情、事实情况、要求、禁止或命令、恭敬、祝愿、发问等。例如：

⑧ 下雪了。（说明自然现象）

⑨ 救命啊！（表示突发事件）

⑩ 开会了。（说明事实情况）

⑪ 请讲普通话！（表示请求）

⑫ 请勿吸烟！（表示禁止）

⑬ 起立！（表示命令）

⑭ 多谢！（表示恭敬）

⑮ 祝你健康！（表示祝愿）

⑯ 为什么？（表示发问）

这种句子并不是省略了主语，而是不需补出，甚至无法补出主语。

2. 形容词性非主谓句

（1）形容词性非主谓句是由形容词或形容词短语构成的单句。例如：

① 好！

② 对！

③ 太棒了！

④ 真奇怪！

⑤ 累死了！

（2）形容词性非主谓句主要用来表示论断、感叹或祈使，表示说话人的情感和态度。例如：

⑥ 讨厌！（表示论断）

⑦ 真可爱！（表示感叹）

⑧ 安静！（表示祈使）

⑨ 快点！（表示祈使）

3. 名词性非主谓句

名词性非主谓句由名词或名词性短语构成。

名词性非主谓句主要用在以下几种情况中：

① 多懂事的孩子！（表示感叹）
② 这个该死的家伙！（表示贬斥）
③ 小偷！（提醒人们注意）
④ 血！（表示呈现的事物）
⑤ 老张！（表示呼唤、招呼）
⑥ 工作证！（表示祈使）
⑦ 啤酒、可乐、矿泉水！（表示叫卖）
⑧ 长长的车队，滚滚的红尘。（进行描写）
⑨ 地震前。烟雾笼罩的江边。（剧本、小说里表时间或地点）

4. 叹词句

叹词句是由叹词构成的句子。例如：

① 哎呀！
② 喂！
③ 嗯。
④ 啊！
⑤ 呸！
⑥ 嗨！
⑦ 哎！

叹词句主要用来表示呼唤、应答，或表示喜悦、愤怒、领悟、哀叹等感情。

5. 拟声词句

拟声词句是由拟声词构成的句子。例如：

① "轰隆隆！"
② "哗哗哗！"
③ "砰！"

拟声词句主要用来模拟自然界的声响，可以起到渲染环境、衬托人物心理的作用。

（四）现代汉语几种常用句式

句型是句子的结构类型，是就句子整体的结构特点划分出来的类型，句式是根据句子局部的结构特征划分出来的类型。

1. 主谓谓语句

主谓谓语句是主谓短语充当谓语的句子。主谓谓语句有两套主谓结构，其中全句主语又叫"大主语"，谓语中主谓短语里的主语叫作"小主语"。主谓谓语句可以粗略地分为以下几类：

(1) 小主语隶属于大主语,小主语代表的事物是大主语代表的事物的一部分。例如:

① 老太太‖心眼儿好。
② 孩子们‖兴致很高。
③ 他‖心情舒畅。

这种主谓谓语句可以在大主语和小主语之间加"的",变成一般的主谓句。例如:"老太太心眼好。"可以变为"老太太的心眼好。";"孩子们兴致很高。"可以变为"孩子们的兴致很高。";"他心情舒畅。"可以变为"他的心情舒畅。"但加不加"的"是两种不同的句型。主谓谓语句中的大小主语在语义上有隶属关系,但语法上不能分析为偏正短语,它们之间可以有停顿,可以加状语。例如:"老太太,心眼儿好。""老太太的确心眼儿好。"

(2) 大主语是谓语动词的支配对象。例如:

④ 一口饭‖他都没吃。
⑤《红楼梦》‖我看过三遍。
⑥ 这篇演讲稿‖你能背下来吗?

这种主谓谓语句的大主语可以变换到动词后面做动词的宾语。例如:"一口饭他都没吃。"可以变换成"他都没吃一口饭。";"《红楼梦》我看过三遍。"可以变换成"我看过《红楼梦》三遍。";"这篇演讲稿你能背下来吗?"可以变换成"你能背下这篇演讲稿来吗?"

(3) 小主语是谓语动词支配的对象。例如:

⑦ 他‖一句话也不说。
⑧ 他‖任何困难都不怕。
⑨ 我‖作业还没做完。

这种主谓谓语句的小主语可以变换到动词后面做动词的宾语。例如:"他一句话也不说。"可以变换成"他不说一句话。";"他任何困难都不怕。"可以变换成"他不怕任何困难。";"我作业还没做完。"可以变换成"我还没做完作业。"

(4) 大主语表示对象、范围和关涉的事物,前面隐含着介词"对、对于、关于"等。例如:

⑩ 这次比赛,‖张敏获得了第一名。
⑪ 这个问题‖他心里已经有了答案。
⑫ 计算机,‖我是外行。

这种主谓谓语句的大主语前,往往可以加上表示对象或范围的介词,例如:"这次比赛,张敏获得了第一名。"可以变换为"在这次比赛中,张敏获得了第一名。";"这个问题他心里已经有了答案。"可以变换成"对于这个问题,他心里已经有了答案。";"计算机,我是外行。"可以变换成"关于计算机,我是外行。"

2. "把"字句

"把"字句是用介词"把"将谓语动词支配或关涉的对象置于动词之前的主谓句。"把"字句的基本格式是:"甲把乙怎么样"。例如:

① 他把车开走了。

"把"字句一般都具有处置作用,所以又叫"处置式"。所谓处置,是指谓语动词所表示的动作对"把"字所引介的对象施加影响,使它产生某种结果,发生某种变化,或处于某种状态。"他把车开走了。"中,"开"这个动作对"车"这个对象施加了影响,产生了"走了"的结果。

"把"字句的特点:

(1) 谓语动词具有处置性意义。

"把"字句的谓语动词要对"把"字介引的对象产生影响。能愿动词、心理活动动词、判断动词、"有""没有"等动词没有处置性意义,一般不能用来做"把"字句的谓语动词。请比较:

② 我喜欢这个孩子。→ *我把这个孩子喜欢。(动词"喜欢"不具有处置性)

③ 我洗了衣服。→我把衣服洗了。(动词"洗"具有处置性)

非处置性的动词进入"把"字句的比较少。例如:

④ 他把整个城都跑遍了。

(2)"把"字介引的对象一般是有定的、已知的。

"把"字句中,"把"字介引的事物一般是已知的、确有所指的,也就是说事物是上文出现过或听说双方都知道的,事物的前面常常带有"这""那"之类的修饰语。例如:

⑤ 请你把那本书递给我。(定指)

　* 请你把一本书递给我。(泛指)

"那本书"是定指的,"把"字句能够成立;"一本书"是泛指的,所以"把"字句不能成立。

在具体的语境中,带"一个""一本""几个"之类定语的名词性结构,如果所指的对象是可以确定的,或者是听说双方已知的,也可以进入"把"字句。例如:

⑥ 他踢球时不小心把一只手弄伤了。

(3)"把"字句中的谓语动词不能是光杆动词,前后通常有别的成分。

"把"字句中的谓语动词前后一般要带上状语、宾语、补语、动态助词或使用动词的重叠形式,不能是一个光杆动词,尤其不能是一个单音节的光杆动词。具体情况分为以下几种。

155

1) 动词后面加上动态助词。例如：

⑦ 我把衣服洗了。
⑧ 请把门开着。

2) 动词采用重叠形式。例如：

⑨ 你把这篇文章再看看。
⑩ 我们把思路梳理梳理。

3) 动词前后有状语、宾语或补语。例如：

⑪ 不要把垃圾到处乱扔。（动词前有状语）
⑫ 他无意中把秘密说了出去。（动词后有补语）
⑬ 我把礼物送给了好朋友。（动词后有宾语）

(4) 否定副词或能愿动词只能放在"把"字之前。例如：

⑭ 你应该把问题调查清楚。——＊你把问题应该调查清楚。
⑮ 我没有把这个问题弄清楚。——＊我把这个问题没有弄清楚。

3. "被"字句

"被"字句是受事（动作行为的接受者）做主语，用介词"被"引进施事（动作行为的发出者），或把"被"直接附着在动词前以表示被动关系的句子。"被"字句的基本格式是"受事＋被（施事）＋动词"。

用"被"字引进施事。如：

① 那本书被他拿走了。
② 李晓被老师批评了。

施事不出现，"被"字可以直接用在动词前面。

③ 他被推选为班长。
④ 房间被翻得乱七八糟。

有的"被"字句动词前有"所"字，组成"被……＋所＋动"的格式。例如：

⑤ 我被她那种宁静、淡泊的心灵所吸引。
⑥ 我每每被她高尚的情怀所感动。

"被"字句的特点。

(1) 谓语动词是表示动作的及物动词，具有处置性，在语义上能够支配受事主语。例如：

⑦ 我们被他的话感动了。
⑧ 玻璃瓶被我打碎了。

判断动词、能愿动词、趋向动词、部分心理活动动词和不及物动词一般不能充当"被"字句的谓语动词。

(2) 受事主语必须是有定的、已知的。

主语表示的受事必须是确指的。例如：

⑨ 那个房间被他们先占了。
⑩ 他的衣服被别的同学拿错了。

(3) 谓语动词的前后一般要带上附加或连带成分。

1) 动词后带上宾语或补语。例如：

⑪ 废弃的厂房被改建成了陈列馆。
⑫ 他被噪音烦透了。

2) 动词后面加上时态助词。例如：

⑬ 太阳被乌云遮住了。
⑭ 他曾经被人深深误解过。

(4) 表示时间、否定的副词、能愿动词要放在"被"字前面。例如：

⑮ 他的做法已经被大家接受了。
⑯ 他没有被困难吓倒。
⑰ 他可能被组长叫走了。

"被"字句与"把"字句的变换关系。

"被"字句和"把"字句存在语义和格式上的对应关系，二者往往可以相互变换。例如：

⑱ 他没有被困难吓倒。→困难没有把他吓倒。
⑲ 太阳被乌云遮住了。→乌云把太阳遮住了。

并不是所有的"被"字句和"把"字句都能互相变换。例如，祈使语气的"把"字句就不能变换为相应的"被"字句。

⑳ 请把门开着。→﹡请门被开着。

4. 连谓句

连谓句是由连谓短语充当谓语或独立成句的句子。例如：

① 摸着石头过河。
② 他上图书馆看书。
③ 他躺着看电视。

连谓句的特点：

(1) 连谓短语中的谓词性成分都可以与同一个主语发生主谓关系。例如：

④ 他上图书馆看书。→他上图书馆、他看书

⑤ 他躺着看电视。→他躺着、他看电视

(2) 几个谓词性成分的语义关系主要是先后、方式、目的、结果、互补等关系。

1) 表示动作的先后关系。

⑥ 他交了试卷走出教室。

2) 后面的动词表示动作行为，前面的动词表示动作行为的方式。

⑦ 他躺着看电视。

3) 前面的动词表示动作行为，后面的动词表示动作行为的目的。

⑧ 他去三亚旅游。

4) 前面的动词表示动作行为，后面的动词表示动作行为的结果。

⑨ 他踢球摔断了腿。

5) 前后的动词表示互补关系，从正反两个方面说明同一动作行为。

⑩ 他紧闭着嘴一句话也不说。

(3) 连谓句中谓词性成分之间不能有语音停顿，也不能用关联词。下面的例子不是连谓句：

⑪ 他推开门，走了出去。

⑫ 他一看见她就走到一边去了。

5. 兼语句

兼语句是由兼语短语充当谓语或独立成句的句子。例如：

① 有一辆车停在院子里。

② 老师鼓励大家积极发言。

兼语句的种类：

不是所有的动词都能够充当兼语短语中的第一个动词的，根据兼语句中第一个谓语动词的性质，可以将兼语句分为四类：

(1) 表示使令意义的兼语句。

前一个动词具有使令意义，能够引发后一个动词所表示的动作。常见的有：使、叫、让、派、请、求、托、逼、催、催促、命令、带领、培养、选举、推荐、吩咐、促使、发动、组织。例如：

③ 我们请李老师给我们做学术讲座。

④ 张华一大早就催促我赶快出发。

(2) 表示赞许或责怪意义的兼语句。

表示喜欢、感激、厌恶、怨恨等感情的心理活动动词没有"使令义",但是,这类动词可以关涉后面的"宾语"所发生的动作行为,前后谓词间有因果关系。因此,也可以构成兼语句。常见的这类动词有:爱、笑、恨、嫌、喜欢、感谢、佩服、赞扬、羡慕、怨恨、痛恨、埋怨、祝贺、指责、批评、指责。例如:

⑤ 我们喜欢她大方明理。
⑥ 母亲埋怨孩子不懂事。

(3) 表示承认、选定、称说等意义的兼语句。

前一动词有"承认、选定、称说"等意义,常见的有:认、选、叫、称、称呼、追认。例如:

⑦ 我们选他当班长。
⑧ 我们称他为"先生"。

(4) 表示存在、领有的兼语句。

前一个动词是表示存在、领有意义的动词。常见的有:有、无、没有、轮、剩、留。例如:

⑨ 操场上有人跑步。
⑩ 轮到你上场了。

6. 双宾句

双宾句指谓语动词后面有两个宾语的句子。例如:

① 他递给我一杯水。

双宾句的特点:

(1) 两个宾语的地位和作用不同。

离动词近的宾语并不直接受动词的支配,叫间接宾语,又称近宾语。近宾语一般指人,主要由代词或名词充当。例如:

② 我交给他一项任务。

离动词远的宾语直接受动词的支配,叫直接宾语,又称远宾语。直接宾语一般指物,主要由名词或名词性短语充当,但有时谓词性短语、复句形式也可以充当直接宾语。例如:

③ 我还给他十元钱。
④ 他告诉我今天停电,所以语音室不开放。

(2) 双宾句的两个宾语之间没有结构关系,而分别与谓语动词形成动宾关系。例如:

④ 他送我一件衣服。→"送我""送一件衣服"

（3）能带双宾语的动词。
1）给予类动词：给、送、赠、奖、教、派、卖、还、付、赔、输、分配
2）取得类动词：买、拿、罚、收、骗、偷、抢、赢、托
3）叙说类动词：问、教、告诉、嘱咐、回答、报告、打听、请教、通知
4）称呼类动词：叫、称、称呼、喊
例如：

⑤ 他送我一套瓷器。
⑥ 他收我一张门票。
⑦ 张老师教我们英语。
⑧ 他称她老师。

7. 存现句

存现句是表示人或事物存在、出现或消失的句子。例如：

① 墙上挂着一幅山水画。
② 班里转来了一位新同学。

存现句的特点：

(1) 主语是表示方位或处所的词语。例如：

③ 过道里堆满了垃圾。
④ 前面跑来一群人。

(2) 动词是表示存在、出现或消失意义的动词，动词后面一般加上助词"着"或"了"。例如：

⑤ 大街上挤满了看热闹的人。
⑥ 桌上摆着两份文件。
⑦ 村子里刚死了一个人。

(3) 宾语是施事，常是由数量短语构成的定中短语。例如：

⑧ 天空中飞着一群大雁。
⑨ 空气中弥漫着桂花的香味。

二、句类

(一) 什么是句类

句类是根据句子的语气分出的类型。

根据语气，可以把汉语的句子分为陈述句、祈使句、疑问句、感叹句四类。一般来说，陈述句用平调，平而略降；疑问句用升调；祈使句用降调，语气较为短促；感叹句用

降调,语气较为舒缓悠长。一种句类可以使用一个或多个语气词,也可以不用语气词。

(二) 陈述句

陈述句是叙述、判断或说明事实、使用陈述语气的句子。陈述句是思维的最一般表现形式,也是使用最为广泛的句类。

陈述句有时使用语气词,例如"的、了、吧、呢、啊、嘛、罢了、也罢、也好"等。

陈述句包括:肯定的陈述句、否定的陈述句。

1. 肯定的陈述句

肯定的陈述句用来肯定某种事实。例如:

① 北京是中国的首都。

② 今年夏天天气很热。

表示肯定的陈述句还有一种特殊的形式,即双重否定句。双重否定句是使用两个否定副词来表达肯定含义的句子。例如"不……不""没有……不""非……不"等。

双重否定句的肯定语气比一般肯定句强烈或委婉。例如:

③ 我不得不中止他的工作。(强烈)

④ 他不会不考虑我的特殊情况的。(委婉)

2. 否定的陈述句

否定形式的陈述句用来否定某种事实,一般是在肯定形式基础上加上否定词构成。例如:

① 他的著作不太容易看懂。

② 这里没有电脑。

(三) 疑问句

疑问句是提出疑问、使用疑问语气的句子。疑问句一般句尾语调上扬,书面上用问号表示。

疑问句可分为一般疑问句、反诘疑问句两大类。

1. 一般疑问句

一般疑问句是提出疑问,要求别人做出回答的句子。

一般疑问句根据其结构特点和所表达的疑问语气,可以分为是非问句、特指问句、选择问句、正反问句四类。

(1) 是非问句。

是非问句是提出问题,要求做出肯定或否定回答的疑问句。

是非问句与一般陈述句的结构形式基本相同,但语调要变为升调,或者句末加上

疑问语气词。是非问句中经常使用的疑问语气词有"吗、吧、啊"等,但不能使用"呢"。例如:

① 你回学校了?(不用疑问词,语调为升调)
② 你今天去南京吗?(表示可疑而要求证实的语气)
③ 今天会下雨吧?(表示半信半疑、带有揣测的语气)
④ 这件事谁都可以做吗?("谁"表任指)

是非问句可以用"是、对"或"不、没有"回答。在口语交际中则可用摇头或点头来表示。

(2) 特指问句。

特指问句是用疑问代词代替疑问点进行提问,要求对方针对疑问点做出回答的疑问句。例如:

⑤ 你是哪里人?
⑥ 今天谁来做报告?
⑦ 解决这个问题最好用什么方法呢?
⑧ 他究竟是干什么的啊?

特指问句只能使用"呢、啊"等语气词,不能使用"吗"。

特指问句还可以由名词性词语和疑问语气词"呢"构成,不用疑问代词。例如:

⑨ 我的手机呢?
⑩ 你的外套呢?

(3) 选择问句。

选择问句是用复句形式提出两种或两种以上的情况,让对方从中进行选择的疑问句。选择问句经常使用"A,还是 B""是 A,还是 B"等格式。

⑪ 你在小学教语文,还是教数学?
⑫ 是我去呢,还是你去?

使用疑问词时,选择问句常用"呢",一般不用"吗、吧"。采用并列复句形式的选择问句,可以只在前句使用一个语气词,也可以前后都使用语气词。比较而言,使用两个语气词的选择问句的语气更重一些。试比较:

⑬ 你到底是同意呢,还是不同意? ——你到底是同意呢,还是不同意呢?

(4) 正反问句。

正反问句是用单句的肯定和否定并列的方式进行提问,希望对方从中做出选择的疑问句。例如:

⑭ 这道菜好吃不好吃?

⑮ 你见过他没(有)?
⑯ 今天是不是星期一?

正反问句一般不使用疑问代词或疑问语气词。需要时可用"呢、啊",一般不用"吗、吧"。例如:

⑰ 他这么做对不对呢?

2. 反诘疑问句

反诘疑问句又称反问句。说话人无疑而问,用疑问句的形式(结构、语气)来表示肯定或否定的意思。

反诘疑问句也有是非问、特指问、选择问、正反问四种问句的形式。例如:

① 这不是挺好的吗?(是非问)
② 你们怎么能说这样的话呢?(特指问)
③ 你是来帮忙的呢,还是来拆台的呢?(选择问)
④ 你说他们这一手厉害不厉害?(正反问)

(四) 祈使句

祈使句是表示要对方做或不做某事、带有祈使语气的句子。祈使句句末用句号,语气强烈的用感叹号。祈使句主要依靠语气来表达,有时也借助语气词"吧、啊(呀、哇、哪)"等表达。

根据祈使句的语用意义和语气的强弱,祈使句可以分为表示命令或禁止的祈使句、表示请求或劝阻的祈使句两大类。

表示命令或禁止的祈使句都带有强制性,要求对方必须服从,言辞肯定,态度坚决。经常不用主语,结构简单,不大用语气词,句末常用感叹号。例如:

① 站起来!
② 严禁大声喧哗!

与表示命令或禁止的祈使句相比,表示请求或劝阻的祈使句的语气要舒缓一些,可以使用语气词"吧、啊、了",主语可以出现,也可以不出现。例如:

③ 您请坐啊!
④ 大家都少说几句吧!
⑤ 你们可别拿他开玩笑了!

(五) 感叹句

感叹句是用来表达某种强烈的感情、带有感叹语气的句子。感叹句常用来表达喜悦、愤怒、惊讶、悲痛、厌恶、恐惧等感情。感叹句句末用叹号,句中常用"好、多、多么、真"等词语。例如:

163

① 这里的景色真美啊!
② 呸!你这个骗子!
③ 唉!我真是倒霉透了!
④ 他今天的表现真是太棒了!

三、句子结构分析的方法

由于语法结构具有层次性,因此,句子的结构分析跟短语的结构分析一样,采用层次分析法。运用层次分析法分析句子结构时,要逐层将一个句子切分成主—谓、动—宾、定—中、状—中、中—补等配对成分(独立语除外)。切分时主语、谓语、宾语如果是短语的,要分析到词为止,定语、状语、补语如果是短语的,一般可以不再分析。

层次分析法的分析过程主要包括两个步骤:第一步是切分结构层次,第二步是确定结构关系。例如:

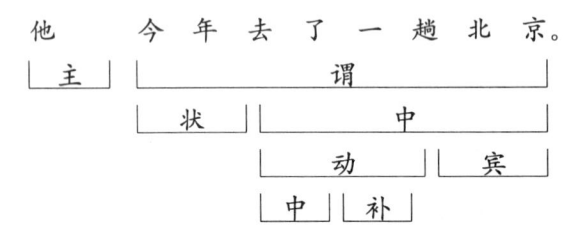

```
他    今 年 去 了 一 趟 北 京。
|主|        谓
     | 状 |      中
              | 动 |   宾
              |中|补|
```

切分过程中应注意:① 第一步切分非常重要,第一步切分不当,后面便容易全都切错。② 必须逐层切分。③ 为避免切分过程中的遗漏,一般采用从左到右、从上到下、逐块切分的分析步骤。

思考与练习

1. 指出下列句子的句型(主谓句、非主谓句及其小类)。

(1) 这又不由得使我们想起松树的崇高的品格。
(2) 小白兔长长的耳朵,红红的眼睛。
(3) 这些自然现象,我国古代劳动人民称它为物候。
(4) 空气层像一层厚厚的皮包围着地球。
(5) 为胜利干杯!
(6) 醉人的绿呀!
(7) 我请他做你的老师吧!
(8) 他拿起雨伞走了出去。

2. 指出下列句子的句类。

(1) 花瓣上滚动着颗颗晶莹的露珠。
(2) 物候现象的来临决定于哪些因素呢?
(3) 纪念伟大的革命先行者孙中山先生!

(4) 这件事他一句也没有对我说。

(5) 禁止吸烟！

3. 指出下列各句中的宾语，并说明是由什么词或短语构成的。

(1) 工人们立刻从四面八方涌向俱乐部。

(2) 妈妈的头上新增了许多白发。

(3) 巴黎有许多街道公园。

(4) 他从来没有想到自己是一个垂危的病人。

4. 指出下列各句中的补语，并说明是由什么词或短语构成的。

(1) 一只小鸟停在一棵樟树上。

(2) 她的心跳得很厉害。

(3) 突发的事件把她吓呆了。

(4) 他赶紧追上去。

5. 指出下列各句中的状语，并说明是由什么词或短语构成的。

(1) 麻醉师给伤员上了药。

(2) 烟花在他们四周绽放开来。

(3) 将军感激地望着他那孩子气的脸。

(4) 巨人的笑貌比月亮比星星都美。

6. 指出下列各句中的宾语、补语和状语。

(1) 夕阳把草原映得更加光辉灿烂。

(2) 我们正在劳动，突然梨树丛中闪出了一群哈尼小姑娘。

(3) 他的话说到我心坎儿里了。

(4) 历史揭开了新的一页。

(5) 立春过后，大地渐渐从沉睡中苏醒过来。

(6) 四周的山把这山谷包围得像一口井。

7. 把下边各句变换成把字句和被字句。

(1) 这部电影里主人公的性格深深地吸引了我。

(2) 螺旋桨卷起的铺天盖地的尘沙遮住了眼睛。

(3) 一阵凉风吹得他连打了几个寒战。

(4) 他不小心弄乱了文章的格式。

8. 下边句子，哪些是连动句、兼语句，哪些不是。

(1) 几个青年妇女划着她们的小船赶紧回家。

(2) 他们坐在电影院看电影。

(3) 我请他做你的老师吧！

(4) 我没想到他这样快就走了。

(5) 妈妈的话让他终于放下心来。

第五节　语法知识：复句

【目标要求】　了解复句与单句的区别，记住复句的意义类型，学会多重复句的分析法。

一、复句概说

（一）什么是复句

复句是由两个或两个以上意义上紧密相关、结构上互不包含的分句加上贯通全句的句调构成的句子。

分句是构成复句的单句形式。例如：

① 谁如果要鉴赏我国的园林，苏州园林就不该错过。（叶圣陶《苏州园林》）

② 瀑布在襟袖之间，但我的心中已没有瀑布了。（朱自清《绿》）

以上两个复句分别由两个分句组成。

（二）复句与单句的区别

单句由一个词或一个短语构成，而复句是由两个或两个以上的分句构成的。复句和单句的区别主要表现在结构是否包含、是否使用关联词语、语调不同、标点符号不同等四个方面。

1. 结构是否包含

构成单句的直接成分之间在结构上互相包含，存在着主谓、偏正、动宾、中补、联合等结构关系。复句的分句之间在结构上互不包含，互相不做句子成分。例如：

① 知识是积累起来的，经验也是积累起来的。

② 我这才明白，田里的活儿都是那小姑娘干的。

前一例句，两个主谓短语构成的分句结构上互不包含，不能互相做句子成分，是复句；后一例句，是主谓短语"田里的活儿都是那小姑娘干的"在句中做宾语是单句。

2. 是否使用关联词语

关联词语是表达分句之间结构关系和语义关系的重要语法手段，大多数复句在分句之间使用关联词语。例如：

① 如果明天下雨，我们就不去爬山了。

单句中使用关联词语的情况较少。但是有关联词语的句子不一定都是复句，关联词语也可以出现在单句中。辨析的方法主要看去掉关联词语后,被标点分开的部分之间是否具有结构关系,能否互相做句子成分。如果一部分是另一部分的句子成分,就不是复句,而是单句。例如:

② 无论什么人,都不能漠视别人的生命。

复句也不一定都用关联词,有的复句是由意合法构成的,虽然不用关联词,但分句间互不包含,互不做句子成分,也是复句。例如:

③ 虚心使人进步,骄傲使人落后。

3. 句调不同

单句带有一定的句调,表示相对完整的意思。复句的分句已经丧失了单句成立所必备的句调,不能独立地表达一个相对完整的意思。

4. 标点符号不同

标点符号的使用是区别并列复句与联合短语、顺承复句与连谓短语的重要标志。

单句和复句结尾都使用句号、问号或感叹号等成句标点,但单句中间一般不用标点符号,复句各分句之间要使用逗号或分号。例如:

① 她又会唱歌又会跳舞。(联合短语做谓语的动词谓语句)
② 她又会唱歌,又会跳舞。(后一分句省略主语的并列复句)
③ 他走出去看了看天。(连谓短语充当谓语的单句)
④ 他走出去,看了看天。(后一分句省略主语的顺承复句)

一般来说,联合短语和连谓短语用逗号隔开,句子就由单句变为复句。

但是,有些单句中,主语、做状语的介词短语、方位短语比较长,后面需要停顿;或者带长宾语的动词后面有时也有停顿。这种情况下,不能把单句句子成分间的停顿看成是复句分句间的停顿。例如:

⑤ 黑沉沉的夜,使人感到压抑。
⑥ 由于这项工作,他们受到了表彰。
⑦ 马克思主义者历来认为,科学技术是一种在历史上起推动作用的革命力量。

二、复句的类型

根据分句间的关系是否平等,复句可分为联合复句和偏正复句。联合复句的各个分句之间关系是平等的,没有主从之分。偏正复句的各个分句之间有主有从,正句是主句,是全句的正意之所在,偏句是从句,意义从属于正句。

(一) 联合复句

联合复句包括并列复句、顺承复句、解说复句、选择复句和递进复句。

167

1. 并列复句

并列复句的各个分句分别叙述或描写有关联的几件事情或同一事物的几个方面。分句之间的关系是平列或对举的,分句的顺序一般可以互换。

根据分句之间并列关系的差异,并列复句分为平列、对举关系两类。

(1) 平列关系。

平列关系各分句表示相关的几件事情或几个方面同时并存。

并举并列常用的关联词语有"也、又、还、同时、同样、另外"(单用);"既……也/又……、又……又……、也……也……、一边……一边……、有时……有时……、一方面……一方面(另一方面)……、一会儿……一会儿……"(合用)等。例如:

① 他们一边走,一边热烈地交谈着。

表示平列关系的复句有时不使用关联词语。例如:

② 五彩缤纷的田野,白云飘浮的蓝天。

(2) 对举关系。

对举并列表示两种情况或两件事情相对或相反。

对举并列常用的关联词语有"而、而是"(单用)、"不是……而是……、是……不是……、并非……而是……"(合用)等。例如:

③ 我们不要空话,而要行动。

表示对举并列的复句也可以不使用关联词语。例如:

④ 虚心使人进步,骄傲使人落后。

2. 顺承复句

顺承复句又叫承接复句、连贯复句。顺承复句的分句述说连续发生的动作或相关情况,分句按照时间、空间或逻辑事理上的先后顺序排列,次序不能颠倒。

顺承复句中常用的关联词语有"便、就、再、又、于是、后来、然后、接着、继而、终于"(单用);"刚……就……、首先……然后……、一……就……"(合用)。例如:

① 他在操场跑了几个圈,接着就去了教室。

有些顺承复句不使用关联词语,而是依靠动作或事件的先后顺序排列分句的语序。

② 他们俩穿过树林,翻过山坡,回到草房。

3. 解说复句

解说复句的分句之间具有解释或总分的关系。解说复句可以分为解释关系、总分关系两类。

(1) 解释关系。

一般是后面分句对前面分句中的主语或宾语进行解释或说明。分句之间常用冒号表示停顿,有时使用"即、就是、那就是、就是说、换句话说"等关联词语。例如:

① 杨树有一个显著的特点,就是特别容易繁殖。

(2) 总分关系。

总分关系的复句有先总后分的,也有先分后总的。

先总后分

前面分句先提出一件事情或一种情况,后面的分句分别述说该事件或情况的几个方面或组成部分。例如:

② 早市上非常热闹,有卖菜的,有理发的,有卖早点的,还有卖服装的。

先分后总

前面分句先分别述说一件事情或以一种情况的几个方面或组成部分,后面分句进行总括。例如:

③ 一种是教条主义,一种是经验主观主义,两种都是主观主义。

4. 选择复句

选择复句是两个或几个分句分别说明几种不同的情况,并表示从中选择一项。选择复句可以分为两种:未定选择、已定选择。

(1) 未定选择。

复句的几个分句提出几种情况或一件事情的几个方面,让人从中选择,但说话者并未有所取舍。

未定选择常用的关联词语是:"或者、或是、或、还是"(单用);"或者/或/或是……或者/或/或是……、是……还是……、要么……要么……、不是……就是……、要不……要不……"(合用)。例如:

① 星期天,我们是去爬山呢,还是去图书馆?

(2) 已定选择。

表示已定选择的复句由两个分句构成,说话者在提出的两种情况中已经有所取舍。

1) 先取后舍。

常用的合用关联词语是:"宁可/宁肯/宁愿……也不/不/决不……"(合用)等。例如:

② 他们宁可挨批评,也不愿昧着良心造假。

2) 先舍后取。

常用的关联词语是:"还不如、倒不如"(单用);"与其……不如/宁肯/还不如/倒不如"(合用)等。例如:

③ 作为一个有骨气的男儿，与其跪着生，不如站着死。

5. 递进复句

递进复句由两个或两个以上的分句相连，后面分句所表示的意思比前面分句更进一层，一般是由少到多，由小到大，由轻到重，由浅入深，反之亦可。

递进复句必须使用关联词语。常用的关联词语有"并且、而且、况且、何况、甚至、以致、尤其、更、还、又"（单用）；"不但……而且……、不仅……而且……、不但不……反而……、尚且……何况……、别说……连……"（合用）等。

递进复句又可分为一般递进复句和衬托递进复句两大类。

（1）一般递进。

一般递进复句的两个分句都表示肯定，意思层层推进。

一般递进常用的关联词语有"而且、并且、甚至、更、还（单用）；不但/不仅/不光/非但……而且/还/也/又/更……、不但/不但不……反而/相反还……"（合用）等。例如：

① 这种桥不但形式优美，而且结构坚固。

（2）衬托递进。

衬托递进复句是前面分句表示否定，后面分句表示肯定，前面分句是后面分句的衬托，从反面把后面分句的意思更进一层。

衬托递进关系常用的关联词语有"尚且、何况、反而（单用）；尚且……何况……、别说……连/就是……"（合用）等。例如：

② 这么热的天气，大人尚且受不了，何况是小孩子？

递进复句与并列复句在形式上的区别主要看所用的关联词语。有些递进复句通过改变或删除关联词语就可以转换为并列复句。例如：

③ 哥白尼的地动学说不但带来了天文学革命，而且开辟了各门学科向前迈进的新时代。（递进）

哥白尼的地动学说带来了天文学革命，开辟了各门学科向前迈进的新时代。（并列）

（二）偏正复句

根据正句和偏句之间的关系，偏正复句可以分为条件复句、假设复句、因果复句、目的复句、转折复句五类。

1. 条件复句

偏句提出条件，正句说明在这种条件下所产生的结果。条件复句各分句之间的关系是条件和结果的关系。

条件复句分为有条件句和无条件句两类。

（1）有条件句。

偏句提出条件，正句指出这种条件产生的结果。

有条件句又可分为充足条件句和必要条件句。

1）充足条件句。

偏句是正句的充足条件，正句表示只要满足这种条件就会产生相应的结果。常用的关联词语有："便、就"（单用）；"只要/只需/一旦……就/都/便/总……"（合用）。例如：

　　① 只要功夫深，铁杵磨成针。

2）必要条件句。

偏句是正句成立的必要条件，缺少了必要条件，正句提出的结果就无法成立。常用的关联词语有："才、否则、要不然"（单用）；"只有/唯有/除非……才/否则/不……"（合用）。例如：

　　② 只有依靠广大人民群众，才能把事情办好。

（2）无条件句。

偏句排除一切条件，正句表示无论在什么情况下都会产生同样的结果，不以偏句的条件变化为依据。

无条件句必须成对使用关联词语，常用的合用关联词语有："无论/不论/不管/任凭……都/也/还/总/总是……"等。例如：

　　③ 无论条件多么艰苦，他都咬牙坚持住。

2. 假设复句

偏句提出一种假设，正句说明在这种假设成立下产生的结果。假设复句分为一致假设复句和相背假设复句两种类型。

（1）一致假设复句。

一致假设复句是指分句所表示的假设和结果是一致的，如果假设成立，结果就成立。常用的关联词语有："就、那就、那么、那、则、便、的话"（单用）；"如果/假设/假如/假若/假使/倘若/倘使/要是/若是/若/万一……就/那就/那么/那/则/便……"（合用）。例如：

　　① 谁如果要鉴赏我国的园林，苏州园林就不该错过。

（2）相背假设复句。

又叫让步假设复句，前一分句先提出一种假设的事实，并且先让一步承认这种假设的真实性，后一分句转而述说相反或相对的意思。常用的关联词语有："也、还"（单用）；"即使/即便/就是/就算/纵使/纵然/哪怕……也/还、再……也"（合用）。例如：

　　② 纵然有天大的困难，也吓不倒我们。

3. 因果复句

因果复句的正句和偏句之间是原因和结果的关系。一般是偏句在前,正句在后。因果复句分为说明因果句和推论因果句两类。

(1) 说明因果句。

说明因果句是对客观存在的因果关系进行说明的复句。偏句提出一种事实情况作为依据,正句表示这种事实所必然导致的结果。

常见的关联词语有:"因为、由于、是因为、是由于、所以、因此、因而、以致、致使、从而"(单用);"因为/因/由于……所以/才/就/于是/因此/因而""之所以……是因为/是由于/就在于"(合用)等。例如:

① 因为这部小说写得太精彩了,所以很多人都喜欢看。

(2) 推论因果句。

推论因果句的偏句提出理由或依据,正句从理由或依据推断出结论。常见的关联词语有:"既、既然、可见"(单用);"既然……那么/就/又/便/则/可见"(合用)。例如:

② 既然事情已经这样了,就不要再埋怨自己了。

有些因果复句不用关联词语。

③ 他学习非常刻苦,期末考试取得了优异的成绩。

4. 目的复句

偏句表示行为,正句表示行为的目的。关联词语都单用。目的关系可分求得和求免两类。

(1) 求得类。

求得类表示希望达到某个目的。常用的关联词语有:"以、以便、以求、用以、借以、好、好让、为的是"等。例如:

① 你把材料再修改一下,明天好交给小组讨论。

(2) 求免类。

求免类表示要避免某种不希望的情况发生。常用的关联词语有:"以免、免得、省得、以防"等。例如:

用求免类关联词语,表示要避免某种不希望的情况发生。

② 答题之前,我们应仔细思考,省得过后又来修改。

5. 转折复句

转折复句中前后分句是相反或相对的关系。前面分句提出某种事实或情况作为前提,但后面分句转而述说与前面分句相反或相对的意思。后面分句才是说话人所要表达的真正意图。

根据转折程度的差异和关联词语使用的不同,转折复句分为重转句和轻转句两类。

(1) 重转句。

重转句的分句之间的对立明显,转折语气浓重,常用前后呼应的关联词语。常用的关联词语有:"虽然/虽/虽是/虽说/虽则/尽管……但是/可是/然而/却/也/还/而"等。例如:

① 虽然已经深夜了,但他仍没有休息。

(2) 轻转句。

轻转句的分句之间意思上没有明显的对立,转折语气很轻,一般单用一个关联词语。常用的关联词语有"可、可是、却、只是、不过、倒"等。例如:

② 这道理听起来不错,可是你应该考虑自己的具体情况。

三、多重复句

(一) 什么是多重复句

根据层次的多少,复句可以分为一重复句和多重复句。一重复句是只有一个结构层次的复句。多重复句是具有两个或两个以上结构层次的复句。例如:

① 即使下大雨,我们也要干。(一重复句)

② 即使下大雨,行动有困难,我们也要干,而且要提前拿出产品。(多重复句)

(二) 多重复句的分析

分析多重复句的步骤主要是:

1. 确定分句的数目和界限

综观全句结构,确定分句的数目,明确分句之间的界限,在每个分句前用数码标明。例如:

① ㈠ 我们的确已经取得了很大的成绩,|㈡ 但是如果因为有了这些成绩,|||㈢ 就骄傲起来,||||㈣ 并且认为可以歇一歇脚,||㈤ 那就不妥当了。

这个多重复句由以下 5 个分句组成:我们的确已经取得了很大的成绩,|但是如果因为有了这些成绩,|就骄傲起来,|并且认为可以歇一歇脚,|那就不妥当了。

在确定分句的时候,特别要注意的是:有停顿的不一定是分句,因为单句或复句的分句中主语与谓语之间、句首状语的后面有时也有停顿,不要错把充当句子成分的短语当成分句。要注意把握复句中的每一个分句都不能充当另一分句的句子成分这一特点。例如:

② ㈠盛夏时节热闹纷繁的大地,突然沉寂下来,㈡连一些最爱叫唤的虫子也都悄没声响了,㈢似乎处在一种急躁不安的等待中。

句中"盛夏时节热闹纷繁的大地"之后有停顿,是主谓之间的停顿,不能看作分句。

2. 找出关联词语,明确统领内容

关联词语是复句中重要的语法标志。确定分句数目之后应划出关联词语,辨析关联词语的搭配情况和它所统领的内容。确定关联词语的搭配情况及统领的内容在分析使用关联词语较多的多重复句时尤为重要。例如:

㈠一寸电线,一只螺丝,一根电焊条,虽然是微小的,‖㈡但是如果眼不勤,‖㈢就不能发现它散落在什么地方;‖㈣如果手不勤,‖㈤那么即使发现了它,‖㈥也不会把它捡起来。

这个复句使用关联词语较多。为了便于弄清它统领的内容,先把关联词语找出来,在省略关联词语地方可试加相应的关联词语。这句话中使用了3套关联词语:"虽然……但是……""如果……(那么)就……""即使……也……"。

3. 划分第一个层次

在确定分句和关联词语的基础上,仔细分析各分句的意义和分句之间的关系,以此确定多重复句的第一个层次,用单竖线("│")将第一个层次切分开;并根据前后关联词语和前后分句的意义,确定分句之间的结构关系。多重复句中,常常连用两个或几个不同套的关联词语,这种情况下,在前的比在后的管辖范围要大,标志的层次要高。例如例③中使用了3套关联词语:"虽然……但是……""如果……(那么)就……""即使……也……"。"但是"连用在"如果"前边,"但是"标志高一层次,"如果"代表低一层次;同样,"那么"连用在"即使"前边,"那么"标志上一层次,"即使"代表下一层次。

4. 逐层划分其余层次

划分好第一个层次后,再分析前后两个部分的结构关系,看它们是不是还可以分析出分句形式来。如果不是一个分句,还要重复前面的步骤,划分出第二层次。在第二层次的结合处用双竖线("‖")切分开,并注明结构关系。这样一直分析下去,直到最后一层,即组成部分都是最小单句形式的分句为止。

㈠我们纪念他,│㈡不仅因为他的文章写得好,‖㈢是个伟大的文学家,‖㈣而且因为他是一个民族革命的急先锋,‖㈤给革命以很大的助力。

(因果 / 并列 / 递进 / 并列)

> **思考与练习**

1. 用下列每组句子各组成一个复句(可增减个别词语)。

(1) 北京是中国的政治经济中心。

北京是中国的文化中心。

(2) 你别浪费时间。

时间是组成生命的材料。

(3) 站着死。

跪着生。

(4) 这种桥形式优美。

这种桥结构坚固。

(5) 我们取得了很大成绩。

我们不能骄傲。

2. 分析下列复句,指出各分句之间的关系。

(1) 人到了这种星星上面休想站得起来,因为它的引力是这样大。

(2) 尽管他读了许多书,可是并没有真正读懂。

(3) 你如果不安心工作,工作就干不好。

(4) 看着人家那样辛苦地劳动,老通宝觉得身上更加热了。

(5) 既然你不感兴趣,我就不跟你谈了。

(6) 这样既可以节省人力,又可以减少资金周转的时间。

3. 把常见的复句类型及各种复句常用的关联词语列成一个表。

4. 在下列空白处填上适当的关联词。

(1) 张老师(　　)关心我们的功课,(　　)关心我们的身体。

(2) (　　)明天不下雨,我们(　　)到北海公园去游玩。

(3) 中国(　　)是火药的故乡,(　　)是火箭的故乡。

(4) (　　)我们被困难吓倒,(　　)我们把困难克服。

(5) (　　)浪费时间,(　　)做些有意义的事。

(6) 学习(　　)一朝一夕的事,(　　)一个长期的过程。

(7) (　　)有氧气,(　　)地球上才有生命。

(8) 他(　　)顺利地上了大学,(　　)学习成绩优异。

(9) (　　)一班胜了,(　　)四班胜了,总之不是平局。

(10) (　　)多读多写,语文水平(　　)可提高。

5. 用层次分析法分析下列多重复句。

(1) 自然是伟大的,人类是伟大的,然而充满了崇高精神的人类的活动,乃是伟大中之尤其伟大者。

(2) 参加体力劳动固然重要,但是如果不努力改造世界观,那么即使长期劳动,也不会有多大收获。

(3) 走到山边,便听见哗哗哗的声音;抬起头,镶在两条湿湿的黑边儿里的,一带白而发亮的水,便呈现于眼前了。

(4) 如果说动物这种自我牺牲的行为是一种本能的话,那么作为高级动物的人类,则应该培养为群体而牺牲自我的自觉的道德意识。

第六节　语法知识：常见的语法错误

【目标要求】　了解常见的语法错误类型，掌握分析和改正语法错误的方法。

一、常见的语法错误类型

常见的语法错误我们主要从词法和句法两个角度来谈，词法方面主要是词类误用，句法方面包括单句和复句中的语法错误。

(一) 词类误用

词类误用主要是由于没有掌握词的词性和用法造成的，也有的是因为不了解词义造成的。

1. 名词、动词、形容词的误用

(1) 名词的误用。

1) 名词误用为动词。

① 一般说来，老人拥有的是人生的阅历和经验，年轻人禀赋的是青春的朝气和激情。

"禀赋"是名词，误用为动词，可改为"秉持"。

2) 名词误用为形容词。

② 她是一个很智慧的人。

"智慧"是名词，误用为形容词，可以改为"她是一个很聪明的人。"或"她是一个很有智慧的人。"

(2) 动词的误用。

1) 动词误用为名词。

③ 从现代教育的角度来说，拥有保密对于孩子的成长具有重要作用。

"保密"是动词，误用为名词，可改为"秘密"。

2) 动词误用为形容词。

④ 这是一个多么感动的场面啊！

"感动"是动词，误用为形容词，可改为"感人"。

(3) 形容词的误用。

1) 形容词误用为名词。

⑤ 她很不经意的一句话让我心中产生了一种无可名状的沉甸甸。

"沉甸甸"是形容词,误用为名词,可改为"沉甸甸的感觉"

2) 形容词误用为动词。

⑥ 她一开口,大厅里就悠扬起美妙的歌声。

"悠扬"是形容词,误用为动词,可改为"响"。

2. 数词、量词的误用

(1) 数词"二"与"两"的误用。

① 这是他们二个班之间的友谊的见证。

表示基数时,单独用在表示度量衡的量词之前时,除了重量单位"斤两"的"两"必须用"二"之外,其他用"二"或"两"均可;单独用在其他量词之前时,除了表人的量词"位"前"二"和"两"通用外,其他量词之前只能用"两",不能用"二"。

② 今天的比赛我们班获得了第两名。

③ 今年我们的产量比去年提高了百分之两十多。

表示序数时,能说"第二""初二",不能说"第两""初两"。表示分数时,只能用"二",不能用"两"。

(2) "俩""仨"的误用。

④ 他们夫妻俩个人感情很好。

⑤ 他们仨个人好久不见了,今天偶然碰到,都很激动。

"俩"是数词"两"与量词"个"的合音,后面不能再加量词。"仨"是数词"三"与量词"个"的合音,后面不能再加量词。

(3) 表示数量增减的数词和量词的误用。

⑥ 工资调整政策实行后,科级干部的月工资增加到10%。

⑦ 我们的工作量比以前减少了两倍。

表示数字增长时,"增长了"不包括底数,只指净增数,"增长到"包括底数,指增加后的总数。数目的减少不能用倍数,只能说减少或降低了百分之几。表示概数时前后不能矛盾。

3. 代词的误用

(1) 指代不明。

① 小张的同学站在他爸爸的旁边。

(2) 人称代词误用。

② 我们都是一中的老师,该校的老师都很敬业。

（3）近指和远指混淆。

　　③ 我站在办公室的窗前向操场看去，同学们正在这里做课间操。

4. 副词的误用

（1）副词误用为形容词。

　　① 事情发生得太忽然，大家一时都没反应过来。
　　② 公园的游人都被这突如其来的偶尔事件所震骇。

副词"忽然"不能做谓语、"偶尔"不能做定语，应改为意义相近的形容词"突然""偶然"。

（2）时间副词误用为时间名词。

　　③ 这就是我们正在的情况。

时间副词只能作状语，不能做定语修饰名词性成分。

（3）否定副词的误用。

　　④ 难道你能否认培养人才不是我们教师的责任吗？

原句要表达的意思是"培养人才是我们教师的责任"，"否认"和"不"是双重否定，再加上反问语气，相当于三重否定，与原句的意思正好相反，应将否定副词"不"去掉。

5. 介词的误用

（1）"关于"与"对于"的误用。

1）"关于"与"对于"的作用不同，"关于"表示关联、涉及的事物，"对于"用于指出对象。

　　① 我们学校图书馆可以找到许多对于学前教育方面的资料。
　　② 善良关于一个人来说是一种重要的品质。

例①中的"对于"改为"关于"，例②中的"关于"应改为"对于"。

2）"关于"组成的介词短语可以做标题，而"对于"组成的介词短语加上名词后才能做标题。

　　③ 学校下发了《对于开展课外活动问题》的讨论稿。

"《对于开展课外活动问题》"应改为"《关于开展课外活动问题》"，或在"问题"后加上"的意见"。

3）"关于"组成的介词短语做状语，须放在主语前面。"对于"组成的介词短语做状语时，放在主语前后均可。

　　④ 我关于小学教学法的研究情况，了解一些。

应改为"对于小学教学法的研究情况，我了解一些"。

（2）"对"与"对于"的误用。

⑤ 他们对于小明最近的工作表现情况进行了了解。

"对"与"对于"一般可以通用,能用"对于"的地方也能用"对",但能用"对"的地方不一定都能用"对于","对"的使用更加广泛,而且"对"还保留着较强的动词性。例句中的"对于"应改为"对"。

(3) "在"的误用。

⑥ 在毫无精神准备下,一场车祸,夺去了他最亲近的人的生命。

"在……上/中/下"中间应该插入名词性词语,一般不能是谓词性词语。"在毫无精神准备下"可改为"在毫无精神准备的情况下"。

6. 连词的误用

(1) "和"的误用。

1) "和"一般不能连接两个充当谓语的光杆形容词。

① 她的表现大方和自然。

可改为"她的表现大方而自然。"

2) "和"一般不能连接两个动宾短语。

② 这部电影受到观众的好评和得到专家的肯定。

可改为"这部电影受到观众的好评并得到专家的肯定。"

(2) "和"与"或(者)"的混用。

③ 师生进入实验室应持本人的学生证和工作证。

"学生证"和"工作证"是选择关系,二者取一,不能用"和",应改为"或"。

"和"表示并列关系,并列的各项兼有,不能有所取舍;"或"表示选择关系,选择的各项有所取舍。

(3) "或者"与"还是"的误用。

④ 你们是队友或者对手?

"或者"和"还是"都表示选择,用在"无论、不管"之后可以互换,但"或者"不含疑问语气,不能用于疑问句中,只能用于陈述句。"还是"既可以用于陈述句,又可以用于疑问句。

(4) "而"的误用。

⑤ 我们决不能取得了一些成绩而骄傲自满起来。

"而"表示原因、目的、依据等意义时,要与"为、因为、由于"等介词配合使用。应在取得前加上介词"因为"。

7. 助词的误用

(1) 结构助词的误用。

① 因为他地表现好,老师表扬了他。

"他"是表现的定语,应将"地"改为"的"

② 小明认真得听老师讲课。

"认真"是"听老师讲课"的状语,应将"的"改为"地"。

③ 兔子跑地快,乌龟爬地慢。

"快""慢"分别是"跑""爬"的补语,应将"地"改为"得"。
结构助词"的、地、得"分别是定语、状语和补语的标志。
(2) 动态助词的误用。

④ 太阳落山时,晚霞映红着天边。
⑤ 她在家里从小到大一直过了非常舒适的生活。
⑥ 上周末我们去乐和城,在那儿看过一部电影。

"着"表示动作正在进行或状态正在持续,例①并不表示"晚霞"正在"映红",所以不能用"着",应该改为"了"。"了"表示动作的完成或变化的实现,例②中表示状态的持续,应用"着"。"过"表示曾经的经历或状态,例③表示动作的完成,应该用"了"。

(二) 搭配不当

搭配不当指的是句子中相关的成分在意义上不能配合。主语和谓语、动语和宾语、定语和中心语、状语和中心语、中心语和补语都是句子中关系密切的配对成分,在组织句子时,不注意它们之间的配合,就会犯搭配不当的毛病。

1. 主语和谓语搭配不当

① 虽然家境贫寒,父母多病,但是学习千万不能荒废。

主语和谓语在词义上不能搭配,"学习"和"荒废"不能搭配。可以改为"虽然家境贫寒,父母多病,但是学业千万不能荒废"。

② 我的身体、业务水平比一年前提高了许多。

联合短语做主语或谓语,前后照应不周引起主谓搭配不当。"业务水平"可以和"提高"搭配,"身体"不能和"提高"搭配,可以改为"我的身体素质、业务水平比一年前提高了许多"。

③ 农村环境改善,政府要积极承担,不能成为记忆中的故园。

暗中更换主语,造成主谓不搭配。可以改为"农村环境改善,政府要积极承担,不能让农村成为记忆中的故园。"

2. 动语和宾语搭配不当

① 有时还会遇到奶瓶丢失,每年都会赔几百个,都已经习惯了。

"遇到"与"奶瓶丢失"不能搭配,可改为"有时还会遇到奶瓶丢失的情况,每年都会赔几百个,都已经习惯了。"

② 中国队在比赛中充分发挥了自身的水平和风格,但也暴露了一些问题和不足。

"发挥"可以与"水平"搭配,但与"风格"不能搭配,可改为"中国队在比赛中充分发挥了自身的水平,发扬了自己的风格,但也暴露了一些问题和不足。"

3. 定语、状语、补语与中心语搭配不当

① 她们对这些大红大绿、金碧辉煌的民族服装爱不释手。

定语"金碧辉煌"与中心语"民族服装"不能搭配,可改为"她们对这些大红大绿、色彩绚丽的民族服装爱不释手。"

② 由于坚持植树造林,这一带基本上根除了风沙灾害。

状语"基本上"与中心语"根除"语义相矛盾,不能搭配,宜删除"基本上"。

③ 我们把房间打扫得干干净净,整整齐齐了。

补语"干干净净"可以和中心语"打扫"搭配,但"整整齐齐"不能与"打扫"搭配,宜删去。

4. 主语和宾语搭配不当

① 秋天是思念的日子,思念着你最想念的人。

主语"秋天"与宾语"日子"意义上不能搭配,可改为"秋天是思念的季节,思念着你最想念的人"。

② 世界是一个永远不停地运动、变化和转化的过程。

主语"世界"与宾语"过程"在意义上不能搭配,可改为"世界的发展是一个永远不停地运动、变化和转化的过程。"

(三) 成分多余或残缺

成分残缺是指缺少句子中的必不可少的成分。

1. 主语、谓语、宾语残缺

(1) 主语残缺。

由于滥用介词或介词短语造成主语残缺。例如:

① 自本刊诞生之日起,即得到社会各界,特别是广大英语爱好者的关心、支持、帮助与厚爱。

"本刊"之前用了介词"自",淹没了主语,应将"自"放在"本刊"之后。
暗中更换主语,造成主语残缺。例如:

181

② 风儿掠过稻田时,恰似波涛滚滚的黄河,上下起伏。

后面两个分句的主语,不是"风儿",而是"稻子",应补上。

(2) 谓语残缺

③ 嫩枝新芽不单绿色,也有紫色的、微蓝色和黄色的。

谓语残缺,可在"绿色"之前加上动词"呈现"。

(3) 宾语残缺

④ 今年 8 月,我市启动实施 22 件民生实事,主城居民住宅用水"一户一表"改造被纳入其中。

宾语中心语残缺,"启动"应带名词性宾语"项目"。可改为"今年 8 月,我市启动实施 22 件民生实事项目,主城居民住宅用水'一户一表'改造被纳入其中。"

2. 定语、状语、补语残缺

(1) 定语残缺。

① 调查发现:学生总是"睡不醒"与教室的空气质量有关。二氧化碳浓度过高,氧气供应不足是孩子们的主要原因。

宾语"主要原因"之前定语残缺,造成表义不完整。可在"主要原因"之前加上"嗜睡"或"睡不醒"做定语。

(2) 状语残缺。

② 今年小麦喜获丰收,单产普遍增加两成到三成。

"增加"之前缺乏必要的状语,可加上"比去年"。

(3) 补语残缺。

③ 这篇文章还要把语言文字推敲。

"推敲"后面缺少必要的补语,可加上"一下"。

3. 主语、谓语、宾语多余

(1) 主语有多余成分。

① 我们班同学年龄最小的学生是王悦。

主语中"同学"和"学生"语义重复,应去掉其中一个。

(2) 谓语有多余成分。

② 越来越多的人往农村奔,令人值得深思。

谓语中动词"令人""值得"语义重复,应去掉其中一个。

(3) 宾语有多余成分。

③ 他已经有十年教龄时间。

宾语中"教龄"就含有时间的意思,"时间"多余,应去掉。

4. 定语、状语、补语多余

(1) 定语多余。

① 从郑洁的身体状况来看,现场观众的支持给予了她积极的正能量。

"正能量"本就是一种积极向上的力量,与"积极"重复,应将"积极的"去掉。

(2) 状语多余。

② 他过度酗酒,已经对他的身体造成了极大的伤害。

"酗酒"就已经包含"过度"的含义,与"过度"语义重复,应将"过度"去掉。

(3) 补语多余。

③ 为精简字数,这篇文章不得不略加删改一些。

"略加"与"一些"意思重复,可将"一些"去掉。

(四) 语序不当

1. 定语和中心语位置颠倒

谁能想到潍坊会成为世界风筝城,河滩的四月又成为放风筝的地方呢?

"河滩"和"四月"位置颠倒了。

2. 定语误用为状语

夜深人静,想起今天一连串发生的事情,我怎么也睡不着。

"一连串"应当做"事情"的定语,不应当做"发生"的状语,因此,应放在"事情"之前。

3. 状语误用为定语

通过十几天的学习和讨论,群众普遍的觉悟提高了。

"普遍"应是状语,修饰"提高",错放在定语的位置上了。

4. 状语和中心语位置颠倒

青春岁月中,我们都有笑地开心、哭地疯狂的经历。

"笑地开心""哭地疯狂"状语和中心语位置颠倒,应改为"青春岁月中,我们都有开心地笑、疯狂地哭的经历"。

5. 多层定语语序不当

他老远就看到灿烂的她的笑容。

多层定语"灿烂""她"语序不当,宜改为"他老远就看到她的灿烂的笑容。"

6. 多层状语语序不当

国有商业银行要抓紧工作布置,把做好国家助学贷款作为大事来抓,使

183

这项工作今年在全国范围内取得突破性进展。

表示对象的状语"使这项工作"宜放在表示范围的状语"在全国范围内"之后。

(五) 句式杂糅

句式杂糅是把两句话挤到一句话里,把两种句子结构混用在一个句子中,形成病句。

以前依仁巷的春卷皮是边做边卖很新鲜。

将"以前依仁巷的春卷皮是边做边卖的"和"边做边卖的春卷皮很新鲜"两个分句杂糅在一起。可以改为"以前依仁巷的春卷皮是边做边卖的"。或"以前依仁巷的春卷皮很新鲜"。

(六) 复句中的错误

1. 分句之间缺乏意义上的密切联系

复句的分句之间在意义上应当紧密相关,不然的话,即使使用了关联词语,也无法构成复句。

我们需要认真总结一下几个月来的学习经验,因为我们的学习目的是明确的。

例句中的两个分句之间,意义上没有因果联系,无法构成复句。

2. 分句之间结构次序混乱、层次不清

复句中各分句一般按照一定的意义关系来排列语序,通常不能随意调换语序,否则会造成次序混乱,表达不清的错误。例如:

近两年来,他的科研成果的水平又有新的提高,其中有两项不但达到了国际先进水平,而且也填补了国内这方面的空白。

此句后面两个分句间的递进关系颠倒了,应改为"近两年来,他的科研成果的水平又有新的提高,其中有两项不但填补了国内这方面的空白,而且达到了国际先进水平"。

3. 关联词语使用的错误

关联词语是复句中表示分句之间的结构关系和语义关系的重要语法手段。关联词语的使用有一定的规则,使用不当就会影响意思的准确表达。

(1) 关联词语错用。

不同的关联词语表达分句之间不同的结构关系或语义关系。关联词语的错用,就会影响意思的准确表达。例如:

① 我这里的荷花,由于红色浓,所以花瓣多。

"红色浓"与"花瓣多"是并列关系,"由于……所以"是表示因果关系的,应当去掉。

② 如果你不同意这样做,那你为什么要答应他呢?

"如果"是表示假设关系的关联词,但此句的从句提出的并不是假设条件,而是用以推论的既成事实,全句是推论因果复句,所以"如果"应改为"既然"。

(2) 关联词语残缺。

许多复句中关联词语是必不可少的,该用关联词而没用,或者该用成对的关联词语而只用了一个,就是关联词语残缺。关联词语残缺会造成分句之间的结构关系不明确,意思表达不清楚,甚至无法理解。例如:

③ 一个经历了生活磨难的青年,如果没有因这磨难而倒下,可能会更坚强地创造新的生活。

假设复句,"如果"应该与"就"搭配使用。

④ 由于选本(指《古文观止》)具有特色,自问世以来近三百年中,广为流传,经久不衰,至今仍不失为一部有参考价值的书。

"由于"管到哪里?由于缺少相应的关联词语与之搭配,于是成了问题。从前后文看,应该只管到第一个分句结束,因此当在第二分句前加上"所以"。

(3) 关联词语滥用。

在不需要使用关联词语的情况下使用关联词语就是关联词语的滥用。滥用关联词语,会使句子显得生硬拗口,甚至不能准确表意。例如:

⑤ 他对落后事物的斗争非常坚决,但是对新生事物非常敏感。

分句之间没有转折关系,不能使用关联词语"但是"。

⑥ 一方面,谦虚使人进步;一方面,骄傲使人落后。

词句中,使用表示并列关系的"一方面……一方面"纯属多余。

(4) 关联词语搭配不当。

复句中成对使用的关联词语一般都有相对固定的格式,不能随意搭配,否则就是关联词搭配不当。例如:

⑦ 唯有在井下工作的煤矿工人,就能深深体会这一声叮咛有多么温暖。

"唯有"与"就"不能搭配使用,应将"就"改为"才"。

⑧ 我爱井冈山,那不是因为它是我出生的地方,还因为那里的一山一水,一草一木,都能引起我对那革命战争年代许多难忘生活的回忆。

"不是……而是……"是并列复句中表示对举意义的方式,"不仅……还……"是表示递进意义的关联词语,二者不能混用。从文章的内容看,改为表示递进意义的"不仅……还……"为好。

(5) 关联词语错位。

关联词语在复句中有相对固定的位置。当前后分句的主语相同时,关联词语位于前一分句的主语之后;当前后分句的主语不同时,关联词语位于前一分句的主语之前。后面分句的关联词语,无论分句的主语是否相同,都放在主语之前。例如:

⑨ 不但我们要使学生具有坚实的基础知识,还要注意培养学生分析问题、解决问题的能力。

此句前后分句主语相同,"不但"应放在主语"我们"之后。

二、检查语病的方法和修改语病的原则

(一) 检查语病的方法

检查语病的方法有很多,下面简单介绍一下常用的几种方法。

1. 朗读法

朗读法是通过把语句念出来以检查语病的方法。朗读法更易判断出顺口不顺口、顺耳不顺耳,找出语病的所在。例如:

这次比赛获得一等奖的有二个孩子。

这个句子读到"二个"时,就觉得别扭,要改为"两"才顺口。例句违反了一条语法规律:个体量词前面一般用"两"不用"二",如"两条、两张、两把、两块"等。

2. 查主干理枝叶法

查主干理枝叶法就是先检查句子的"主干"成分,后检查句子的"枝叶"成分的方法。句子的"主干"成分即句子的主语中心、谓语中心、宾语中心,句子的"枝叶"成分指的是附加成分定语、状语和补语。

在查主干、理枝叶时,为了符合原意,有时要保留必要的枝叶(如否定词等)。检查时,先看主干是否有残缺、多余、搭配不当等毛病,这样,可使句子结构简单,有没有毛病也容易发现。例如:

① 2016 年 5 月 9 日是俄罗斯卫国战争胜利 70 周年。

句子主干是"5月9日是周年",显然不对,应改为"① 2016 年 5 月 9 日是俄罗斯卫国战争胜利 70 周年纪念日。"

如果句子的主干没有毛病,则检查枝叶和主干的关系,看附加成分与中心语是否搭配,有无多余和残缺等。例如:

② 工作之余,他不仅是个小提琴爱好者,大家公认的演奏能手,也是个文学爱好者,能写出很好的美妙诗篇。

此句主干没有毛病,但"很好"和"美妙"语意重复,定语有多余。

3. 类比法

类比法是造一些与原句结构类似、词语性质相同的句子同原句比较,以判断原句是否正确的方法。例如:

① 她把心里的想法没有说出来。

这个句子是否正确?我们可按照原句的格式仿造几个意义不同的句子,放在一起比较。如果仿造的句子都能成立,原句就是正确的,否则就是错误的。下面是仿造句:

② 她把感想没有写出来。
③ 他把报告没有交出来。
④ 他把问题没有找出来。

根据语感知道仿造的三句是不能成立的,因此正确的说法应该是:"她没有把心里的想法说出来。"

(二) 修改语病的原则

1. 找准病因

找准病因是保证修改正确的前提。要利用语法知识,正确分析语病的原因和类型。

2. 修改要符合原意

要符合原意就要做到原句有的意思不要删,原句没有的意思也不要添。例如:

① 2008年5月是一个多么令人难忘的日子啊!
② 2008年5月12日是一个多么令人难忘的日子啊!
③ 2008年5月是一段多么令人难忘的岁月啊!

例①是一个病句,因为"5月是日子"搭配不当,如果改成②,句子虽然没有毛病了,却增加了原句没有的意思。例③改得恰当,符合原意。

3. 修改要保持原句的结构

汉语的语法结构是形式和意义的结合体,结构变化了,意义也可能会变化;意义变化了,就不符合原意了。例如:

① 他小时候被送乡下,结识了许多淳朴的小伙伴。
② 他小时候到了乡下,结识了许多淳朴的小伙伴。
③ 他小时候被送到了乡下,结识了许多淳朴的小伙伴。

例①是病句,如果改成②句,虽然通顺了,但由于改成了主动句,结构发生了变化,意义发生了变化。正确的改法应该是③句。

思考与练习

1. 指出下列句子中词类的误用,并加以改正。

(1) 他散播种种捏造,妄图破坏我们的友谊。

(2) 他几天没睡好,昨天吃了药,一连睡眠了十二个小时。

(3) 他们俩个人是无话不说的好朋友。

(4) 难道你能否认培养国家建设人才不是我们的责任吗?

(5) 人工智能这个名词,可能对我们不太熟悉。

(6) 通过报警人语气,和电话那头传进来的声音,接警员初步判断是对方在吵架。

(7) 春节应该怎样健康的过? 来听听医生的建议吧。

(8) 今年上半年,在南京湖南路上一家书店的书籍频频失踪。

2. 指出下列单句中的语法错误,并加以改正。

(1) 今天的法制教育课对我启发很大,我算真正懂得了应该怎样去教育孩子的道理。

(2) 家门口来了架直升机,这平时不得多见的大家伙,吸引了众多路过的市民的眼光。

(3) 陈坤一年一年地坚持下来,用"行走"去改变、感染更多人的生活方式和人生态度。

(4) 农村饮水安全问题是群众最基本的生活需求。

(5) 通过这一年的高考复习,使小丽的学习水平提高了。

(6) 中国强烈要求所有核武器国家同时谈判并缔结一项无条件不首先使用核武器及不对无核国家和无核地区使用或威胁使用核武器。

(7) 与其将保险说成财富的传承,不如将保险当作成为爱的延续。

(8) 那部深受广大观众欢迎的电影《大闹天宫》,连续半个多月放映了。

(9) 大家都讲究卫生,我们的健康和疾病就有保障了。

(10) 这个地区的农民,在实行土地承包责任制以后,经过一年多的苦战,粮食和棉花的产量都大大超过历史最高年份。

3. 改正下列复句中的错误,并说明理由。

(1) 这件事情,我们不但觉得难忘,而且觉得很有意思。

(2) 尽管困难再大,我们还要想办法克服它。

(3) 由于他骄傲自满,以致许多事情做不好。

(4) 纵使成功的把握不大,我们也要尽最大努力。

(5) 谎言尽管重复多少遍,也不能成为事实。

(6) 他虽然已经年逾古稀,不怕艰苦,废寝忘食,这是值得我们学习的。

(7) 我跟他们在一起觉得很高兴,他们也对我很好。

第七节　语法知识：标点符号

【目标要求】 了解并掌握常见标点符号的作用与用法，能正确运用标点符号。

一、标点符号的作用和种类

(一) 标点符号的作用

标点符号是辅助文字记录语言的符号,用来表示语句的停顿、语气或标示词语的性质。标点符号和文字是构成现代书面语言的两大组成部分。标点符号和文字一样有表达作用,有的还具有文字所不及的表达效果。结构相同的句子加上不同的标点符号,表达的意思就不相同。例如：

① 今天下雨了。
② 今天下雨了？

前一句表示对已经发生的事实的客观陈述,后一句表示对事实的疑问。二者的不同在书面上是用标点符号来表示的。

(二) 标点符号的种类

常用的标点符号有16个,根据其用途可以分为点号与标号两大类。

1. 点号

点号主要表示语句的各种停顿。根据它们所处的位置和用途,又可以分为两大类：句末点号和句中点号。

句末点号包括：句号(。)、问号(？)和叹号(！)。
句中点号包括：顿号(、)、逗号(，)和分号(；)。

2. 标号

标号有标明词语或句子的性质的作用,有的标号兼表停顿,如破折号、省略号和间隔号。

标号又可以分为三类：
表示提示和引用的标号：冒号(：)、引号(双引号用" ",单引号用' ')
表示插入、转折和删节的标号：破折号(——)、括号(( ))、省略号(……)
表示特殊词语的标号：着重号(.)、书名号(双书名号《 》,单书名号< >)、间隔号(·)、连接号(—)、分隔号(/)

二、标点符号的用法

(一) 句号、问号、叹号

这三种符号的基本用途是用在句子末尾,表示句终的停顿和句子的语调。但是它们表示的语气不同。句号用在陈述句和一部分祈使句的末尾,问号用在疑问句末尾,叹号用在感叹句和一部分祈使句末尾,分别表示陈述、疑问、祈使、感叹等几种语气。

1. 句号(。)

主要表示陈述句末尾停顿和舒缓的语气。例如:

① 爱玩是孩子的天性。

句号也可用于语气舒缓的祈使句末尾。例如:

② 请您把门关上。

在文章中该用句号而不用,或者不该用而用了,都会使句子结构层次不清,表述不明。例如:

③ 大鼓有的以地域名称来命名,有的以配器或调式特色来命名(如梨花大鼓、京韵大鼓),历史悠久并已定型的鼓书大多列入了国家或地方非物质文化遗产名录,作为曲艺形式,大鼓至迟在汉代就具有了雏形。

④ 春天,沙枣树伸展着粗糙的树枝。上面覆盖着一片片短小的叶子。叶子上一层细沙一样的东西晶莹发亮。

2. 问号(?)

表示疑问句末尾的停顿和疑问语气。例如:

① 这是谁的书?

反问句虽然不要求对方回答,但用的是疑问句形式,也要用问号。例如:

② 无数革命先烈为了人民的利益牺牲了他们的生命,使我们每个活着的人想起他们就心里难过,难道我们还有什么个人利益不能牺牲,还有什么错误不能抛弃吗?

选择问句中间的停顿一般用逗号,句末用问号。例如:

③ 你是喜欢看小说,还是喜欢看电影?

句子里用了疑问代词,可能是疑问句,也可能不是疑问句,要分辨清楚整个句子的语气。例如:

④ 这是什么?

⑤ 什么也干不了。

⑥ 什么都阻止不了我!

3. 叹号(!)

主要表示感叹句末尾的停顿和强烈的语气。语气强烈的反问句、祈使句,句末也要用叹号。例如:

① 今天的演出太精彩了!(感叹句)

② 世界上哪有不包含矛盾的事物!(反问句)

③ 立正!(祈使句)

主语、状语等成分倒置的感叹句,以及称呼语在感叹句句末,要用叹号,但必须放在句末,前面的停顿处不用叹号。例如:

④ 多美啊,张家界的风景!(主谓倒装)

⑤ 歌唱吧,为我们伟大的祖国!(状中倒装)

⑥ 再见,朋友!

感叹句和语气很重的祈使句才用叹号。陈述句即使有强调的意味,也不宜用叹号。语气轻的祈使句可以用句号。例如:

⑦ 我们必须准时到达指定地点集合。

⑧ 把门打开吧。

(二) 顿号、逗号、分号

这三种点号的主要作用是表示句中的停顿。

1. 顿号

表示语句内部的很小的停顿。

(1) 用在句子中较短的并列词语之间的停顿。例如:

① 燕子、雁、布谷、夜莺都是定期迁徙的候鸟。

(2) 用在汉字次序语之后。例如:

② 风格的具体内容主要有以下四点:甲、题材;乙、用字;丙、表达;丁、色彩。

以下情况不用顿号:

(1) 并列词语之间没有停顿或可停可不停,不用顿号。例如:"中小学""大中型企业"。

(2) 概数中间不用顿号。例如:"十六七岁""五六十斤"。

(3) 用了连词"和"的地方,就不能再在"和"的前面用顿号了。例如:北京、上海和广州。

191

(4) 次序语用了括号,就不用顿号。那种"(1)、……(2)、……"的用法是不对的。用阿拉伯数字做次序语时用下脚点,不用顿号。例如:1. ……2. ……。

2. 逗号(,)

表示句子内部的一般性停顿。常见的用法有以下几种:

(1) 用在复句内的分句之间。例如:

① 他宁可自己受累,也不愿意麻烦别人。

(2) 主语比较长或者为了突出主语,在主语和谓语之间用逗号隔开。例如:

② 我们看得见的星星,绝大多数是恒星。
③ 风,呼呼地刮着。雨,哗哗地下着。

(3) 宾语较长或为了突出宾语,动宾之间用逗号隔开。例如:

④ 他才意识到,这可能是他唯一的机会了。

(3) 主谓倒装,中间要用逗号。例如:

⑤ "怎么了,你?"

(4) 状语在主语前头,状语后边可以用逗号。例如:

⑥ 在32亿年以前,最原始的生命在海洋里诞生。(童裳亮《海洋与生命》)

(5) 不相连的复指成分、独立成分,一般都用逗号断开。例如:

⑦ 小张,你到哪儿去?
⑧ 涂色的工作既然叫点蓝,不用说,烧的工作当然叫烧蓝。(叶圣陶《景泰蓝的制作》)

(6) 少数关联词语,为了强调它的关联作用,后边可以用逗号。例如:

⑨ 因此,灰尘必须受人类的监督,不能让它乱飞乱窜。(高士其《灰尘可旅行》)

3. 分号(;)

分号主要是用在复句的分句之间,表示一个较大的停顿。主要是以下三种用法:

(1) 用在多重复句的分句之间,尤其是并列关系的分句之间。例如:

① 镇上的人们也仍然叫她祥林嫂,但音调和以前很不同;也还和她说话,但笑容却冷冷的了。(鲁迅《祝福》)

(2) 只有一层的并列复句,如果分句内部已经用了逗号,分句间用分号隔开。例如:

② 屋子里,我是主人;屋门外,蝉是最高统治者。(法布尔《蝉》)

(3) 分项说明事物的时候,各项之间常用分号表示停顿。例如:

③ 我国的行政区域可分为:

(一) 省、自治区、直辖市;

(二) 省、自治区分为自治州、县、自治县、市;

(三) 县、自治县分为乡、民族乡、镇。

(三) 冒号、引号

冒号和引号的主要作用是表示提示和引用。

1. 冒号(:)

冒号的主要用法是:

(1) 用在书信、发言稿的开头的称呼语后面,表示提起下文,例如"某某先生""同志们";也用在"某某说"后面,提示下面是某某的话;用在"例如"后面,表示引起下文。

(2) 用在总提语之后,让读者注意下文将要分项来说。例如:

① 多少种绿颜色呀:深的,浅的,明的,暗的,绿得难以形容。(老舍《林海》)

(3) 用在总括语之前以总结上文。例如:

② 三宝走了,三毛走了,大刘走了:是海燕就要去搏击风云。

(4) 用在"说、是、证明、例如、如下"等动词之后,表示提起下文。例如:

③ 事实证明:你的看法是完全正确的。

(5) 用在需要解释说明的词语或分句之后。例如:

④ 三七:中药名,即田七。

使用冒号要注意:冒号的主要作用是提示下文,因此"说"后边常常用冒号,表示提示下文。但"说"并不是使用冒号的标志。"××说"之类放在引用的话前头,用冒号;放在引用的话后边或中间,不用冒号。例如:

⑤ "谢谢你,"张老师说,"车快来了吧?"

⑥ "吴老师,我们现在是去哪儿?"李华问。

2. 引号(" ")

引号的主要用法有以下几种:

(1) 表示文中的直接引语。例如:

① 周恩来站了起来,清晰而坚定地回答道:"为中华之崛起而读书!"(陈沚《为中华之崛起而读书》)

② 让我们一起记住"尺有所短,寸有所长"这句名言吧!(柯岩《尺有所短 寸有所长》)

引语分为直接引语和间接引语两种。直接引语对所引用的原话不能做任何改动,直接引语要用引号;间接引语,即所谓"转述",可以在文字上有所变动,就不用引号。引用成语、谚语等,用不用引号都可以,以不用为常。

(2) 表示重要的或有特定含义的词语,也可以用引号。这种用法充分体现出引号的修辞作用。例如:

③ 海伦学会了用手指"说话"。(《海伦·凯勒》)

④ 武松走得肚中饥渴,望见前面有一家酒店,门前挑着一面旗,上头写着五个字:"三碗不过冈。"(《景阳冈》)

(3) 引号一般用双引号。双引号引文之内的引文,用单引号。例如:

⑤ 石猴端坐上面道:"列位呵,'人而无信,不知其可'。你们才说有本事进得来,出得去,不伤身体者,就拜他为王。何不拜我为王?"《猴王出世》

(4) 引号前边用冒号(或逗号)的,引号后半放在逗号、句号等的后边;引号前边不用冒号(或逗号)的,引号后半放在逗号、句号等的前边。例如:

⑥ 我联想到了唐朝贾岛的诗句:"只在此山中,云深不知处。"

⑦ 写文章要做到"平字见奇,常字见险,陈字见新,朴字见色"。

(5) 如果引文连着好几段,每一段开头应该用一个前引号,只有最后一段的末尾才用一个后引号。

(四) 括号、破折号、省略号

1. 括号(( ))

表示文中注释性的话。

括号的主要用法有三种:

(1) 句内注释。

只注释句中一部分词语的叫句内括号,句内注释紧挨着被注释的词语,它的末尾不用句末点号。例如:

① 《四库全书》于乾隆三十七年(1772)开始修纂,十年之后,于乾隆四十七年(1782)年完成。

② 世界贸易组织(WTO)是当代最重要的国际经济组织之一。

(2) 句外注释。

注释全句的叫句外括号。句外注释放在句子之后,句外括号内如有句末点号须保留。例如:

③ 全国各民族大团结万岁!(长时间的鼓掌)

④ 子曰:"学而时习之,不亦说乎?有朋自远方来,不亦乐乎?人不知

而不愠,不亦君子乎?"(《论语·学而》)

(3) 用在次序语的外面

括号用在次序语的外面,如(一)(二)(三),(甲)(乙)(丙),这时它和顿号的作用相同,括号后头不能再用顿号。例如:

⑤ 思想有三个条件:(一)事理,(二)心理,(三)伦理。

2. 破折号(——)

破折号的主要用法是:

(1) 表示文中解释说明的语句。例如:

① 亚洲大陆有世界上最高的山系——喜马拉雅山,有目前地球上最高的山峰——珠穆朗玛峰。

例①的破折号相当于括号,但与括号不同,破折号后头的词语是要连着正文念的,括号跟正文在结构上是没有关系的。

(2) 表示语意的转换、跃进,或语音的中断、延长。例如:

② 让他一个人留在房里总共不过两分钟,等我们再进去的时候,便发现他在安乐椅上安静地睡着了——但已经永远地睡着了。(表语意转换)

③ "团结——批评——团结",是解决人民内部矛盾的正确方针。(表语意跃进)

④ 那个时候在无锡的人,我倒问过,可是——(表语音的中断)

⑤ "呜——呜——呜"小男孩大声哭起来。(表声音延长)

(3) 表示事项列举分承。例如:

⑥ 根据研究的对象的不同,环境物理学分为以下五个分支科学:

——环境声学;

——环境光学;

——环境热学;

——环境电磁学;

——环境空气动力学。

(4) 文章的副标题之前可用破折号,起注释作用。例如:

⑦ 无言哀戚长河水

——品沈从文《湘行散记》

3. 省略号(……)

省略号的主要用法有:

(1) 表示文中省略了的话。例如:

① 他轻轻地哼起了《摇篮曲》:"月儿明,风儿静,树叶儿……"

(2) 表示沉默,语言中断,断断续续,欲言又止等。例如

② 穿长袍的问:"这一位是……"

"我的兄弟。"戴礼帽的回答。(表中断)

破折号和省略号都可表示语言中断,区别是:破折号表示语言戛然而止,省略号则表示余音未尽。

省略号一共六个小圆点。有时省略的是一整段或几段文字,就用十二个小圆点表示,这时要单独成行,不顶格。

(五) 着重号、间隔号、书名号、连接号、分隔号

1. 着重号(.)

着重号是圆点,标在字的下面。着重号的主要作用是强调需要特别注意的字、词、短语、句子。例如:

① 我不会写诗,会写散文。

2. 间隔号(·)

间隔号是个圆点,标在方格的正中,表示间隔或分界。用在音译的名和姓、年份、月份和日期、书名和篇名、词牌(或曲牌)和词题等的中间。例如:

诺尔曼·白求恩
"一二·九"运动
《史记·项羽本纪》
《天净沙·秋思》

3. 书名号(《 》)

表示书籍、篇章、报刊、剧作、歌曲、栏目、电影、电视剧等名称。例如:

《莎士比亚全集》(书名)
《老人与海》(篇名)
《孔乙己》(文章名)
《中国语文》(刊物名)

书名内还有书名时,外用双书名号,内用单书名号。例如:《读〈呐喊〉有感》《教育部关于提请审议〈高等教育自学考试试行办法〉的报告》。

4. 连接号(—)

连接号是一个短横,占一个字的位置。用来把密切相关的名词连接起来,表示时间、地点、数目等的起止,人或事物的某种联系。例如:

① 鲁迅(1881—1936),绍兴人。
② 买一张长沙—北京的飞机票。
③《标点符号用法》GB/T 15834—1995。
④ 原子—分子论

例①连接号表示时间的起止,例②连接号表示地点的起止,例③连接号表示标准代号的连接,例④连接号表示连接两个相关的名词构成一个意义单位。

5. 分隔号(/)

分隔号的主要用法有:

(1) 分隔诗歌接排时诗行或标示诗文中的音节节拍。例如:

① 床前明月光/疑是地上霜/举头望明月/低头思/故乡。(李白《静夜思》)

② 床前/明月/光,疑是/地上/霜。举头/望/明月,低头/思/故乡。(李白《静夜思》)

(2) 分隔供选择或可转换的两项,表示"或";分隔组成一对的两项,表示"和";分隔层级或类别。例如:

③"那么+形/动",表示"那么"可以和形容词组合也可以和动词组合。(《现代汉语八百词·凡例》)

④ K571/K572 次列车

⑤ 我国的行政区划分为:省(直辖市、自治区)/省辖市(地级市)/县(县级市、区、自治州)/乡(镇)/村(居委会)。

例③中的"/"表示"或",例④中的"/"表示"和",例⑤中的"/"表示分隔层级。

三、标点符号的位置

1. 点号(句号、问号、叹号、逗号、顿号、分号)占一个空格的位置,居一个空格的左下方,而且不出现在一行的开头。

2. 标号中的引号、括号、书名号的前一半不能放在一行的末尾,后一半不能放在下一行的开头。省略号和破折号各占两个字的位置,不应分作两截而分放在上行的末尾和下行的开头。连接号和间隔号一般占一个字的位置。着重号、专名号标在字的下边,可以随字移行。

思考与练习

1. 给下面两段文字加上标点符号。

(1) 我们家的后园有半亩空地母亲说让它荒着怪可惜的你们么爱吃花生就开辟出来种花生吧我们姐弟几个都很高兴买种翻地播种浇水没过几个月居然收获了。

(2)人类在上百万年的历史中一直很依赖自然生活在一个慢吞吞静悄悄一到夜里就黑暗无光的世界那时没有电灯没有电视没有收音机也没有汽车人们只能在神话中用千里眼顺风耳和腾云驾雾的神仙来寄托自己的美好愿望我们的祖先大概谁也没有料到在最近的100年中他们的那么多幻想纷纷变成了现实20世纪的成就真可以用忽如一夜春风来,千树万树梨花开来形容。

2. 改正下列句子中使用不当的标点符号。

(1)师范院校的学生都必须学习《教育学》、《心理学》等公共必修课。

(2)"行喽,"小陈停了一会说:"叫我干什么我就干什么。"

(3)经过了两个月实习。同学们在树立长期从事教育工作的思想方面、在掌握教学规律方面、在了解小学生的思想状况方面、都有很大的进步!

(4)我回到家乡一看。嗬!一幢幢美丽的瓦房;一片片葱翠的农田;一条条笔直的渠道;真是翻天覆地的变化。

(5)祖国啊!!母亲!

(6)什么地方什么条件下可以种植什么样的药材?老农了如指掌。

(7)一个时期,诗人对于季节:春夏秋冬的自然描写特别多。

(8)引文要注意其"权威性"和"必要性"。

第八节 语法知识的应用

【目标要求】 了解《课标》对小学语法教学的要求,认识并掌握利用语法知识指导小学生正确理解和运用句子、标点符号、自然段的方法。

一、小学语法知识教学的要求

《课标》中有关小学语法知识教学的要求归纳如下:

(一)正确理解和运用句子的教学要求

第一学段(1—2年级)

结合上下文和生活实际了解课文中词句的意思。

第二学段(3—4年级)

1. 能联系上下文,理解词句的意思,体会课文中关键词句表达情意的作用。
2. 初步感受作品中生动的形象和优美的语言。
3. 尝试在习作中运用自己平时积累的语言材料,特别是有新鲜感的词句。
4. 学习修改习作中有明显错误的词句。

第三学段(5—6年级)

1. 能联系上下文和自己的积累,推想课文中有关词句的意思。
2. 修改自己的习作,并主动与他人交换修改,做到语句通顺。
3. 在口语交际中表达有条理,语气、语调适当。

(二)正确理解和运用标点符号的教学要求

第一学段(1—2年级)

1. 认识课文中出现的常用标点符号。在阅读中体会句号、问号、感叹号所表达的不同语气。
2. 根据表达的需要,学习使用逗号、句号、问号、感叹号。

第二学段(3—4年级)

1. 在理解语句的过程中,体会句号与逗号的不同用法,了解冒号、引号的一般用法。
2. 根据表达的需要,正确使用冒号、引号等标点符号。

第三学段(5—6年级)

1. 在理解课文的过程中,体会顿号与逗号、分号与句号的不同用法。
2. 根据表达需要,正确使用常用的标点符号。
3. 在口语交际中,表达有条理,语气、语调适当。

(三)正确理解和运用自然段的教学要求

第一学段(1—2年级)

1. 能认真听别人讲话,努力了解讲话的主要内容。
2. 听故事、看音像作品,能复述大意和自己感兴趣的情节。
3. 能较完整地讲述小故事,能简要讲述自己感兴趣的见闻。

第二学段(3—4年级)

1. 能初步把握文章的主要内容,体会文章表达的思想感情。
2. 能复述叙事性作品的大意。
3. 诵读优秀诗文,注意在诵读过程中体验情感,展开想象,领悟诗文大意。
4. 能把自己觉得新奇有趣或印象最深、最受感动的内容写清楚。
5. 听人说话能把握主要内容,并能简要转述。
6. 能清楚明白地讲述见闻,说出自己的感受和想法。

第三学段(5—6年级)

1. 在阅读中了解文章的表达顺序,体会作者的思想感情,初步领悟文章的基本表达方法。
2. 阅读叙事性作品,了解事件梗概,能简单描述自己印象最深的场景、人物、细节,说出自己的喜爱、憎恶、崇敬、向往、同情等感受。阅读诗歌,大体把握诗意,想象诗歌描述的情境,体会作品的情感。受到优秀作品的感染和激励,向往和追求美好的理想。阅读说明性文章,能抓住要点,了解文章的基本说明方法。阅读简单的非连续性文本,能从图文等组合材料中找出有价值的信息。

3. 能根据内容表达的需要,分段表述。

二、小学语法知识教学的要则

在《课标》中,虽然对语法知识的教学内容和要求做了明确的规定,但在具体教学建议中也指出:"在阅读教学中,为了帮助理解课文,可以引导学生随文学习必要的语文知识,但不能脱离语文运用的实际去进行'系统'的讲授和操练,更不应要求学生死记硬背概念、定义。"在关于语法修辞知识的具体教学建议中更是强调指出:"本标准'学段目标与内容'中涉及语音、文字、词汇、语法、修辞、文体、文学等丰富的知识内容。在教学中应根据语文运用的实际需要,从所遇到的具体语言实例出发进行指导和点拨。指导与点拨的目的是为了帮助学生更好地识字、写字、阅读与表达,形成一定的语言应用能力和良好的语感,而不在于对知识系统的记忆。因此,要避免脱离实际运用,围绕相关知识的概念、定义进行'系统、完整'的讲授与操练。""本标准通过所附的'语法修辞知识要点'对相关内容略加展开,大致规定教学中点拨的范围和难度;这一部分提到有关的名称,则便于教师在引导学生认识语言现象和问题时称说。关于语言结构和运用的规律,须让学生在具有比较丰富的语言积累和良好语感的基础上,在实际运用中逐步体味把握。"这就要求在小学语文教学中,要结合小学生的特点和语文教学的特点,利用恰当的教学手段和方法,进行精心的设计和安排,引导小学生正确理解和使用句子,正确理解和使用常用的标点符号,正确理解简单的自然段的结构层次,从而帮助学生准确深入地了解教材内容,领悟语言规律,提高理解和运用语言的能力。

(一) 引导学生正确理解和运用句子

1. 引导学生正确理解句子

(1) 结合上下文,正确理解句子的含义。

要正确理解句子的含义,必须弄清句子中关键词语的含义,这对于小学生而言,尤其重要。于永正老师执教白居易的《草》的教学实录片段就很好地解决了这一问题。

  师:读读这首诗,找出你看不懂的词句。
  生:"离离"我不懂。
  生:"原上"我不懂。
  生:"一岁一枯荣"我不懂。
  生:"野火烧不尽,春风吹又生"我不懂。

师:干脆一句话:都不懂!(笑声)没关系,于老师帮助你们读懂。这首诗是写哪儿的草呢?请看"离离原上草"中的"原"字。谁能用"原"这个字组个词语?

生:原因。

生:原来。

生:高原。

生:校原。

师:"校园"的"园"不是这个"原",以后老师告诉你。

生:草原。

生:原子弹。

生:原始人。

师:嗬!小朋友知道的还真不少!(指着刚刚板书在黑板上的上述词语)小朋友想一想,"离离原上草"的"原"指的是黑板上的哪一个词语?

生:草原!

师:大家同意吗?是的。这里的"原"就是指草原。"原上草",就是草原上的草。

草原上的草长得怎么样呢?请看——(师顺手在黑板上画了一幅"草原图")师:小朋友,草原上的草长得怎么样?

生:草原上的草长得很高,很密。

生:草原上的草长得很茂密,一棵挨着一棵。

生:草原上的草绿油油的,一眼望不到边。

师:说得太美了。聪明的小朋友看了这幅图,一定知道"离离"是什么意思了。谁说说? 生:"离离"就是茂盛的意思。

生:"离离"就是草长得很茂密,一棵挨着一棵。

师:说得完全正确!谁能把这一句的意思连起来说一说?

生:"离离原上草"就是草原上的草长得非常茂盛。

师:谁能看着图,说得再具体一点?

生:就是草原上的草长得很茂盛,绿油油的,一眼望不到边。

师:很好! 在看第二句"一岁一枯荣"。谁能用"岁"说一句话?

生:我今年8岁了。

生:我奶奶今年80岁了,还能做饭。

师:不简单! 祝她健康长寿!

师:小朋友刚才说的句子中都有"岁"字。第一个小朋友说,他今年8岁了,也就是说,他从生下来到现在几年了?

生:(齐声)8年了!

师:8岁就是8年,1岁呢?

生:(齐声)1岁就是1年!

选自于永正.于永正课堂教学实录I(阅读教学卷)[M].北京:教育科学出版社,2014.

在教学中,于老师设计一系列问题,抓住学生难以理解的几个关键词,引导学生深刻理解诗句的意思,还结合生活实际,借助诗句教学锻炼学生的语句表达能力。

(2) 理解句子的结构和语气特点。

1) 理清复杂句子的结构。

课文中的长句子,有的是结构比较复杂的单句,有的是复句。对于小学生来说,这种结构复杂的句子是理解的难点,我们可以运用抓主干法理清复杂句子的结构。结构复杂的单句,通常可以化繁为简:"谁/什么＋干什么/怎么样",我们可以引导学生找出句子的主干成分,然后依次找出附加成分,理清句子结构。例如:《端午粽》中有这样一句话:"粽子是用青青的箬竹叶包的,里面裹着白白的糯米,中间有一颗红红的枣。"这是一个长句,一年级的学生很难一下子弄清楚这句话的结构和内容。教师可以引导学生去掉修饰的词语,把握句子主干,读懂这句话的主干是介绍"粽子是什么?"的,将修饰性成分去掉,介绍"粽子是用箬竹叶包的,里面裹着糯米,中间有红枣。"这样,剔除修饰性成分,保留主干成分,有助于读懂长句的意思。对于复句,教师可以采取抓关联词法,引导学生理清句子的结构,从而理解句子的意思。例如:在教学"青蛙之所以能够具有这样一套特殊本领,主要是因为它有一双机能优异的大眼睛"教师可以抓住关联词语"之所以……是因为……",让学生明白这组关联词就是说明结果跟原因的关系的,不仅让学生弄懂这一个句子的含义,还可以用这种结构造句,掌握因果复句的结构关系和用法。

在教学中还可以利用比较法体会不同结构句子的特点与作用。例如:语文特级教师李吉林在教学《海底世界》时,采用比较法让学生感受、理解、欣赏和评价语言优美的句子。

出示板书;进行比较读

(1) 海底的动物常常会发出各种声音,你用水中听音器一听,就能听见各种声音:嗡嗡、啾啾、汪汪、呼噜。(指名读)

和课文上写的比一比。(齐读)

(2) "海底的动物常常在窃窃私语。有的像蜜蜂一样嗡嗡,有的像小鸟一样啾啾,有的像小狗一样汪汪,还有的好像在打鼾。"

体会体会哪一句好?

(课文上把海底的动物比作人一样,而且有许多悄悄话要说,写得挺神秘的。)

(用了"像……一样",又仿佛使我们真的听到了一样,更觉海底世界的奇妙。)

通过比较,学生就可以很清楚地了解句子的修饰成分的作用了。

2) 理解句子的语气特点。

同样的词语加上不同的语气形成不同的句类,可以表达不同的意思,不同的句类也可以表达基本相同的意思,只是语意轻重有别。在句子教学中,要引导学生注意语气的特点和作用。例如,在教学"母亲的慈爱,不就像这春天里太阳的光辉吗?"这个句子时,教师可以先提问学生,看学生能否准确说出句子的含义,以了解学生对反问句的了解程度。然后利用比较法,同时呈现这个句子的陈述句"母亲的慈爱,就像这春天里太阳的光辉"。使学生更具体深刻地感受到反问句的强调意味。在了解了反问句的作用之后,教师可以结合教学实际,选择让学生仿照这个反问句造句,并进一步讨论,引导学生探讨反问句的使用规律。

2. 引导学生正确运用句子

引导学生正确运用句子,主要包括两个方面,一方面是确立正确运用句子的规范,指导学生根据规范的正确的例句进行仿句、造句;一方面是结合语言运用的实际,纠正语病。

(1) 指导学生仿句、造句。

叶圣陶先生曾说:"语文教材无非是个例子。凭这个例子要使学生能够举一反三,练成阅读和作文的熟练技能。"在句子教学中应该通过学习例句,让学生学习句子的正确表达方式,起到举一反三的效果。仿句和造句是低年级句子教学中最常见的学习句子表达的方法。在仿句和造句教学时,教师引导学生先理解词语的意思,再让学生读课文中的例句,体会词语在句子中的用法;在句子表达正确完整的前提下,引导学生加上一定的限制、说明、修饰性内容,把句子的意思表达得更具体、丰富些。例如用"一会儿……一会儿……"造句,教师可以先举 2—3 个课文中出现的例句,让学生联系上下文体会句子在文中的表达,再通过对比,进一步理解"一会儿……一会儿……"的用法,在此基础上的模仿表达就水到渠成了。在学习句子表达时,仿句和造句一般应按照由短句到长句,由一句到多句的顺序,由易到难、由简单到复杂地引导学生学习表达内容各异的句子。

(2) 纠正学生语病。

结合学生语言运用的实际,发现并纠正语病,也是小学语文教学中运用语法知识的重要形式。在纠正语病时,教师应该利用语法知识,给学生深入浅出地指出造成语病的原因,修改病句,并通过同类语病的修改训练,让学生掌握发现和纠正语病的方法。如在修改病句"他穿着一件灰色上衣,一顶蓝帽子。"时,首先要引导学生找出该病句的病因,并举 2—3 个同类的病句,让学生掌握这类搭配不当的病句的修改方法。

"的""地""得"三个结构助词小学生在运用的时候经常会用错、用混,教师在教学中,可以结合具体的语言材料,引导学生正确掌握"的""地""得"的正确用法。下面的教学案例是比较成功的案例:

师:请小朋友看下面这三组句子:
(1) ① 蓝蓝的天空一望无边。
② 同学们将一束束绚烂的鲜花抛向天空。

③ 丹顶鹤有一身洁白的羽毛。
(2) ① 绿叶儿在风里沙沙地响。
② 大禹仔细地察看水流和地形。
③ 老鹰在空中自由地飞翔。
(3) ① 星星困得眨眼。
② 乡亲们感动得流下了热泪。
③ 狐狸馋得直流口水。

首先,请大家看第一组的三个句子,这几个句子中都有"的"这个字,你们发现"的"字后面的词语有什么特点了吗?

生1:"天空""鲜花""羽毛"都是很美丽的事物。

师:没错,还有哪位同学发现了不一样的特点?

生2:"天空""鲜花""羽毛"都是事物的名称,我知道它们都是名词。

师:你说得非常准确,"天空""鲜花""羽毛"都是名词,所以"的"后面跟的词语基本上是名词。下面请同学们"选词填空":

"的" "地" "得"

① 夜晚,塔上(　　)灯都亮了。
② 蛋壳里(　　)小鸡用小尖嘴啄蛋壳儿。
③ 小明能吹出动听(　　)歌曲。

这些例句选自学生熟悉的教材或学生的习作,例句的呈现使语文知识的教学更加直观,使处于形象思维阶段的小学生更容易理解。例如,结合第一组例句,教师可以引导学生发现,"的"后面跟的是像"天空、鲜花、羽毛"之类的名词。然后,再向学生呈现几个例句,让学生做填空练习,以巩固所学知识。

(二) 引导学生正确理解和运用标点符号

叶圣陶先生曾经说过:"标点很要紧。一个人标点不大会用,说明他语言不够清楚。"只有掌握标点符号的正确用法,学生才能更好地理解课文内容,才能在句子练习、写话、习作等训练中少犯错误、更加清楚明白地表述自己的意思。在小学语文教学中,阅读、习作、口语交际等各环节都涉及标点符号的理解和运用。指导学生正确理解和运用标点符号,主要通过句子教学、朗读教学以及习作教学进行。

1. 通过句子分析引导小学生正确理解标点符号

标点符号可以表达不同的语气、感情和意义,对于句子理解和运用都有重要的作用,在教学时,应该将几种常见的标点符号的用法放在具体的句子中,让小学生通过观察和比较,体会它们的用法。例如"鲸的种类很多,总的来说可以分为两大类:一类是须鲸,没有牙齿;一类是齿鲸,有锋利的牙齿"。统编本五年级上册《鲸》这一句话中,分别用了逗号、冒号、分号、句号。冒号前是总写,冒号后是两个并列的分句,两个分句之间用了分号。教师可以引导学生仔细观察比较,什么情况下用逗号,什么情况下用句号,什么情况下用冒号,什么情况下用分号。这样,学生对标点符号的用法就有了比较直接、具体的认识,对句子的理解也更加深入了。

2. 通过朗读引导小学生正确理解标点符号

在朗读教学中,指导学生有感情地朗读课文,是训练学生正确地认识标点符号,学会标点符号正确运用的一个重要手段。例如一年级上册中的"读一读":

丁丁说:"人类已经能登上月亮了,将来还要登上太阳呢!"
冬冬说:"太阳会把人烤焦的。"
丁丁说:"没关系,我们可以晚上去!"

指导学生进行朗读训练时,可以请两位学生扮演丁丁、冬冬,以对话的形式朗读。教师和学生评价他们读得怎么样?好在哪里?引导学生有感情地反复读,读出丁丁、冬冬对话时所表现的那种感情、语气,突出感叹号的特点。由此引导学生们理解感叹号的用法:用在句末,表达强烈的感情。教师在教学过程中,应注重帮助学生一边理解课文内容,一边加深对标点符号的重要性的认识,体会标点在表情达意上的特殊作用。

统编本五年级上册语文园地中有有关标点符号的训练:

读前两个句子,体会顿号和逗号的不同用法,再给最后一句加上标点。
它由圆明园、万春园和长春园组成,所以也叫圆明三园。此外,还有许多小园,分布在圆明园东、西、南三面,众星拱月般环绕在圆明园周围。
它的果实埋在地里,不像桃子、石榴、苹果那样,把鲜红嫩绿的果实高高地挂在枝头上,使人一见就生爱慕之心。
毽子越做越讲究 有黑鸡毛 白鸡毛 芦花鸡毛等 各种颜色的毽子满院子飞。

教师可以指导学生反复朗读前两个句子,看看逗号和顿号可不可以互相替换,仔细体会顿号和逗号在停顿时间长短上的差别,了解逗号和分号的用法后再指导学生给最后一个句子加上标点,还可以再找两个类似的句子让学生加标点,并进行朗读,让学生牢固掌握逗号和分号的用法。

3. 通过纠正错误引导小学生掌握常用标点符号的用法

小学生在造句和习作中经常用错标点,在朗读时也经常读错语气、停顿,教师在教学中,要注意利用学生在学习过程中出现的错误,有针对性地引导学生正确使用常用标点符号。

例如有的学生在学了疑问句之后,写作文的时候,凡是有疑问词的地方都用问号,而不管句子是不是疑问的语气。教师可以针对这一问题,利用教材中的例子,引导学生明白只有整个句子是表示疑问语气的,才需要打问号,如果不表疑问语气,就不用问号。例如"哪里要开山,哪里要架桥,哪里要把陡坡铲平,哪里要把弯度改小,都要经过周密的计算。"《詹天佑》句中的"哪里"并不表示疑问,所以不用问号。

同时，标点符号的位置在小学生的习作中也经常会出错，句号、问号、感叹号、分号、冒号、逗号、顿号，这七种点号在书写时都要紧挨着文字，放在文字的右边偏下，并占一个字格。引号、括号、书名号都用在文字前后，并占一个字格。这三种标号的前半边，可以出现在一行的开头，不能放在一行的末尾；后半边，可以出现在一行的末尾，不能放在一行的开头。省略号和破折号书写时都放在字格中部，占两个字格。它们可以出现在一行的开头，也可以出现在一行的末尾，但不能拆散使用，即不能出现前行末尾占一格，后行开头占一格的情况。这些用法需要老师在习作批改和点评时强调指出，让学生树立规范使用标点的意识。

（三）引导小学生正确理解自然段

自然段是文章的最小结构单位，是由句子到篇章的衔接单位，也是小学中年级阅读教学的重点内容之一。在教学时，可以运用有关句子的结构分析、标点符号、复句、句群等语法知识来引导小学生正确理解自然段。正确理解自然段，主要包括理解自然段中每一句话的含义和理清自然段中句子与句子的结构关系。

1. 理解自然段中每一句话的含义

（1）分清自然段中包含几个句子。

要理解自然段，首先要能分清一个自然段中有几个句子。一个自然段中有几个句子，一般可以从标点符号上分清楚。凡是一句话的末尾用的是句号、问号或感叹号，就表示一句话已经写完了，这就是一个完整的句子。有的句子句末用的省略号，这句话的内容已经说完了，也应该算一句话。这样，利用标点符号的知识，我们可以比较直观、有效地引导学生快速分清自然段中所包含的句子。

（2）理解每句话的含义。

分清了自然段有几个句子后，还要指导学生理解每句话的含义。理解句子的含义除了理解关键词语的含义之外，还要理清句子的结构，这就需要运用到学过的关于句子结构分析的语法知识：先要分析这些句子是单句还是复句，如果是单句，要找出它的主干成分和枝叶成分，句子的结构较为复杂的，可以指导学生用抓主干的缩句方法去理解。如果是复句，就要分析它有几个层次，相互之间的关系是什么。通过确认句子的结构，可以帮助学生读懂句子的意思。

2. 理清自然段中句子与句子之间的关系

自然段中，句子与句子的关系是多种多样的，包括并列、承接、递进、选择、解说、转折、因果、假设、条件、目的、总分等等关系。分析句子与句子之间的关系，理清自然段的层次，是正确理解自然段的关键。而自然段中句子与句子之间的关系与复句、句群的关系类型基本一致，教师可以利用复句及句群知识引导学生理解自然段。例如：《赵州桥》第三自然段：

"赵州桥不但坚固，而且美观。桥面两侧有石栏，栏板上雕刻着精美的图案：有的刻着两条互相缠绕的龙，嘴里吐出美丽的水花；有的刻着两条飞龙,前爪相互抵着,各自回首遥望;还有的刻着双龙戏珠。所有的龙似乎都在游动,像活的一样。"

教学时,教师可引导学生分析、理解以下问题:

1. 这个自然段里有几句话?

答案:三句。(通过标点符号来辨认)

2. 概括每句话的句意。

答案:第一句是写赵州桥坚固、美观。第二句是写赵州桥图案的精美。第三句是写龙像活的一样。(通过抓句子主干的方法概括句意)

3. 这段话里的几个句子是按怎样的方式组合起来的?

答案:先看句子与句子之间:三个句子是"总分总"的结构,即第一句先总述,第二句再分述,第三句最后总结。然后看句子内部:第二句是个复句,是个总分复句:冒号之前先总说,后面三个分句再分说,用"有的……有的……还有的"连接。

通过这样的分析,可以逐步引导小学生正确理解自然段的结构及含义。

思考与练习

1. 在小学语文教学中运用语法知识主要有哪些方面的内容?

2. 在句子教学中运用语法知识有哪些方法?

3. 设计一段搭桥引路的谈话,引导学生联系课文《松鼠》的内容,对"松鼠是动物。"这个短句进行扩句。

4. 下面是小学语文《太阳》中的一个自然段,请运用层次分析法分析这个自然段。第一步,说明这个自然段的大意,划分层次,指出层次之间的关系,并对主要部分进行二次划分;第二步,设计引导小学生认识这个自然段的简要步骤。

太阳虽然离我们很远很远,但是它和我们的关系非常密切。有了太阳,地球上的庄稼和树木才能发芽、长叶、开花、结果;鸟、兽、虫、鱼才能生存、繁殖。如果没有太阳,地球上就不会有植物,也不会有动物。我们吃的粮食、蔬菜、水果、肉类,穿的棉、麻、毛、丝,都和太阳有密切的关系。埋在地下的煤炭,看起来好像跟太阳没有关系,其实离开太阳也不能形成,因为煤炭是远古时代的植物埋在地层底下变成的。

第五章
修辞知识与应用

第一节　修辞知识概述

【目标要求】　掌握修辞的含义、修辞与语境的关系，领会修辞与语音、词汇、语法的联系和区别。

一、什么是修辞

一般说来，"修辞"一词有三个含义：第一，指客观存在的修辞现象；第二，指说话和写作中积极调整语言的行为，即修辞活动；第三，指以加强表达效果的方法、规律为研究对象的修辞学或修辞著作。

在通常情况下，人们总是把修辞理解为对语言的修饰和调整，即对语言进行综合的艺术加工。因此修辞就是依据题旨情境，运用恰当的语言手段，提高语言表达效果的一种活动。其中题旨情境包括修辞内容、接受对象和语言环境；恰当的语言手段包括词语的选用和配合，句子的锤炼和选择，运用特定的修辞方式，篇章结构和语体风格等。

二、修辞和语境

语言是人们的交际工具，人们的一切言语交际活动总是在一定的交际环境中进行的，语言学界称这种语言交际环境为语境。语境既包括语言语境，如书面语言的上下文、口语中的前言后语等，也包括情景语境，如交际的时间、地点、场合、时代、交际对象以及社会、文化背景、自然环境等。

同一思想内容可有各式各样的表达方式，可以选用不同的词语或句子来表达，采用哪种表达方式、什么样的语句最好，往往决定于特定的语言环境。表达效果的好坏，不完全在于语句本身，还要看在具体语言环境中如何修饰、调整语言形式。所以，语境既是进行言语活动的依据，也是检验修辞效果的依据。

例如古代写诗做文章时选词练字都是非常讲究的，目的是为了切合语境。相传古时有人写了一句"柳絮飞来片片红"的诗句，受到了同行们的讥笑，因为"红"字用在这里不通，跟"白"的柳絮相抵触。同行中有一位替他解围，就提笔又加了一句："夕阳方照桃花坞"，这么一句使原来用得不通的"红"字，都变得精彩起来了。因为夕阳正照桃花坞，红霞斜射，白的柳絮在红霞中飞扬，因而也就变成了"红"色了，这里用词由不通而至精彩，就是语境制约的关系。贾岛的诗句"鸟宿池边树，僧推月下门"，在韩愈的建议下把"推"字改为"敲"字遂成"推敲"佳话，实际上也是为贴合诗中的语境才修改的。

三、修辞同语音、词汇、语法的关系

语音、词汇、语法是语言的三要素，修辞则是从表达方式、表达效果的角度去研究

语音、词汇、语法的运用的。修辞同语音、词汇、语法之间既不是并列关系,也不是从属关系,它们各是语言学科的一个分支。由于修辞立足于语言运用,它同语音、词汇和语法理所当然地存在着复杂而又密切的关系。

(一) 修辞同语音的关系

修辞和语音各有其研究对象,语音以语言声音的性质、结构规律为研究对象,修辞研究运用语言因素、语言规律来提高表达效果,自然要注重研究谐音、叠音、拟声、双声、叠韵、平仄、押韵、字调、语调、重音、轻声、停顿、音节、节奏和儿化韵等语言现象。研究这些语音现象在特定思想内容和语境中表现出来的感情色彩、意义的心理重心、音律美感和鲜明的民族风格。不少修辞方式是利用语音条件体现修辞效果的,如双关、对偶、拈连、歇后、摹声、同字、谐音、讳饰、借代、飞白等。

语音在增强音律美和突出语义方面为修辞提供条件,丰富了修辞方式的内容;修辞则通过积极调动语音因素扩大了语音的功用。语音修辞是修辞研究的一个重要方面。

(二) 修辞同词汇的关系

词汇研究的是词义,词的构成,词汇的形成、发展变化及其规范化等内容,修辞则是从筛选、锤炼的角度去研究词语运用的,这就势必要从声音、形体、意义、色彩、用法等方面对词语加以调遣、安排,也必然用到各种各样的语言建筑材料,如同义词、反义词、多义词,同音词,褒义词、贬义词,外来词、古语词、行业语以及熟语等。

词汇为词语的筛选锤炼、为形成具体的修辞方式提供必要条件,几乎所有修辞方式都同词汇有关,如语义双关、反语、仿词、婉曲、对偶、对比、借代、通感、夸张、顶真、回环、拈连、反复、比喻、移就、歇后等。词语修辞是修辞体系中的一个组成部分。修辞使词汇在语言运用中发挥了重要而广泛的作用。

(三) 修辞同语法的关系

修辞同语法的关系更为密切。一般说,讲究修辞要以合乎语法为基础。话说得合乎语法,语句写得合乎语法,才有调整加工的可能,合乎语法是讲究修辞的先决条件。话语和文章的意蕴、气势、力量、情采、跌宕等方面的效果往往要靠句式的选用和调整,要靠句群的有效组织,如讲求句的长短、句的整散、句的分合,讲求句的繁简、句的常式与变式等。有时看来不合语法的句子,却是修辞利用超常特点加工的结果。

语法和修辞虽然都离不开句子和句群,但修辞主要是从同义形式选择的角度研究句子和句群的表达效果的。句子、句群有各种类型,选用什么样的句式,组织什么样的句群,是由表达的需要和要获得什么样的修辞效果决定的。

语法为修辞现象、修辞规律的体现提供表现形式,没有句子和句群,也就没有体现修辞外在形式的语言模式,比如没有语法上的并列句,也就没有修辞的对偶、对比、错综、排比、顶真、回环等修辞方式。句法修辞内容的丰富多彩,说明了修辞在语言运用中扩大了语法的功用。

修辞与语音、词汇、语法既有区别又有联系:对于修辞来说,语言三要素是修辞的手段和基础,也是修辞要调动、加工的语言材料;就语言三要素来说,修辞是对它们的综合的艺术加工,是它们的高级体现。

思考与练习

1. 有人说:"修辞就是咬文嚼字,就是雕琢词句、卖弄文字技巧。"这种说法对不对?为什么?

2. 结合实例,谈谈修辞同语境的关系。

3. 修辞同语言三要素有什么关系?明确它们的关系对学习和研究修辞有什么好处?

第二节 修辞知识:词语的锤炼

【目标要求】 掌握从意义(内容)和声音(形式)两方面锤炼词语的方法,并以此提高巧用词语的能力。

词语的锤炼,古人叫作"炼字",这是我国传统的修辞艺术。锤炼的目的,在于寻求恰当的词语,既生动、贴切,又新鲜、活泼地表现人或事物,就是说,不仅要求词语用得对,还要求词语用得好。词语锤炼需要富于创新精神。所谓"创新",并不是要求我们一味去追求那些华丽辞藻,也不是要求另创新词。许多看来异常平淡的词语,只要调遣得体,就能淡中藏美,平中寓奇,具有表达的魅力和活力。要经常从生活的无穷源泉中汲取营养,不断丰富和提高使用词语的技巧,否则就只能重复或简单地套用前人的语言,使作品失去表现力,也就很难推陈出新。

锤炼词语,一般从内容(意义)和形式(声音)两方面着手,二者紧密联系,相辅相成。表意确切,声音和谐,才能使词语及其所关联的句子具有深刻的含义、高远的意境,收到比较完满的表达效果。

一、意义的锤炼

意义是词语的内容、词语的灵魂,意义是选好词语的核心问题。从意义入手选用、锤炼词语,才能在表达上获得精当贴切、简洁明晰、幽默风趣和含蓄深厚等效果。意义的锤炼牵涉以下几方面的问题。

(一)仔细观察,选择有表现力的词语

修辞要以健康的思想感情为立足点和出发点,以对客观事物的细致深刻的观察为依据,去选择恰到好处的、特别具有表现力的词语。

例如，王维千古名句"大漠孤烟直,长河落日圆"中,一个"直"字,写出了沙漠里渺无人烟的广袤意境;一个"圆"字,把落日的浑圆柔和描写得惟妙惟肖。《红楼梦》第四十一回里说:"'大漠孤烟直,长河落月圆'。想来烟如何直？日自然是圆的。这'直'字似无理,'圆'字似太俗。要说再找两个字换这两个,竟再找不出两个字来。"这就是"诗的好处,有口里说不出来的意思,想去却是逼真的;又似乎无理的,想去竟是有理有情的"。这段话道出了这两句诗高超的艺术境界。诗人出于对人和事物的细致深刻的观察,才能见微知著,才能发现其中最有特征的东西,才能筛选出最妥帖的词语,给以集中突出的表现。

(二) 讲求规范,选择准确的词语

准确、妥帖是用词第一要求,它不仅要求用词能毫不含糊地反映客观事物,妥帖地表达思想感情,而且还要求所用词语能切合内容、语境的需要,因需而发,因情而用。

例如,近年来各新闻媒体和司法领域中经常使用"犯罪嫌疑人"一词,意思是"有犯罪嫌疑而未被定罪的人"。而以前此种情况往往一律称"罪犯"或"犯罪分子",即使以后证明无罪,但被抓获时也称"犯罪分子"。两者相比,自然是"犯罪嫌疑人"更准确,因为只有犯罪证据确凿,并通过司法程序证明其有罪的人,才能称为"犯罪分子"。因此,"犯罪嫌疑人"与"罪犯""犯罪分子"之间,不仅存在词语意义的差别,与此紧密相关的是"有罪"与"无罪"之间的本质差异。这两个词的比较,充分说明了用词准确的重要性。

(三) 关注语境,选择得体的词语

词语的合理配合可以显示具体词义的确定性,而词语的巧妙配合还可以收到词义明确以外的效果:或增添新意,或附加色彩,或一语双关,或弦外有音,或陡增文采。词语的配合、照应以及表达上的整体和谐,并非仅靠句子内部相关词语所能体现的,因此,锤炼词语还应掌握本句以外的上下文的语境因素对词语制约的情况。

例如,王愿坚的作品《前辈和后辈之间》有这样的句子:① 严班长很欣赏这么三句话:严肃的态度、严格的要求、严密的组织。② 这些记述过去长征的片段故事,好比当时一根火柴、一把野菜、一条标语,虽然质量不高,味道也不强,但它却能对在今天的新的长征战士们起一点御寒、充饥、添劲的作用。例①中的"严肃""严格""严密"分别同"态度""要求""组织"各得其所地搭配起来,用词自然、恰当。例②中的"御寒"与"一根火柴"前后照应,"充饥"与"一把野菜"前后照应,"添劲"同"一条标语"上下相承,它们配合自然,呼应紧密,形成表达上的整体和谐。

(四) 注意情感,选择色彩鲜明的词语

词语色彩是否分明直接关系用词是否确切,表达是否鲜明有力。词语的色彩表现在三个方面,即感情色彩、语体色彩和形象色彩。

1. 词语的感情色彩要鲜明

词语的感情色彩是指词语反映客观事物时,或表达者选用词语时表现出来的不同态度与感情。词语的感情色彩分为三类:褒义、贬义和中性。不同的感情色彩或通过词义的褒贬体现出来,或借助词语的配合体现出来,或靠语境、修辞手法体现出来。

例如,夸奖对方口才好,要用"口若悬河"而不是"夸夸其谈",因为"口若悬河"是褒义,"夸夸其谈"属贬义,前者的感情色彩更符合情境。再比如,课堂上教师提出问题要求学生回答,很多学生积极举手,如果用一个词来形容的话,"跃跃欲试"显然比"蠢蠢欲动"好,虽然理性意义相近,但感情色彩不同,中性词"跃跃欲试"比贬义词"蠢蠢欲动"更符合语境。

2. 词语的语体(风格)色彩要鲜明

文章有不同的语体风格,恰当地选用词语是形成语体风格色彩的重要因素之一。词语的语体色彩差别可以从通常用语和专门用语的角度观察,也可从口语词语和书面词语的角度观察它们各自的特点。它们有的可通用于几种语体,有的则只适用于某种特定语体。在通常情况下,具有某种语体色彩的词语只有运用到同一语体中,才能取得表达风格上的和谐一致。

例如,文艺语体中的戏剧语言,作者不仅要根据生活构思情节,而且也在生活中提炼对白。这种对白必须是"话到人到",必须简洁明快、通俗易懂,有鲜明的生活气息与时代色彩。作家曹禺的剧本中的人物对白便力求大众化、口语化,这从他对对白用词的修改中可以看出。例如《雷雨》中管家鲁贵对女儿四凤说的原句是:"你看你,告诉你真话,叫你聪明点,你反而生气了。唉,你呀!"后改为"你看你,告诉你真话,叫你聪明点,你倒生气了!唉,你呀!"将副词"反而"改成"倒",不仅对白通俗、浅显、顺畅了,而且也更符合说话人的身份、教养和经历。

3. 词语的形象色彩要鲜明

做诗行文有时讲求着色,即为了修辞的需要着意突出颜色。颜色可以给人最直接的刺激、最敏感的美,也就容易产生最富有感情的暗示、最有光彩的想象、最强烈深沉的情调,所以文字的着色像颜料的色彩一样,会给人以丰富的联想和感受。

例如,朱自清的散文《绿》,写了"油油的绿意,闪闪的绿色,醉人的绿,奇异的绿,平铺着的、厚积着的绿,像少妇拖着的裙幅,有鸡蛋清那样软、那样嫩,宛然温润的碧玉"。作者着力渲染了绿,给这个普通的、单一的颜色创造出丰富多彩的形象说法,在引起人们美妙联想的同时,还给人浓重的色彩感和含蕴无边的意境美,可谓情采兼具。

二、声音的锤炼

传情达意要借助完美的语言形式,声情并茂离不开语音的配合。词语的声音美体现在:音节整齐匀称,声调平仄相间,韵脚和谐自然以及叠音词语与双声叠韵词语的恰当运用等方面。

(一)注意音节整齐匀称

古人写诗做文,喜欢用偶句,讲究对称句法。例如范仲淹的《岳阳楼记》中,"衔远山,吞长江"这个对偶句由两个动宾短语组成,动词"衔""吞"相对,有动态和活力,表现了洞庭湖的磅礴气势;形容词"远""长"相对,名词"山""江"相对,对仗极工。六字写洞庭湖,是粗线条的大写,极壮阔,极见气势。

现在写作固然不必求工整藻饰和严格骈俪,但适当注意音节配合,可以增强文章的节奏感和气势。例如朱自清的《匆匆》中的"燕子去了,有再来的时候;杨柳枯了,有再青的时候;桃花谢了,有再开的时候。"句子中的"去、枯、谢"分别与"来、青、开"对应使用,在音节上对称配合,变化多样,使形式匀称整齐,节奏韵律随之增强,意思得到强调,印象也更为深刻。

(二)注意声调平仄相间

在律诗里,平仄在本句中是重叠交替的,在对偶句中是相互对立的。这两大类声调在诗词中有规律地交替使用,也就造成了诗词音调抑扬起伏、悦耳动听的音乐美。例如王之涣的"白日依山尽,黄河入海流。欲穷千里目,更上一层楼"。诗句中的平仄为"仄仄平平仄,平平仄仄平。平平平仄仄,仄仄仄平平"。这样一句中平仄相间,一联中平仄相对的搭配,使得节奏和谐优美,声调抑扬顿挫。

在现代诗歌和散文中,当然不必唯古是从,但适当注意平仄变化,充分利用汉语语音的特点,使作品获得音乐美感,还是很有必要的。例如在句子"瑰丽端庄的中山公园,绿树成荫,花坛巧布,彩练横空,千红万紫。"中,习惯的说法是"万紫千红",为了在平仄上与前面相照应,改为"千红万紫",通过适当改变词语的结构使得音调更加和谐了。

(三)力求韵脚和谐

声音美同押韵有密切关系,诗歌是讲究押韵的。音节匀称、整齐就有节奏感,如果再安排好韵脚,就会和谐悦耳,朗朗上口。有些散文是当诗来写的,为了加强表达效果,也很讲究押韵,虽然间隔长了些,也不那么严整,但仍然让人感到韵律的回环美,给人以艺术享受。试看《敬爱的周恩来总理永垂不朽》里送灵场面的几段解说词:

① 泪水模糊了我们的双眼。灵车隔断了我们的视线。敬爱的总理呀!我们多么想再看一看您,再看一看您哪!

灵车队,万众心相随。哭别总理心欲碎,八亿神州泪纷飞。红旗低垂,新华门前洒满泪。日理万机的总理啊,您今晚几时回?

长夜无言,天地同悲。只见灵车去,不见总理归。

这几段解说词,于疏散自然中显示出整齐严密的美。韵随意转,声音回环而低沉。万众哀思潮涌、悲痛欲绝的情景,宛然可见。尽管句子的韵脚和押韵形式各不相

215

同,但它们都是通过同韵相押使句子的末尾字音跌宕回环,同声相应,给人以和谐悦耳的美感。正是这个原因,有时需要改变词语结构,或者换用同义词语,以求押韵。例如:

②敬爱的周总理,您为祖国山河添光辉,您为中华儿女振声威,您不朽的业绩永世长存,您光辉的名字青史永垂。

例②"永垂青史"是成语的原有格式,为了韵的统一、和谐,改为"青史永垂"。

(四) 讲求叠音自然

叠音,古时叫作"重言"或"复字"。恰当地运用叠音词语,可以突出词语的意义,加强对事物的形象描绘,增强音乐美感。袁鹰在《井冈翠竹》的开头写道:"井冈山五百里林海里,最使人难忘的是毛竹。从远处看,郁郁苍苍,重重叠叠,望不到头。到近处看,有的峻峭挺拔,好似当年山头的岗哨;有的密密麻麻,好似埋伏在深坳里的奇兵;有的看来出世还不久,却也亭亭玉立,别有一番神采。"这段描写,反映了从远到近的观察过程。"从远处看",不能看得十分真切,就用"郁郁苍苍""重重叠叠"这两个叠音词,把井冈山林木繁茂、满眼翠绿、生机勃勃的一派大好风光,展现在读者面前,在读者脑海里映现出一个"林海"的形象。"到近处看",看得很清楚了,又用叠音词"密密麻麻""亭亭"来具体描绘毛竹的各种形态。这样写,节奏感强,声音优美,能准确地反映客观事物的实际情况。

(五) 讲求双声叠韵配合

汉语里独有的双声词、叠韵词,在语言表达上,具有特殊作用。双声叠韵词语的恰当运用,可以形成一种回环的美。这种修辞效果,靠两者相连、相对,彼此应和,但更主要靠在对仗中显示出来:或双声对双声,或叠韵对叠韵,或双声对叠韵。例如鲁迅诗句"梦里依稀慈母泪,城头变幻大王旗","依稀"和"变幻"是叠韵对叠韵,在上下联对仗中短声和长韵互相配合,再加上平仄相谐,声音回环荡漾,有悦耳的美感。

思考与练习

一、读下面的句子,从词语声音的角度说明修辞效果。

1. 小草偷偷地从土里钻出来,嫩嫩的,绿绿的。……风轻悄悄的,草软绵绵的。

2. 奶奶指挥我大伯,把家里那头毛驴牵出来。毛驴套上车,奶奶一双三寸金莲三步两脚,腾腾腾腾已奔至院门外。

3. 须晴日,看红装素裹,分外妖娆。

4. 春节是万家团圆、共享天伦的美好时分。游子归家,亲人团聚,朋友相会,表达亲情,畅叙友情,抒发乡情,其乐融融,喜气洋洋。

5. 白日依山尽,黄河入海流。欲穷千里目,更上一层楼。

二、读下面的句子,说明词语意义锤炼的修辞效果。

1. 他不回答,对柜里说:"温两碗酒,要一碟茴香豆。"便排出九文大钱。(鲁迅《孔乙己》)

2. 他从破衣袋里摸出四文大钱,放在我手里,见他满手是泥,原来他便用这手走来的。(鲁迅《孔乙己》)

3. 白求恩同志,我也要批评你两句。你不很注意——不,是很不注意——自己的健康!(电影《白求恩大夫》)

4. 一辆摩托车,两箱行李,一件雨衣,半身泥泞。成千上万辆摩托车,在寒风中呼啸而过。在中国,返乡摩托大军正成一个庞大而备受瞩目的群体。(新华每日电讯 2015-2-9)

三、比较下面各组句子在表达上有什么不同。

第一组:

① 山愈聚愈多,渐渐暮霭低垂了,渐渐进入黄昏了,红绿灯渐次闪光,而苍翠的山峦模糊为一片灰色。

② 山愈聚愈多,暮霭低垂了,进入黄昏了,红绿灯闪着光,而苍翠的山峦模糊为一片灰色。

第二组:

① 那时候,天气还很冷,潍河里还在流着冰水,平原上整天价在刮着老黄风。

② 那时候,天气还很冷,潍河里还在流着冰水,平原上整天价在刮着扬天揭地的老黄风。

第三节　修辞知识:句式的选择

【目标要求】　理解长句和短句、整句和散句、主动句和被动句、肯定句和否定句、口语句式和书面语句式的特点和表达作用,并根据思想内容、言语环境和语体的要求,学会选用这些句式。

从修辞的角度说,句式的选择,在较多的情况下就是同义句式的选择。修辞上所谓的同义句式指的是表示相同或相近的意义而在风格色彩、修辞功能、表达效果方面存在细微差别的一些句式。句式选择的主要依据大体是:① 根据不同句式本身表意的鲜明程度;② 根据不同语境,特别是上下文的需要;③ 根据上下文句子主语的异同等。

说话、写文章时,要有"一样话,百样说"的意识,要讲求句子的变换方法,要训练选择不同句式的能力。善于选择句式、调整句式,可以有效地添加文采,增强语言的表现力,收到理想的修辞效果。汉语的句子有多种类型。这里主要是从修辞角度谈同义句式选择并比较它们的表达效果。

一、长句和短句

长句是指词语多,结构复杂的句子;短句则相反,是指词语少,结构简单的句子(包括复句中的分句)。

长句和短句各有修辞效果。长句的修辞效果是表意周密、严谨、精确、细致,短句的修辞效果是表意简洁、明快、灵活。政论、科技语体一般多用长句,文艺语体一般多用短句,但是在较多的情况下都是长短句配合使用的。

就长句的结构形式来看,一般包含下列四种情况:一是修饰语较多,二是联合成分较多,三是某一成分结构复杂,四是分句中结构层次较多。短句的表现形式则刚好相反。试比较下面两例。

① 他是一个身体健康、学习刻苦、工作积极并且立志为中华之崛起而读书的三好学生。(长句)

② 他是个三好学生。他身体健康,学习刻苦,工作积极,立志为中华之崛起而读书。(两个短句)

例①句子之所以长,是由于修饰语多,"学生"前有一个定语是联合短语,内中联合成分较多,也可以说该句成分较复杂,分析起来自然层次较多。例②是由一个单句和一个复句组成的句群,单句内的定语少而短,复句内四个分句都没有定语和联合成分,由有联合关系的短分句组成联合复句。例②也可以用逗号代替第一个句号,变成前后有解说关系的复句,共五个分句,形式上都是短句。

有时从内容和修辞上考虑,都不宜使用长句,那么我们宁可把长句化为若干短句。长句化短,办法很多,下面只讲两种常见的办法:

第一,把长句的附加成分抽出来,变为复句里的分句,或者单独成句(可以是单句,也可以是复句)。例如:

③ 本着可开可不开的会议不开,可缓开的会议缓开,必须开的会议做好准备,缩短会议时间,能下去开的会议就下去开的精神,第一季度就减少了四次全县性的会议,需要召开的会议也缩短了召开时间。

在这个复句的第一分句里,由于"精神"一词带了一个由四个主谓短语构成的联合短语充当的长定语,使介词"本着"同"精神"相距太远,从而整个复句也就显得冗长,叫人难以卒读。可以更动如下:

④ 本着精简会议的精神,可开可不开的会不开,可缓开的会缓开,必须开的会做好准备,缩短会议时间,能下去开的会就下去开。这样,第一季度减少了四次全县性的会议,需要召开的会也缩短了会议时间。

这样,将定语抽出来,让它们各自独立成分句,于是句子便由长化短,文意就更清楚有力,而听起来也容易理解。

第二,把复杂的联合短语拆开,重复跟联合短语直接相配的成分,形成排比并列

句式。例如:

⑤ 这出戏一开始就给观众展现了草原上欣欣向荣的大好风光和牧民群众为开辟草原牧场、架设桥梁而战斗的动人场面。

这个单句要改短,可以拆开联合短语,将"和"改为",",补上"展现了",就可构成包含两个并列分句的复句。可以更动如下:

⑥ 这出戏一开始就给观众展现了草原上欣欣向荣的大好风光,展现了牧民群众为开辟草原牧场、架设桥梁而战斗的动人场面。

二、整句和散句

结构相同或相似的一组句子叫整句。相反,结构不整齐、各式各样的句子交错运用的一组句子叫散句。

整句形式整齐,声音和谐,气势贯通,意义鲜明。例如:

① 真的猛士,敢于直面惨淡的人生,敢于正视淋漓的鲜血。(鲁迅《记念刘和珍君》)

上例用两个谓语字数相等的分句,既写出了鲁迅先生在白色恐怖下的激愤情绪,又表达了他对刘和珍的无比敬佩之情。

散句散而不乱,较灵活,容易避免单调、呆板,能取得生动、活泼的效果。例如:

② 在一个炎热的夏天中午,地头树荫下坐着一群歇晌的人,忽然从大路上老远走过来一个人,大伙挺纳闷:是谁呢,顶着这么毒的日头赶路?(柯岩《追赶太阳的人》)

上例由三个分句组成,但这三个分句结构都不相同。有的是主谓句形式,有的是非主谓句形式,有的是主谓句里的省略形式,各种句式交错运用,层次起伏变化,收到了和谐统一的艺术效果。

整句和散句各有其修辞作用:整句一般多用于诗歌、唱词、抒情散文等;散句一般多用于叙事、说理的文章。这其中并没有清楚的界限,但有一个"度"的问题。较多的情况是整散结合使用。一般来说,作者想把意思或情感的重心放在什么地方,这个地方往往用整句来表达。

三、主动句和被动句

一件事情里既有施事又有受事,表达时可以用施事做主语的主动句式,也可以用受事做主语的被动句式。在什么情况下用主动句,在什么情况下用被动句,同陈述的对象和语境有密切关系。如果以施事做陈述的对象,就宜用主动句;如果以受事做陈述的对象,就宜用被动句。主动句的谓语动词是没有限制的,被动句的谓语动词则是有限制的,全句一般表示不怎么情愿的意思,所以被动句比较少用。但有些场合,选用被动句倒比选用主动句更合适。通常有两种情况：

第一，强调受事，而施事不需要说出，或不愿说出，或无从说出时，就要用被动句。例如：

① 忽而一个红衫的小丑被绑在台柱子上，给一个花白胡子的用马鞭打起来了，大家才又振作精神的笑着看。（鲁迅《社戏》）

② 小飞家原来也住在橙子家住的大院子里，1967年被强迫搬迁到现在的房子里。（吴强《灵魂的搏斗》）

例①为强调受事"小丑"怎么样，施事在下文就要提到。例②的施事是不愿说出或无从说出的。上述情况也可以说施事隐而不显地体现了某种修辞作用。

第二，在特定的上下文里，为了使前后分句的主语保持一致，为了使叙述的重点突出，语意连贯，语气流畅，也宜用被动句。试比较下面两句：

③ 在我们厂里，她是有名的劳动带头人；去年大家选她为劳动模范，今年，她又做出了新成绩。

④ 在我们厂里，她是有名的劳动带头人；去年她被大家选为劳动模范，今年，她又做出了新成绩。

例③第二分句选用了主动句，改变了陈述对象。第一分句和第三分句都说"她"怎么样，第二分句却说"大家"怎么样，不但前后分句的主语不一致，使叙述失去了重点，而且语气也不流畅。将例③改成例④，第二分句改用被动句，突出了叙述的重点"她"，同时使前后分句主语保持一致，意思就前后贯通了。

四、肯定句和否定句

对事物做出肯定判断的句子，叫肯定句；对事物做出否定判断的句子，叫否定句。同一事物或意思虽然可以用肯定句表示，也可以用否定句表示，但两者语意的轻重、强弱有别。例如"今天天气好。"和"今天天气不坏。"两句的意思基本相同，可是肯定的说法，语意强些，否定的说法，语意弱些。

否定句有单重否定句和双重否定句。单重否定句只有一次否定。例如：

① 这时，在我周围，已不是一个严寒的冰雪之夜，眼前蓦地看见千百万盏灯火的海洋。（曹禺《我们的春天》）

② 这三千里江山已不再是孤零零的半岛，而是保卫人类……和平的前哨。（杨朔《三千里江山》）

单重否定句比起肯定句来，虽然语意轻些、弱些，但是如果它同肯定句并用，或用否定来衬托肯定，或用肯定来衬托否定，那么作者所要肯定的意思就会表现得十分鲜明，如例②。

双重否定句最常见的是先后连用两次否定，也可以用一个否定词再加上否定意义的动词或反问语气。双重否定表示肯定的意思。双重否定句比一般的肯定句语气

更强,更加肯定。例如:

③ 古往今来,每一场真正的革命,都是大大推动社会生产力发展的。

④ 古往今来,没有一场真正的革命,不是大大推动社会生产力发展的。

例③是肯定句,表示一般的肯定语气。例④是双重否定句,用"没有……不是"表示十分肯定,使意思强化了。例如:

⑤ 你不能不让人乐于为你而生,勇于为你而死,为了你而奋发前进!(魏巍《战士和祖国》)

这句话如果改成"你会让人乐于为你而生,勇于为你而死……",语气就会减弱。有的双重否定句可用来表示一种委婉的语气。例如:

⑥ 我们不能不感谢那些地质勘探队。(杨朔《戈壁滩上的春天》)

这句如果改成肯定句,便失去委婉的、迂回曲折的语气了。

五、口语句式和书面语句式

现代汉语的口语和书面语基本上是一致的,它们所使用的句式大体上也是相同的,称之为通用句式。但是从句式使用的经常性来看,口语和书面语仍然存在着差别。因此,我们可以把口语里经常出现而在书面语里较少出现的句式,叫作口语句式;把书面语里经常出现而在口语里较少出现的句式,叫作书面语句式。两种句式的不同主要表现在以下几个方面:

第一,口语句式结构比较简单、松散,多用短句;书面语句式结构比较复杂、严谨,较多使用长句。例如:

① 看管房子的是位六十多岁的老人,叫邹文楷,身材矮小,模样儿寻常。(杨朔《海罗衫》)

② 看管房子的是位身材矮小,样貌寻常,六十多岁的老人,名叫邹文楷。

例①是口语句式,例②是书面语句式。例①句式松散,一方面可以避免长定语,另一方面使邹文楷的形象更加突出,给人较深的印象。例②里使用了较复杂的并列成分,结构整齐匀称,表达严密。

第二,口语句式要求简练,关联词语用得少些或不用;书面语句式因为要求严密的逻辑性,关联词语用得较多。例如:

④ 南坡庄人穷人多,(所以)地里的南瓜豆荚常常有人偷。(因此)雇着看庄稼的也不抵事,各人的东西还得各人操心。(赵树理《田寡妇看瓜》)

例④括号里的连词,原书是没有的。可以用上关联词语,但作者没用,也不会造成误解。

221

⑤ 在研究矛盾特殊性的问题中,如果不研究过程中主要的矛盾和非主要的矛盾以及矛盾之主要的方面和非主要的方面这两种情形,也就是说不研究这两种矛盾情况的差别性,那就将陷入抽象的研究,不能具体地懂得矛盾的情况,因而也就不能找出解决矛盾的正确的方法。(毛泽东《矛盾论》)

例⑤中加着重号的关联词语如果省略不用,文意就变得和原来不一样,有的虽然大意不变,但那种强调的语气就没有了。

有些口语句式和书面语句式选用的关联词语也不同。例如:

口语句式选用"要是";书面语句式多用"倘若、假使、假若"等。

第三,书面语比较讲究语言规范,注意句子的加工,有时沿用一些文言句式。例如:

⑥ 值此联合国教科文组织举行的世界文化政策大会召开之际,我谨代表中国政府向大会致以热烈的祝贺。

"值此……之际"就是文言句式,有一种庄重典雅的色彩。

此外,口语句式和书面语句式在所运用的词语方面,也具有明显的风格色彩上的区别:口语句式大都由通俗的口语词组成,书面语句式大都由文雅的书面语词组成。

总体来说,口语句式的修辞作用主要是简洁、活泼、自然,书面语句式的修辞作用主要是严谨、周密、文雅。

思考与练习

一、分析下面各组的原句和改句,说明它们属于哪种句式变换,再指出改句的修辞效果。

A. 原句:苏轼有"罗浮山下四时春,卢橘杨梅次第新。日啖荔枝三百颗,不辞长作岭南人"一诗,久为人所传诵。

改句:苏轼有名诗云:"罗浮山下四时春,卢橘杨梅次第新。日啖荔枝三百颗,不辞长作岭南人。"久为人所传诵。

B. 原句:他告诉将军:因为天气太热,要多喝开水,等会来了咸菜要猛吃。告诉他:下班时候要把鞋里的沙土倒干净,要不走到家就会打泡的!还告诉他:睡觉前要用热水烫烫手脚。

改句:他告诉将军:因为天热要多喝开水,等会儿来了咸菜要猛吃;下班时候要把鞋里的沙土倒干净,要不到家会打泡的;睡觉前要用热水烫烫手脚。

第四节　修辞知识：常用辞格

【目标要求】 掌握比喻、比拟、借代、拈连、夸张、双关、仿词、反语、婉曲、对偶、排比、层递、顶真、回环、对比、映衬、反复、设问、反问、通感、移就等辞格的定义、特点、分类和表达作用，明确运用这些辞格时要注意的问题，特别要分清容易混淆的辞格之间的异同。

辞格也称"修辞格""修辞方式"和"修辞格式"，是为提高语言表达效果而形成的各种修饰、加工语言的特定格式。辞格是人们在长期运用语言的过程中产生和发展起来的。辞格多种多样，各有其特点和表达效果，这里选出常用辞格 21 个，分别加以讲析。

一、比喻

比喻就是打比方，是用本质不同又有相似点的甲事物描绘乙事物或说明道理的辞格，也叫"譬喻"。比喻里被比方的事物叫"本体"，用来打比方的事物叫"喻体"，联系二者的词语叫"喻词"。本体和喻体必须是性质不同的两种事物，利用它们之间某一方面的相似点来打比方，就构成了比喻。比喻的作用有三：一是使深奥的道理浅显化，帮人加深体味；二是使抽象的事物具体化，叫人便于接受；三是使概括的东西形象化，给人鲜明的印象。

（一）比喻的基本类型

比喻主要可分三类：明喻、暗喻、借喻。

1. 明喻

明喻的构成方式是本体、喻体都出现，中间用"像、如、似、仿佛、犹如、有如、一般、像……似的"等一类的喻词。例如：

　　① 油光碧绿的树叶中间托出千百朵重瓣的大花，那样红艳，每朵花都像一团烧得正旺的火焰。（杨朔《茶花赋》）

　　② 这是一种像个小钟儿似的紫色的花，像"满天星"菊花似的密密麻麻簇生着。（秦牧《草原的花》）

喻词"一样、似的、一般"等有时单独放在喻体后面，有时与前面的"像、如"等结合成"像……似的""如……一般"等格式。

2. 暗喻

暗喻又叫"隐喻"，本体和喻体也都出现，但用"是、变成、成为、等于"等喻词。例如：

　　① 母亲啊！你是荷叶，我是红莲。（冰心《荷叶母亲》）

　　② 霎时间，东西长安街成了喧腾的大海。（袁鹰《十月长安街》）

暗喻虽然不用"像、如"一类的喻词,实际上比起明喻来,本体和喻体的关系更为紧密。这种比喻直接指出本体就是(或成为)喻体,所以相似点也得到了更多的强调。

3. 借喻

借喻不出现本体,或不在本句出现,而是借用喻体直接代替本体。例如:

① 鲁迅在一篇文章里,主张打落水狗。他说,如果不打落水狗,它一旦跳起来,就要咬你,最低限度也要溅你一身的污泥。

② 我们应当禁绝一切空话。但是主要的和首先的任务,是把那些又长又臭的懒婆娘的裹脚,赶快扔到垃圾桶里去。(毛泽东《反对党八股》)

例①用喻体"落水狗"来比喻挨了打的敌人,例②用喻体"又长又臭的懒婆娘的裹脚"来比喻长而空的文章。这两个例子都是只出现喻体,本体没有出现,也没有喻词。这种比喻以喻体代替本体,有突出本体的某种特性的作用。

(二) 比喻的灵活用法

比喻有各种灵活用法,根据喻词的变化,大致可分为三类。

1. 没有喻词的比喻

为了适应某种话语的结构,虽然本体、喻体都出现,却可以不用喻词。例如:

① 泉边的花呀,有了春天才开放。咱们贫苦牧民哪,有了共产党才得解放。
② 弯弯的月儿小小的船。

例①没有出现喻词,而把喻体和本体排列成结构相似、互相映衬的平行句式。诗歌中常用这种比喻形式起兴。例②本体是"弯弯的月儿",喻体是"小小的船",中间没有喻词,二者构成复指短语。

另外,没有喻词的比喻也可以由本体喻体直接构成偏正短语,例如"思想感情的潮水",或用破折号放在本体和喻体之间,例如"我的朋友——书籍"。

2. 程度不等的比喻(强喻)

本体和喻体有共同的特征,为了突出本体的这一特征,特别强调喻体的程度不如或超过本体。例如:

① 那一片春色啊,比起滇池的水不知还要深多少倍。(杨朔《茶花赋》)
② 桃花潭水深千尺,不及汪伦送我情。(李白《赠汪伦》)

这种比喻中常用"不如""不及""比……还……"等作喻词,往往借突出喻体的特性使本体得到有力的强调。

3. 否定方式的比喻(反喻)

本体事物不具有喻体事物某方面的特性。它是以反托正,相反相成。通过联想,从被否定的喻体事物的反面去领会本体事物的特征。喻词常用"不是"或"不像"。例如:

① 打江山不是容易的,并不是别人做好一碗红烧肉放在桌上,等待你坐下来狼吞虎咽。(姚雪垠《李自成》)

例①应从喻体相反的方面去理解,即打江山是一件需要流血牺牲,极不容易的事情。这种比喻强调本体和喻体的相异之处,是因为本体和喻体有某种相似之处,这是否定式比喻构成的基础。有时反喻和正喻联合运用,具有鲜明的对比作用。例如:

② 困难不是铁,不是钢,困难是弹簧。你强它就弱,你弱它就强。

(三) 运用比喻要注意的问题

(1) 喻体必须是常见的、易懂的。比喻是用喻体说明本体的,如果喻体不是读者常见熟知的,就达不到比喻的目的。例如:

① 群众是汪洋大海,个人只不过是其中的一滴水,不,简直就是一滴水中的一个原子。

用"大海"和"一滴水"来比喻群众和个人的关系已很好,再用"原子"来比,反而让人难以捉摸。有人形容猪很黑,说它像石墨似的,这也是违反常见、易懂的原则的。

(2) 比喻要贴切。必须对喻体和本体的共同点做认真的概括,如果信手拈来,喻而不当,就会不伦不类。例如苏轼《水调歌头》比喻就很贴切:

② 人有悲欢离合,月有阴晴圆缺,此事古难全。

(3) 比喻要注意思想感情。选用什么事物打比方往往表现出作者的思想感情。例如:

③ 她会爱你如同一只饿了三天的狗咬着它最喜欢的骨头,她恨起你来也会像只恶狗狺狺地,不,多不声不响地恨恨地吃了你的。

以上句子是曹禺《雷雨》中的原句,因为女主人公繁漪并不是反面人物,把她比作恶狗是不适宜的,曹禺后来改为:

④ 她爱起人来像一团火那样热烈;恨起人来也会像一团火,把人烧毁。

(4) 要区分比喻和非比喻。识别"像"字句是否是比喻句,这就要看句子是否同时具备了以下两个条件:一是"像"字前后要有两个不同类的事物;二是这两个事物要有相似点。下面五种情况都含有"像",但都不是比喻句。

⑤ 像您这样高个儿干不了这重活儿……(《挑山工》)(表举例)

⑥ 奶奶从来没有像现在这样高大,这样美丽。(《卖火柴的小女孩》)(表比较)

⑦ 鞋匠静静地听着。他好像面对着大海……(《月光曲》)(表联想)

⑧ 主人微笑着说:"在大森林里,你不能像个客人,得像个主人……"(《大森林的主人》)(表说明)

225

⑨ 丽好像看出了我的心思……(《可爱的草塘》)(表猜测)

二、比拟

根据想象把物当作人写或把人当作物写,或把甲物当作乙物来写,这种辞格叫比拟。被比拟的事物称为"本体",用来比拟的事物称为"拟体"。

比拟是物的人化或人的物化或把甲物拟作乙物,具有思想的跳跃性,能使读者展开想象的翅膀,捕捉它的意境,体味它的深意。正确地运用比拟,可以使读者不仅对所表达的事物产生鲜明的印象,而且感受到作者对该事物的强烈的感情,从而引起共鸣。运用比拟表现喜爱的事物,可以把它写得栩栩如生,使人倍感亲切;表现憎恨的事物,可以把它写得丑态毕露,给人以强烈的厌恶感。

(一) 比拟的基本类型

比拟可分为拟人和拟物两大类。

1. 拟人

把物当作人来写,赋予"物"以人的言行或思想感情。例如:

① 春风放胆来梳柳,夜雨瞒人去润花。(郑板桥对联)
② 这里叫教条主义休息,有些同志却叫它起床。(毛泽东《反对党八股》)

例①把"春风""夜雨"人格化,使它们具有人的思想感情、动作情态,想象"春风"会"放胆"而又去"梳柳","夜雨"会"瞒人"而又去"润花"。例②的"教条主义"是个抽象的概念,看不见,摸不着,作者赋予它以人的动作后,行文生动活泼,形象鲜明,避免了抽象和枯燥。

2. 拟物

拟物可以分为两种情况:一是把人当作物来写,使人具有物的情态或动作;二是把甲物当乙物写。例如:

① 咱老实,才有恶霸,咱们敢动刀,恶霸就得夹着尾巴跑。(老舍《龙须沟》)
② 不管怎样,且把这矛盾重重的诗篇埋在坝下,它也许不合你秋天的季节,但到明春准会生根发芽。(郭小川《团泊洼的秋天》)

例①作者把恶霸这类人当作动物狗来写,表达了对他们的鄙视和憎恨;例②把"诗篇"比拟成能够生根发芽的植物,生动新颖。

(二) 运用比拟要注意的问题

(1) 运用比拟必须是自己真实感情的流露,而感情又必须符合所描写的环境、气氛。只有对所描写的客观事物具有真情实感,才能收到良好的效果。比如《朝阳沟》里,写银环上山时是"野花迎面对我笑",下山时却是"野花对我显愁容"。同是"野花",有时对银环发"笑",有时对银环"显愁容",这是因为人物的心情不同,思想感情不同。

(2) 用来比拟的人和物在性格、形态、动作等方面应该有相似或相近之点,才能把物写得像真正的人一般,或把人写得像真正的物一样。比如,在科学小品、儿童故事中常有"土壤妈妈是宽厚仁慈的""时间伯伯是矫健敏捷的""病菌小魔王是阴险恶毒的"一类写法,它们虽然都是"物",但用拟人手法去写,就都变成有声有色、活灵活现的"人",性格鲜明,形象生动。

(3) 注意区别比拟与比喻。比拟跟比喻有某些相似点,比拟、比喻都是两事物相比。不同点是比喻重点在"喻",即以乙事物"喻"甲事物,甲乙两事物一主一从;比拟的重点在"拟",即将甲事物"当作"乙事物来写,甲乙两事物彼此交融,浑然一体。比喻中,喻体一般必须出现,而比拟中,本体一般必须出现。

三、借代

不直说某人或某事物的名称,借同它密切相关的名称去代替,这种辞格叫借代,也叫"换名"。如用"红领巾"代替少先队员。被代替的事物称为"本体",用来代替的事物叫作"借体"。

借代重在事物的相关性,也就是利用客观事物之间的种种关系巧妙地形成一种语言上的艺术换名。这样的换名可以引人联想,使表达形象突出、特点鲜明、具体生动。

(一) 借代的基本类型

借代的方式主要有以下几类:

1. 特征、标志代本体

用借体(人或物)的特征、标志去代替本体事物的名称。例如:

"你几时来过,大嫂子?"绒帽子笑了笑,把那装好烟丝的旱烟袋递给胡子。(周立波《北京来客》)

上例不直接说人物,而用他们的特征和标志"丝绒帽、胡子"来代替。

2. 专名代泛称

用具有典型性的人或事物的专用名称充当借体来代替本体事物的名称。例如:

他的眼里永远只有阳春白雪,没有下里巴人。

上例"阳春白雪"原指战国时代楚国的高雅歌曲,现泛指高雅的文学艺术;"下里巴人"原指战国时楚国的民间歌曲,现泛指通俗普及的文学艺术。

3. 具体代抽象

用具体人物或事物代替概括抽象的事物。例如:

他们没有见识,没有胆量,只晓得饭碗!饭碗是他们的终身唯一的目

的。(叶圣陶《抗争》)

上例用具体"饭碗"代指"职业",把抽象的概念具体化、形象化了。

4. 部分代整体

用事物的具有代表性的一部分代替本体事物。例如:

"我在地毯的那一端等你……直到你对我完全满意。"(张晓风《地毯的那一端》)

这里用"地毯的那一端"指代"结婚的礼堂",使用部分的事物代替了整体。

5. 结果代原因

用某事情所产生的结果代替本体事物。例如:

老太太说:"她偏不死,非要媳妇直着出去,她才肯横着出来。"(张爱玲《五四遗事》)

这里"直着出去"指的是离婚,"横着出来"指的是去世,用具体的结果代替了原因。

(二) 运用借代要注意的问题

(1) 注意借体与本体的关系。首先,在上下文里,借体与本体应有所交代,使读者看到借体时,能明白本体是什么。其次,无论运用哪一种借代,其借体一定要能代表本体,其作用才明显突出,如用"帆"代"船"等。

(2) 注意借体在语境中的褒贬色彩。如用"诸葛亮""伯乐"等做借体,常常指代正面人物,带有歌颂、赞扬、钦佩、喜爱的感情色彩,是褒义的;而以"光头""一撮毛"等做借体往往指代反面人物,带有讽刺、谴责、蔑视、厌恶等感情色彩,是贬义的。

(3) 注意区分借代与借喻。借代和借喻的相同点是都不直接出现要说明或描写的对象即本体。不同点是,借喻是喻中有代,借代是代而不喻;借喻侧重"相似性",借代侧重"相关性";借喻往往可以改为明喻或暗喻,借代则不能。例如:

① 最可恨这些毒蛇猛兽,吃尽了我们的血肉。
② 我们的原则是党指挥枪,而不是枪指挥党。

例①中"毒蛇猛兽"借喻残酷的剥削者,两者都具有凶狠残酷的相似点,可以改为明喻:"这些像毒蛇猛兽一样的剥削者,吃尽了我们的血肉。"例②中的"枪"借代"军队",强调的是相关性,没有相似性,且不能改为明喻或暗喻。

四、拈连

利用上下文的联系,把用于甲事物的词语巧妙地用于乙事物,这种辞格叫拈连,又叫"顺拈"。甲事物一般都是具体的,多数在前;乙事物一般都是抽象的,多数在后。这种辞格,在一定的语言环境中,可以增强语言的生动性。

(一) 拈连的基本类型

拈连可分为全式拈连和略式拈连两类。

1. 全式拈连

甲乙两事物都出现,拈连词语不可少。它像锁链一样,使前后拈连在一起。例如:

> 蜜蜂是在酿蜜,又是在酿造生活。(杨朔《荔枝蜜》)

上例中的"酿",本来是用于甲事物"蜜"的,这里顺势"拈"来"连"在乙事物"生活"上,使不搭配的动宾结构,在超语言常规的用法下,巧妙自然地拈连起来,生动别致地表现了美好的愿望。

2. 略式拈连

甲事物省略,或甲事物中的拈连词语省略,乙事物必须出现,借助上下文,省略的内容还是清楚的。例如:

> 我只是伫立凝望,觉得这一条紫藤萝瀑布不只在我眼前,也在我心上流过。(宗璞《紫藤萝瀑布》)

上例省略了甲事物中的拈连词语"流过"。

(二) 运用拈连要注意的问题

1. 拈连要贴切自然。不能单纯注意字面上的联系,主要应从内容方面考虑,才能"拈"得自然,"连"得贴切。例如:

> 夜里天冷北风急,班长下岗月儿西;
> 手拿针线灯下坐,为我熬夜缝军衣;
> 线儿缝在军衣上,情意缝在我心里。

把缝军衣的"缝"巧妙地拈连于下句,变异运用,组成"情意缝在我心里",深刻表现了战士们互相关心、互相爱护、互相帮助的深厚革命情谊。

2. 拈连要注意甲乙两事物在语义上必须有内在联系。甲事物是乙事物的根据或条件,乙事物只有联系甲事物才能得到确切深刻的理解。例如:

> 在高原的土地上种下一株株的树秧,也就是种下了一个美好的希望。
> (《中国人民解放军战士诗选·植树歌》)

"种下了一个美好的希望"这种动宾搭配是临时的变异用法,离开了"种下一株株的树秧"就失去了依据,不好理解。种树是造福后代,所以说"种下了一个美好的希望"。

五、夸张

故意言过其实,对客观的人、事物做扩大或缩小的描述,这种辞格叫夸张。它对事物的特征加以合情合理的渲染,因而使人感到虽不真实,却胜似真实。运用夸张的目的在于:第一,深刻地表现出作者对事物的鲜明的感情态度,从而引起读者的强烈共鸣。第二,通过对事物的形象渲染,可以引起人们丰富的想象,有利于突出事物的本质和特征。

(一)夸张的基本类型

夸张可分为扩大、缩小、超前三类。

1. 扩大夸张

故意把一般事物往大(多、快、高、长、强……)处说。例如:

> 隔壁千家醉,开坛十里香。

上例是一副酒家对联。上联的"隔壁"能使"千家"的人醉倒,极言酒味浓重;下联的"开坛"能使"十里"的人闻到香气,极言酒气香醇。

2. 缩小夸张

故意把一般事物往小(少、慢、矮、短、弱……)处说。例如:

> 可是当兵一当三四年,打仗总打了百十回吧,身上一根汗毛也没碰断。(刘白羽《无敌三勇士》)

上例的"一根汗毛也没碰断",是极力强调身经百战而没受一点损伤的无敌勇士。

3. 超前夸张

在两件事之中,故意把后出现的事说成是先出现的,或是同时出现的。例如:

> 农民们都说:看见这样鲜绿的苗,就嗅出白面包的香味儿来了。

上例"看见这样鲜绿的苗",就嗅出"香味",这是故意把后出现的事说成先出现的事。超前夸张,表面上似乎不合理,但是通过这样的夸张、渲染,可以使表达的内容得到强调,效果更加突出。

(二)运用夸张要注意的问题

(1)运用夸张要以客观实际为基础。夸张也讲求真实感,鲁迅先生说:"漫画虽然有夸张,却还是要诚实。'燕山雪花大如席'是夸张,但燕山究竟有雪花,就含着一点诚实在里面,使我们立刻知道燕山原来有这么冷,如果说'广州雪花大如席'那可就变成笑话了。"

(2)运用夸张要明确、显豁。说"祖国大地换新颜,一天等于二十年",这是明显的夸张;但如果说"劳动三十天,胜过六十天",这就很难说是夸张还是事实了。

(3)运用夸张要注意表意上的一致性。夸张的表现往往借助于比喻、比拟等辞格,运用时要注意表意上的一致性,防止互相抵触。例如,"举着红灯的游行队伍河一样流到街上。天空的月亮失去了光辉,星星也都躲藏。"(何其芳《我们最伟大的节日》)诗中的"游行队伍河一样流到街上",既是比喻又是夸张,联系得非常自然。"星星也都躲藏",通过比拟进行夸张,描绘和渲染了人民群众欢乐的情绪和气氛。

六、双关

利用语音或语义条件,有意使语句同时关顾表面和内里两种意思,言在此而意在彼,这种辞格叫双关。

恰当地运用双关手法,一方面可使语言幽默,饶有风趣;另一方面也能适应某种特殊语境的需要使表达含蓄曲折、生动活泼,以增强文章的表现力。

(一)双关的基本类型

就构成的条件看,双关可分为谐音双关和语义双关两类。

1. 谐音双关

利用音同或音近的条件使词语或句子语义双关。例如:

> 我失骄杨君失柳,杨柳轻飏直上重霄九。(毛泽东《蝶恋花·答李淑一》)

上例"杨柳"表面上指的是杨花、柳絮,实际上指的是杨开慧、柳直荀两位烈士。毛泽东同志在这里使用了谐音双关这一修辞手法,高度赞扬了为无产阶级革命事业英勇献身的杨开慧、柳直荀两位烈士。

有些歇后语就是借同音或近音双关手法构成的。例如:

> 小葱拌豆腐——一青(清)二白
> 矮梯子上高房——搭不上言(檐)
> 孔夫子搬家——尽是输(书)

2. 语义双关

利用词语或句子的多义性在特定语境中形成双关。比起谐音双关来,语义双关更为常用。例如:

> 夜正长,路也正长,我不如忘却不说的好吧。(鲁迅《为了忘却的纪念》)

上例"夜"表面指自然现象,实指反动统治的黑暗;"路"表面指自然界的道路,实指革命斗争的万里征途。

(二)运用双关要注意的问题

(1)注意歧义问题。谐音双关和语义双关都是一语关顾表里两层含意,其中蕴含着的不直接说出来的含意是表意所在,既要含而不露,又要使人体会得到,寻味得出,不能造成误会或歧义。

(2)注意思想积极、健康。运用双关时,不要单纯追求风趣和含蓄而忽略了内容的思想性。用双关构成歇后语时,尤应注意体现思想积极、健康。

231

(3) 注意区分语义双关和借喻。借喻是以喻体代本体,说的是喻体,要表达的是本体事物,是比喻与被比喻的关系,目的在于使抽象深奥的事物表达得具体、生动、简洁;语义双关表达的是两种意思,借一个词语或句子的意义关顾两个事物,表里意思不一,目的在于收到含蓄委婉、幽默风趣的效果。

七、仿词

根据表达的需要,更换现成词语中的某个语素,临时仿造出新的词语,这种辞格叫仿词。仿词是仿拟形式之一。

仿词是在现有词语基础上进行仿造,因此仿词和被仿的词往往同时出现。形式上既保持着与原有词语近似的特点,内容上又赋予新意。这种辞格给人以新鲜活泼、生动明快的感觉,又能产生强烈的讽刺性和幽默感。

(一) 仿词的基本类型

仿词可分为音仿和义仿两类。

音仿是指换用音同或音近的语素仿造新词语;义仿是指换用反义或类义语素仿造新词语。例如:

> 妹妹你慢慢地往"钱"走。(《光明日报》)

上例是仿"妹妹你大胆地往前走"这一句歌词。"慢慢"是"大胆"的义仿,属反义仿;"钱"仿"前"音,属音仿。这种意义和读音的多层仿用,使表达情趣倍增。

(二) 运用仿词要注意的问题

(1) 注意明晰性。仿词都是临时创造的,它的特定含义一定要清楚明白,特别是当被仿的词不出现时。单用仿词要加引号,使人一目了然,例如例句中的"钱"。

(2) 注意创新型。仿词只需词语的结构形式相同,而文字和意义均须同中有异,异中有同,一定要有创新性。

八、反语

故意使用与本来意思相反的词语或句子来表达本意,这种辞格叫反语,也叫"倒反""反话"。

(一) 反语的基本类型

反语可分为以正当反和以反当正两类。

1. 以正当反

用正面的语句去表达反面的意思。例如:

> 有几个"慈祥"的老板到菜场去收集一些菜叶,用盐一浸,这就是他们难得的"佳肴"。(夏衍《包身工》)

上例中的"慈祥""佳肴"是以正面的词表达反面的意思,"慈祥"实则是"凶恶","佳肴"其实是"猪食"。

2. 以反当正

用反面的语句去表达正面的意思。例如:

> 黛玉听了,睁开眼,起身笑道:"真真你就是我命中的'天魔星'!"(曹雪芹《红楼梦》)

上例的"天魔星"是指纠缠人的、令人厌恶的魔头,这里指的是宝玉,林黛玉是以字面上的憎,以风趣反语来寄寓她复杂而又浓烈的感情。

(二) 运用反语要注意的问题

(1) 注意褒贬色彩。反语有对待敌人的,有对待同盟者的,也有对待自己队伍的,要区别对待,必须防止滥用。

(2) 力求鲜明,切忌含混。上文已经说明了正面的意思,再接着用反语,或者先反说后正说,这样可以加强讽刺的力量,也可以使意思更为显豁。

九、婉曲

有意不直接说明某事物,而是借用一些与某事物相应的同义语句婉转曲折地表达出来,这种辞格叫婉曲,也叫"婉转"。婉曲的特点是:"意在言外,使人思而得之。"(司马光语)婉曲可使读者在品味中体察所表达的本意,使认识深化,感受强烈。婉曲有时平和动听,使人乐于接受;有时曲折婉转,容易感染对方。

(一) 婉曲的基本类型

婉曲可分为婉言和曲语两类。

1. 婉言

不直接说出本意,故意换一种含蓄的说法。例如:

> "你的个人问题怎么处理呀?""个人问题"是个"代名词",那意思谁都知道,大姐提起这事,我脸热得烫……(刘富道《眼镜》)

上例用"个人问题"代替婚姻恋爱问题,含蓄得体,有分寸。

2. 曲语

不直接说出本意,而是通过描述与本意相关的事物来烘托本意。例如:

> 好一个娇女!走在公路上,小伙子看呆了,听不见汽车叫;走在街面上,两旁买卖都停掉;坐在戏院里,观众不往台上瞧……(高晓声《水东流》)

上例间接曲折地描述了"娇女"的美丽动人。

233

(二)运用婉曲要注意的问题

(1)婉曲话语,妙在含蓄委婉,而意在言外。

(2)婉曲的真正含义一定要让人悟得出,理解得了,最终得露出"庐山真面目",不能使人误解或产生歧义。

(3)婉曲可以借用比喻的方法来表现。例如何为在《他的进军号》中写道:"聂耳以23岁的青春年华,过早地写下他生命的休止符。"这是通过比喻来委婉说明音乐家的去世。

(4)注意区分婉曲与借代。婉曲和借代一样,本体不出现。不同的是,婉曲是不直言其事,而是婉转曲折地表达意思,比如不说"发胖"而说"发福";借代是不直接说出本体,而是找一个与之相关的事物来指代它,比如用博士伦(隐形眼镜品牌)代隐形眼镜。

十、对偶

结构相同或基本相同、字数相等、意义上密切相连的两个短语或句子,对称地排列,这种辞格叫对偶。

对偶,从形式上看,音节整齐匀称,节律感强;从内容上看,凝练集中,概括力强。它有鲜明的民族特点和特有的表现力,便于记诵,因而在抒情、叙事、议论等文章中广泛使用。

(一)对偶的基本种类

对偶就上联和下联在意义上的联系可大致分为正对、反对、串对三类。

1. 正对

从两个角度、两个侧面说明同一事理,表示相似、相关的关系,在内容上是相互补充的,以并列关系的复句为表现形式。例如:

>海内存知己,天涯若比邻。《送杜少府之任蜀州》

上例的"海内"指四海之内,古代表示全中国;"比邻"指近邻。上下联的意思是相近相关的。

2. 反对

上下联表示一般的相反关系和矛盾对立关系,借正反对照、比较以突出事物的本质。例如:

>理想,生活的旗帜;实干,成功的途径。

上例是从相对的方面,说明了"理想"和"实干"的辩证关系,即光有美好的理想还不行,还得努力奋斗,使它变为现实。

3. 串对

上下联内容从事物的发展过程或因果、条件、假设等方面相关联，两联连接成复句，一顺而下，也叫"流水对"。例如：

① 春种一粒粟，秋收万颗子。（李绅《悯农》）

② 才饮长沙水，又食武昌鱼。（毛泽东《水调歌头·游泳》）

例①上联表原因，下联表结果；例②上下联表示事物间的顺承关系。上下联内容衔接紧密，串连成一个句子，显得十分顺畅、紧凑。

（二）运用对偶要注意的问题

（1）对偶已发展成一种异彩纷呈的修辞方式。它和其他修辞方式连用或融合，形成各式各样的对偶，如析字对、谐音双关对、比喻对、隔句对、回文对、借对、互对、夸张对、反问对、自对等。

（2）中国古代的骈体文、律诗应用对偶最多，要求字数相等、结构相同、词性一致、实虚各自相对，而且平仄也要协调，这是严式对偶。而现代诗文使用对偶，为了适应内容的需要，冲破了上面的一些限制，只要字数相等、结构大致相同、声韵基本协调就可以了，属宽式对偶。

十一、排比

把结构相同或相似、语气一致、意思密切关联的句子或句子成分排列起来，使内容和语势增强，这种辞格叫排比。排比是一种富于表现力的辞格。古人说："文有数句用一类字，所以壮气势、广文义也。"这说的就是排比的作用。在行文中，有的内容，不能总括叙述，只能列举叙述；有的虽然能够总括叙述，却故意列举叙述，构成排比，其目的就在于增强语势，提高表达效果。排比多用于说理或抒情。用排比说理，可以把论点阐述得更严密、更透彻；用排比抒情，可以把感情抒发得淋漓尽致。

（一）排比的基本类型

排比可分为句子排比和句法成分排比两类。

1. 句子排比

从句子结构上看，单句和复句（其中包括分句）都可以构成排比。例如：

生产多么需要科学！革命多么需要科学！人民多么需要科学！（秦牧《向科学技术现代化进军的战鼓》）

例句是三个单句的排比。

2. 句法成分排比

一般来说，各种句法成分都可以排比。例如：

① 在这里,蓝天明月,秃顶的山,单调的黄土,浅濑的水,似乎都是最恰当不过的背景,无可更换。(茅盾《风景谈》)

② 在轻轻荡漾着的溪流的两岸,满是高过马头的野花,红、黄、蓝、白、紫,五彩缤纷,像织不完的织锦那么绵延,像天边的彩霞那么耀眼,像高空的长虹那么绚烂。(碧野《天山景物记》)

③ 延安的歌声,是革命的歌声,战斗的歌声,劳动的歌声,极为广泛的群众的歌声。(吴伯箫《歌声》)

④ 鲁迅是在文化战线上,代表全民族的大多数,向着敌人冲锋陷阵的最正确、最勇敢、最坚决、最忠实、最热忱的空前的民族英雄。(毛泽东《新民主主义论》)

⑤ 入夜,用眼望去,数十里烈焰飞腾,火龙翻滚,映得满天红,满山红,满江红。(郑直《激战无名川》)

以上五例,分别为主语、谓语、宾语、定语和补语的排比。

(二) 运用排比要注意的问题

(1) 注意形式服从内容。排比的突出作用在于能突出文意的重心,周密地说明复杂的事理,表达强烈奔放的感情,增强语言的气势,因此必须从内容的需要出发,不能生硬地拼凑排比的形式。

(2) 弦外之音的排比,句尾可用省略号。有的排比句是在多项之中举其要者,留有弦外之音,启发读者深思。句尾常用省略号。例如,贺敬之《西去列车的窗口》:"西去列车的这几个不能成眠的夜晚啊,我已经听了很久,看了很久,想了很久……"

(3) 准确地使用提示语是提高表达效果的重要环节。例如:"我们搞社会主义,没有远大的理想,没有宽阔的胸怀,没有自我牺牲精神,怎么行呢?"这段文字的排比部分以"没有"做提示语,统辖三个分句,使前后紧密联结,语意贯通,气势强劲;在内容上,也借助于三个"没有"的重复,使"人总是要有一点精神的"这一意思得到了强调。

(4) 注意区分排比与对偶。
① 排比是三项或更多项的平行排列;对偶一般只是两项的对称并列;
② 排比每项的字数可以不完全相等;对偶两项的字数必须相等;
③ 排比常反复使用相同的词语;对偶力避字面的重复。

十二、层递

根据事物的逻辑关系,连用结构相似、内容递升或递降的语句,表达层层递进的事理,这种辞格叫层递。无论是递升或递降,都是层层深入的。它借步步推进,使人们的认识层层深化,对表达的事理产生深刻的印象。没有阶梯式的升或降的逻辑关系,就不会有层递的表达效果。

（一）层递的基本类型

层递分为递升和递降两类。

1. 递升

按照事物的发展，由小到大，由少到多，由低到高……去排列。例如：

　　三十而立，四十而不惑，五十而知天命，六十而耳顺，七十而从心所欲不逾矩。（孔子《论语·为政篇》）

上例写的是人的年龄由小到大，步步递升，认识也在不断地变化，逻辑关系紧密。

2. 递降

按照事物的变化，由大到小，由多到少，由高到低……去排列。例如：

　　他一直是魂思梦想着打飞机，眼前飞过一只雁，一只麻雀，一只蝴蝶，一只蜻蜓，他都要拿枪瞄瞄。（郑直《激战无名川》）

上例的"雁""麻雀""蝴蝶""蜻蜓"，其形体由大到小，非常细致地刻画了战士想打飞机的急切心情和苦练本领的认真精神。

（二）运用层递要注意的问题

（1）注意逻辑关系的依次排列。层递的运用必须使事物按步步推进的逻辑关系依次排列。语言一环扣一环，一步紧一步；人们的认识层层深入，印象逐渐深化。

（2）注意层递和排比的区别：

① 层递着眼于内容上具有等次性（级差性），构成层递的几个语句在内容上必须是递升或递降的；排比主要着眼于内容上的平列性，构成排比的内容是一个问题的几方面，或相关的几个问题。

② 层递在结构上不强调相同或相似，往往不用相同的词语；排比在结构上必须相同或相似，往往要用相同的词语。

例如：

　　① 革命斗争的烈火映红了长江，映红了安源，映红了井冈，映红了二万五千里草地雪山，映红了陕北、华北、中原、江南，一个红彤彤的新中国屹立在世界的东方。

　　② 革命的斗争的烈火映红了安源，映红了井冈，映红了华北，映红了全中国。

例①是排比，结构上是相同的，但内容没有等次性，例②是层递，由"安源—井冈—华北—全中国"，排列有等次性。

十三、顶真

顶真是汉语传统的修辞格之一，用上一句结尾的词语做下一句的开头，使前后的

237

句子头尾蝉联,上递下接,也叫联珠。例如:

① 归来见天子,天子坐明堂。(《木兰辞》)

② 大肚能容,容天下难容之事;开口便笑,笑世间可笑之人。

运用顶真要注意的问题

(1) 用来顶接的语言形式必须前后一致,即在语言形式和意义上都必须完全相同。

③ 月光光,地光光。两姊妹,同拜香。东一拜,西一拜,拜到前面好世界。世界好,买甘草。甘草甜,买包盐。盐苦咸,买菜篮。菜篮差,买冬瓜。冬瓜毛,买葡萄。葡萄酸,买衣衫。衣衫长,买老姜。老姜辣,买唢呐。唢呐吹开花,回去是个哭喇叭。(传统童谣《月光光》)

上例童谣上下相顶接的语句如同"接力棒"一样上传下接,结构紧凑,行文连贯流畅,语气连贯,音律回环荡漾,节奏朗朗上口,音乐性很强,使幼儿读者产生了强烈的阅读快感和审美享受。

(2) 前后相顶接的语言形式所表示的事物或内容之间要有必然联系,或有某种相关性,前后相顶接的句子之间也必须具有一定的逻辑关系。

④ 名不正则言不顺,言不顺则事不成;事不成则礼乐不兴,礼乐不兴则刑罚不中;刑罚不中则民无所措手足。(孔子《论语》)

上例利用顶真的特点,条理分明地反映了事物之间的有机联系。句句顶接,顺势而下,说理周密谨严,表达如行云流水,气势贯通。

十四、回环

把前后语句组织成穿梭一样的循环往复的形式,用以表达不同事物间的有机联系,这种辞格叫回环。回环可使语句整齐匀称,能揭示事物的辩证关系,使语意精辟警策。例如:

① 人民需要艺术,艺术更需要人民。(邓小平《全国文学艺术工作者第四次代表大会上的祝辞》)

② 长相知,才能不相疑;不相疑,才能长相知。(曹禺《王昭君》)

③ 一个人倒下去,千万人站起来;千万人站起来,一个人倒下去。(挽闻一多联)

④ 猪多肥多,肥多粮多,粮多猪多。

例①是词的回环,论述了"人民"和"艺术"互相依存、互相促进的密切关系。例②是短语回环,阐明了"相知"和"相疑"的辩证关系。例③是句子的回环,说明了闻一多的影响。例④是多项式回环。

回环的特点是词语"循环往复",既有密切关系,又有情趣。用回环论理,使人容易理解事物的辩证关系;用回环抒情,使人感到深情无限;用回环叙景,使人容易体会出景物间的联系。

运用回环要注意的问题

要注意顶真和回环的区别。顶真和回环在头尾顶接这一点上相似,但又有根本上的不同。顶真是反映事物间的顺接或联结关系的,它从一个事物到另一个事物,顺连而下,其轨迹是直线形,不是递升或递降的关系(这又与层递不同)。回环是在词语相同的情况下,巧妙地变换词语顺序,利用它们不同结构关系的不同含义形成回环往复的语言形式,反映从甲事物到乙事物,又从乙事物到甲事物,其轨迹是圆周形。它们都反映事物之间相互依存或密切关联的关系。回环在视觉上语感上都给人以循环往复的美感。

十五、对比

对比是把两种不同事物或者同一事物的两个方面放在一起相互比较的一种辞格,也叫对照。对比可以使客观存在的对立统一关系表达得更集中、更加鲜明突出。

(一) 对比的基本类型

对比可以分成两体对比和一体两面对比两类。

1. 两体对比

把两种根本对立的事物放在一起进行对照,使好的显得更好,坏的显得更坏,大的显得更大,小的显得更小,等等。例如:

> 青山有幸埋忠骨,白铁无辜铸佞臣。

上例是杭州西湖边岳坟前的一副对联,歌颂了民族英雄岳飞,鞭挞了奸臣秦桧,褒贬分明,对比强烈。

2. 一体两面对比

把同一事物的正反两个方面放在一起来说,能把事理说得更透彻、更全面。例如:

> 时间是勤奋者的财富,创造者的宝库;时间是懒惰者的包袱,浪费者的坟墓。

上例鲜明透彻地说明了时间对四种不同人的不同意义和效应。

对比的修辞作用,总的来说是揭示对立意义,使事理和语言色彩鲜明。不同类型的对比,作用又各有特点。两体对比,揭示好同坏、善同恶、美同丑的对立,使人们在比较中得到鉴别。一体两面对比,揭示事物的对立面,反映事物内部既矛盾又统一的辩证关系,使人们全面地看问题。

(二) 运用对比要注意的问题

(1) 深刻地认识所表达事物的矛盾本质。对比的两种事物或同一事物的两个方面,应该确有互相对立的关系,否则是不能构成对比的。

(2) 注意对比和对偶的区别。对比的基本特点是内容上"对立",对偶的基本特点是形式上"对称"。对比是从意义上说的,它要求意义相反或相对,而不管结构形式如何;对偶主要是从结构形式上说的,它要求结构对称、字数相等。对偶里的"反对"就意义说是对比,就形式说是对偶,如"青山有幸埋忠骨,白铁无辜铸佞臣",这是辞格的兼属现象。当然,对比不一定都是对偶,这要取决于它的结构形式是否"对称"。

十六、映衬

为了突出主体事物,用类似的或相反的、或相异的事物做陪衬的辞格叫映衬,也叫"衬托"。

(一) 映衬的基本类型

映衬可分正衬和反衬两种。

1. 正衬

正衬就是利用同主体事物相类似的事物做陪衬。例如:

> 那时候既然是深冬;渐近故乡时,天气又阴晦了,冷风吹进船舱中,呜呜的响,从篷隙向外一望,苍黄的天底下,远近横着几个萧索的荒村,没有一些活气。我的心禁不住悲凉起来了。(鲁迅《故乡》)

上例用荒凉萧条的环境和气氛,正衬作者悲凉的心情。

2. 反衬

反衬就是从反面衬托,利用同主体事物相反或相异的事物做陪衬。例如:

> 姑娘选种麦地里,沉甸甸麦穗打脸皮;手理头发怨自己,为啥长得这样低?(河南民歌《姑娘选种麦地里》)

上例用姑娘埋怨自己长得低来反衬麦子长得高,颗粒饱满,大丰收在望。衬托的修辞作用,主要在于突出正面或反面、或相异的事物的主体,表达强烈的思想感情,使文章的中心思想深化。俗话说"红花还须绿叶扶",有了陪衬的事物,被陪衬的事物才会显得突出,才能得到充分的说明。

(二) 运用映衬要注意的问题

(1) 映衬宾主有别。运用衬托要爱憎分明,陪衬事物与被陪衬事物让人家一看便清楚;不要喧宾夺主,冲淡被陪衬的事物。

(2) 注意区别衬托与对比。衬托有主次之分,陪衬事物是说明被陪衬事物的,是用来突出被陪衬事物的。对比是表明对立现象的,两种对立的事物并无主次之分,而是相互依存的。

十七、反复

为了突出某个意思、强调某种感情,特意重复某个词语或句子,这种辞格叫反复。

(一) 反复的基本类型

1. 连续反复

连续反复是接连重复相同的词语或句子,中间没有其他词语出现。例如:

> 周总理,我们的好总理,你在哪里呵,你在哪里?(柯岩《周总理,你在哪里》)

上例中的"你在哪里呵,你在哪里?"是句子的连续反复,表达了人民怀念周总理的深厚感情。

2. 间隔反复

间隔反复是相同词语或句子的间隔出现,即有别的词语或句子隔开。例如:

> ① 雪降落下来了,像柳絮一般的雪,像芦花一般的雪,像蒲公英的带绒毛的种子在风中飞,雪降落下来了。(郭风《松坊溪的冬天——写给孩子们》)

上例中的"雪降落下来了"是句子的间隔反复,首尾照应。

连续反复和间隔反复还可以交错使用,表现感情由一般到强烈的发展变化,例如:

> ② 沉默啊!沉默啊!不在沉默中爆发,就在沉默中灭亡。(鲁迅《记念刘和珍君》)

(二) 运用反复要注意的问题

(1) 间隔反复往往与排比合用。从句式看是排比,从语句重复看是反复,这是两种辞格的综合运用,例如:"了不起的人民,了不起的国家,了不起的成就!"反复与排比综合运用,既可使表达的意思更加突出,又能使气势更加磅礴。

(2) 反复与排比有区别。反复着眼于词语或句子字面的重复,排比着眼于结构相同或相似、意义相近、语气一致;反复的修辞作用是强调突出,排比的修辞作用是增强气势。

(3) 反复和重复不同。重复是一种语病,使人感到内容贫乏,语言累赘;反复则是一种常用的积极表达手段。运用反复,是为了突出要表达的中心意思,强调感情,如果没有充实的内容、强烈的感情,而一味地采用反复的形式,那只能造成重复累赘。

十八、设问

无疑而问,自问自答,以引导读者注意和思考问题,这种辞格叫设问。设问也就是明知故问。

(一) 设问的基本类型

1. 一问一答

提出一个设问句,紧跟着写一个答句。

> 谁是最可爱的人呢?我们的战士,我觉得他们是最可爱的人。(魏巍《谁是最可爱的人》)

上例设问,能迅速集中读者注意力和吸引读者。

2. 几问一答

先集中提出一连串设问句,然后集中加以回答。

> 老岩不是要在南方过年么?为什么提前回来了?一推门,我就看到了一个奇迹:一把褐色的样式古朴的陶土瓦壶,在蜂窝炉上嗞嗞地冒着水汽。(叶文玲《心香》)

上例通过几问一答,制造了一种悬疑,为后面的"奇迹"做了铺垫。

3. 连续问答

连续地使用一问一答式。

> 什么最可贵?独立自由最可贵。什么最痛苦?民族奴役最痛苦。什么最光荣?革命战争最光荣。什么最幸福?人类解放最幸福。

上例连续运用设问句边问边答,层层深入剖析,问题一一得到解决。

(二) 运用设问要注意的问题

(1) 设问做标题,能吸引读者,启发读者思考,更好地领会文章的中心思想;有的用在一段或一节文章的开头或结尾,能起到承上启下的过渡作用。

(2) 设问在说理文章中,为了使论证深入,在关键性的内容上,设问说理,更是行之有效的办法。不管设问出现在文章的哪个部分上,也不管它以什么形式出现,总体来说,它的作用是:提醒注意,引导思考;突出某些内容,使文章起波澜,有变化。

(3) 设问要用得恰到好处,也就是要用在必要的地方,用在必要的时候,要有针对性和启发性。

十九、反问

反问也是无疑而问,明知故问,又叫"激问"。但它只问不答,把要表达的确定意思包含在问句里。

（一）反问的基本类型

1. 肯定式反问

用肯定形式反问，表达否定的内容。例如：

　　钢琴笨重如棺材，小提琴要数十百元一具。制造虽精，世间有几人能够享有呢？（丰子恺《山中避雨》）

2. 否定式反问

用否定形式反问，表达肯定的内容。例如：

　　① 我心里在想着，宁静的竹海里难道没有人家？（黄蒙田《竹林深处人家》）

以上两例虽是反问，可意思是确定的。同平铺直叙的表达比较起来，反问这种说法语气强烈，加重了语言的力量，能激发读者的感情，给读者造成深刻的印象。

反问有连用的形式，表达的思想内容更深厚，语气更强烈。例如：

　　② 声音是不太好听，有点沙哑，有点毛毛刺刺的。可是公开教学课难道是上台表演吗？嗓子不好的人，就只能躲在树林子里读他喜欢的课文吗？京京心里难受极了。（黄蓓佳《心声》）

（二）运用反问要注意的问题

（1）当问题已经说得十分清楚，需要加以强调和激发别人的时候，才可以用反问。如果问题还没说清楚，只需要表明自己的意见和态度时，就只能用正面的论述。

（2）用反问时，寓意一定要显明。反问一般是问而不答，答案就寓于问句之中。如果意思还不显明，就用反问，那就使别人看了难以接受，缺乏说服力。有时，有些反问还用上"难道""岂"等表示反诘语气的词，使寓意更加明显，反问的语气也更强烈。

（3）注意设问和反问的区别。设问和反问都是无疑而问，但是有明显的区别。设问不表示肯定什么或否定什么，反问明确地表示肯定或否定的内容。设问主要是提出问题，引起注意，启发思考；反问则主要是加强语气，用确定的语气表明作者的思想。这些区别，我们从下边的例子里可以清楚地看出来。

　　朋友们，当你听到这段英雄事迹的时候，你的感想如何呢？你不觉得我们的战士是可爱的吗？你不以我们的祖国有这样的英雄而自豪吗？（魏巍《谁是最可爱的人》）

上例是设问和反问连用。首先使用设问：感想如何？引人注意，提请思考；接着连用两个反问句暗示出答案：战士可爱，战士是英雄。文意有起有伏，语势更加强劲。

二十、通感

叙事状物时运用词语，使不相通的感官感觉相互沟通起来的辞格叫通感，也叫

"移觉"。人们通过视觉、听觉、触觉、味觉和嗅觉等五官感知外界事物时,在一般情况下,彼此不能交错;但在特殊情况下,五官功能却能出现互相转化、彼此沟通的现象:"耳中见色,眼里闻声"。这种辞格经常应用在文艺语体中。

通感是建立在感觉移借和丰富想象的生理和心理基础之上的。借助感觉转移和相通强化人的感受,巧妙地传递感情。例如:

① 你的耳朵在侦察,你的眼睛在倾听,你的指挥棒上跳动着你的神经。(艾青《小泽征尔》)

② 那笛声里外,有故乡绿色平原上青草的香味,有四月的龙眼花的香味,有太阳的光明。(郭风《叶笛》)

例①以耳当目,以目当耳,视觉、听觉互换,正写出指挥家高度专注,如痴如醉的神态。例②笛声里有草的清香,花的芬芳,还有明亮的阳光,听觉、嗅觉、视觉相融会,笛声撩人情思。

运用通感要注意的问题

(1) 通感往往借助于比喻、比拟、夸张等修辞手法来表达,以引起人们的联想,去获得具体生动的形象。例如:

③ 微风过处,送来缕缕清香,仿佛远处高楼上渺茫的歌声似的。(朱自清《荷塘月色》)

上例作者用"远处高楼上渺茫的歌声"来比喻微风送来荷叶、荷花的"缕缕清香",把无声的嗅觉变为美妙的听觉。

(2) 运用通感修辞手法以自然巧妙为贵,使词语变异配用,产生特殊的艺术魅力。例如:

④ 感人的歌声留给人的记忆是长远的。无论哪一首激动人心的歌,最初在哪里听过,哪里的情景就会深深地留在记忆里。环境,天气,人物,色彩,甚至连听歌时所触,都会烙印在记忆的深处,像在记忆里摄下了声音的影片一样。那影片纯粹是用声音绘制的,声音绘制色彩,声音绘制形象,声音绘制感情。只要在什么时候再听到那种歌声,那声音的影片便一幕幕放映起来。(吴伯箫《歌声》)

上例中歌声是无形、无色、无味的,要辨识它不能凭借视觉、嗅觉和味觉,只能凭借听觉器官。作者把歌声比喻成有形的东西,不但能"摄下""影片",而且还可以"绘制色彩""绘制形象""绘制感情",能"放映起来"。这就是借助了通感修辞方法,才把"歌声"刻画得如此具体生动,绘形绘声绘色,给人留下难忘的印象。

二十一、移就

把描写甲事物性质状态的词,移来修饰和描写乙事物的修辞方式叫移就。使用移就能使文句简洁生动、表达力强、给人想象的空间以及无穷的诗意。

（一）移就的基本类型

移就一般可分为移人于物、移物于人、移物于物三类。

1. 移人于物

把描写人的词语移用来描写物，从侧面衬托人的思想感情，增强语言的表达效果。例如：

① 她们被幽闭在宫闱里，戴个花冠，穿着美丽的服装，可是陪伴着她们的只是七弦琴和寂寞的梧桐树。（周而复《上海的早晨》）

"寂寞"本是人的一种感受，现在用来描写物"梧桐树"，以正面衬托"被幽闭在宫闱里"的人的孤寂。

2. 移物于人

把描写事物的词语有意识地移用来描写人。例如：

② 吴荪甫突然冷笑着高声大喊，一种铁青色的苦闷和失望，在他酱紫色的脸皮上泛出来。（茅盾《子夜》）

"铁青色"本是用来写物的，这里用来写人的心情"苦闷和失望"，将肖像描写和心理描写融为一体，使语句显得简洁生动、深刻有力。

3. 移物于物

把修饰甲事物的词语有意识地移用来修饰乙事物。例如：

③ 我不相信
一九七六年的日历
会埋着这个苍白的日子（李瑛《一月的哀思》）

"苍白"本是用来形容事物缺乏生命力，现在移用来修饰"日子"。这是移用修饰甲事物的词语来修饰乙事物，使没有生命的事物具有了生命色彩。

（二）运用移就要注意的问题

（1）移就中词与词的搭配关系一般为偏正关系，即修饰和被修饰的关系，修饰部分一般为描写性的形容词，被修饰部分是名词；修饰项和被修饰项，从语义上来讲，是反常组合，即充当修饰项的词，在一般情况下是不能与被修饰项搭配的。

（2）注意区别移就和通感。从范围上看，通感只能严格地限制在不同感官感觉相通的范围内，且表达感官感觉的词只能用原义；移就移用的词语往往是特指的，且仅限于表性状的词语。从心理基础看，通感主要凭借感受相通和一定的相似联想，把某一感官所感受到的事物用另一感官的感受表现出来；移就则主要是移情和相似联想，而又首推移情，着重的是把主观感受或情感体验转移到审美对象上去，使得物随情移，物我交融。

例如：

④ 剪剪轻风未是轻，犹吹花片作红声。（杨万里《又和二绝句》）

⑤ 篱笆围住的农舍，有一片蓝色的幽静。（艾青《彩色的诗——读〈林风眠画集〉》）

⑥ 向日葵的花瓣荡漾着金色的幸福。（刘白羽《新世界的歌》）

例④属于通感，例⑤是通感和移就的辞格兼用，例⑥属于移就。例④中表达为视觉特征的修饰语"红"直接修饰听觉对象"声"，有"花"才有"红"，"红"与"声"融合在一起，两种不同的感觉同时被人感知并且互相沟通，构成通感。例⑤"蓝色的幽静"，是基于联觉的心理机制。因为蓝色会引起冷、净的感觉，并且"幽静""蓝色"分属于听觉和视觉，属于通感。用移就的相似心理机制也可以解释，蓝色往往与宁静详和联系在一起。因此它是两种辞格的兼用。例⑥虽也是用颜色词来修饰名词，但因为"幸福"是抽象事物，不是五官感觉把握的对象，所以不是通感，而是移就。

思考与练习

一、从小学教材中寻找"夸张"句和"排比"句，联系上下文说明修辞效果。

二、分析下面的句子中运用了怎样的修辞格，并说说有什么修辞效果。

1. 你新的中国，人民的中国啊，/你终于在旧中国的母体内，/生长、壮大、成熟，/你这个东方的巨人终于诞生了。（何其芳）

2. 人民是文艺创作的源头活水。艺术家的喉咙长在自己身上，艺术生命却存在观众之中，每个艺术家都不能脱离人民，有了人民鱼得水，失去人民树断根。

3. 锲而舍之，朽木不折；锲而不舍，金石可镂。

4. 赤道弯弓能射虎，椰林匕首敢屠龙。（叶剑英）

5. 坐着，躺着，打几个滚，踢几脚球，赛几趟跑，捉几回迷藏。风轻悄悄的，草软绵绵的。

6. 那时的农民要筹几个钱多难哪！人们恨不得一分钱掰成两半来使。

7. 海边，金灿灿的海滩上，海螺一个挨着一个。一个一个大大小小的海螺，像一间间大大小小的小屋。

8. 这一树闪光的、盛开的藤萝，花朵儿一串挨着一串，一朵接着一朵，彼此推着挤着，好不活泼热闹！／"我在开花！"它们在笑。／"我在开花！"它们嚷嚷。

第五节 修辞知识：辞格的综合运用

【目标要求】 掌握辞格综合运用的基本类型和表达作用，要会分辨辞格的连用、兼用和套用，了解辞格综合运用应注意的问题。

在一句或一段话里,同时使用几种辞格,这就是多种辞格的综合运用,辞格综合运用可以收到多重修辞效果。综合运用常见的有连用、兼用、套用三种基本类型。

一、辞格的连用

辞格的连用是指在一段文字中接连使用同类辞格或异类辞格。

(一) 同类辞格连用

离开渔船,走上堤岸,只见千百条水渠,像彩带似的,把无边无际的田野,划成棋盘似的整齐方块,那沉甸甸的稻谷,像一垒垒金黄的珍珠;炸蕾吐絮的棉花,像一厢厢雪白的珍珠;婆娑起舞的莲蓬,却又像一盘盘碧绿的珍珠。(谢瑛《珍珠赋》)

上例是同类辞格连用中比喻的连用,具体地描绘了"水渠""田野""稻谷""棉花""莲蓬"等各不相同的生动形象,引人联想。

(二) 异类辞格连用

听完这番话,她的脸红得像云霞,心不捂紧点似乎就要跳出来了。(杨晦《沉钟》)

上例是异类辞格连用,先用了比喻辞格描写"她"脸色的变化,接着用夸张的手法突出了"她"的激动。

具有不同修辞效果的辞格前后配合,交错使用,互补互衬,珠联璧合,可以把思想内容表达得更加丰富多彩,更加鲜明有力。

二、辞格的兼用

辞格的兼用是指一种表达形式兼有多种辞格,也叫"兼格"。兼格从这一角度看是甲格,从另一角度看是乙格。一身多用,你中有我,我中有你,浑然一体,修辞效果突出。例如:

孩子不足两岁,塌鼻子,眼睛两条斜缝,眉毛高高在上,跟眼睛远隔得彼此要害相思病,活像报上讽刺画里中国人的脸。(钱锺书《围城》)

上例中"跟眼睛远隔得彼此要害相思病",同时运用了夸张和比拟辞格:一方面将眉毛与眼睛之间的距离夸大了,属夸张;另一方面,又将两者之间当作恋人关系来看,属拟人。

恰当地运用兼格,可以使多种修辞效果相得益彰,多姿多彩,从多方面为文章的表达增添文采和力量。有时是表现形式上的再加强,如排比兼顶真;有时则是表达形式和思想内容的双管齐下、兼取并得,如对偶与对比的兼用,设问与排比的兼用等。辞格在运用时的相互借助,是形成兼用的原因。有些辞格之间关系密切,因而它们相互兼用的机会格外多,如比喻和比拟,比喻和夸张,对偶和对比,排比和反复,排比和设问,排比和映衬等。

三、辞格的套用

辞格的套用是指一种辞格里又包含着其他辞格,分层组合,形成大套小的包容关系。例如:

激情,你是灵感的火花,你是创作的动力,你又是爱情的试金石。

上例是排比中套用了比喻,将激情在不同场景中的作用做了描画,既将"激情"人格化且揭示出它的作用,同时又增强了语言表达的气势和力量。

辞格套用的形式多种多样,异类辞格可以套用,同类辞格也可套用。

套用的修辞效果是:几个辞格灵活组合,分层包容,形成一体,使大层次辞格得以借力发挥,使小层次辞格得以依托挂联,各得其所,互相配合,从而使整段文字的表达更加严密细致,更加有文采、见活力,也更加富有变化和表现力。

四、分析辞格综合运用时要注意的问题

(1) 要从把握思想内容的整体入手,弄清各种辞格在一个统一体中的相互关系。

(2) 同一表达形式,由于分析角度不同,可能分析出不同辞格来,究竟怎样确定,要由表达的思想内容和语境来定,不能因强调一种辞格而忽视和否定另外辞格的存在。

(3) 辞格综合运用形式往往有主次之分和隐显之别,应该突出主要辞格的作用。

思考与练习

一、什么是修辞格的综合运用?分析下面句子中修辞格的综合运用。

1. 兴安岭多么会打扮自己呀:青松做衫,白桦为裙,还穿着绣花鞋。

2. 竹叶烧了,还有竹枝;竹枝断了,还有竹编;竹编砍了,还有深埋在地下的竹根。"野火烧不尽,春风吹又生",一到春天,漫山遍野,向大地显露无限生机的,依然是那一望无际的青青翠竹。

3. 家中养了玫瑰,没过多少天,就在夜深人静的时候,听到了花落的声音,起先是试探性的一声"啪",像一滴雨打在桌面。紧接着,纷至沓来的"啪啪"声中,无数中弹的蝴蝶纷纷从高空跌落下来。那一刻的夜真静啊,静得听自己的呼吸犹如倾听涨落的潮汐。

4. 赤日炎炎似火烧,野田禾稻半枯焦。农夫心内如汤煮,公子王孙把扇摇。

二、下面是一年级第一学期课文《项链》(统编本),说说这篇文章在修辞上(包括词语、辞格)的特点与作用。

项　链

　　大海,蓝蓝的,又宽又远。沙滩,黄黄的,又长又软。雪白雪白的浪花,哗哗地笑着,涌向沙滩,悄悄撒下小小的海螺和贝壳。

　　小娃娃嘻嘻地笑着,迎上去,捡起小小的海螺和贝壳,穿成彩色的项链,挂在胸前。快活的脚印落在沙滩上,穿成金色的项链,挂在大海胸前。

第六节　修辞知识:修辞中常出现的失误与评改

　　【目标要求】　了解修辞在韵律、词语、句式和辞格上常出现的问题,掌握辨析和评改。

由于各种原因,修辞在具体的运用中也会出现下面的一些问题。

一、韵律配合不协调

(一) 音节不匀称

汉语有单音节词,有双音节词,还有多音节词,写作时根据需要可灵活运用。音节不整齐不匀称,就会减弱诗文的节奏感和气势。为了音节匀称,多采用"删、添、换"的办法加以调整。例如:

　　原文:他们所反对的是奸臣,不是天子,他们所打劫的是平民。(《流氓的变迁》,1930年1月1日《萌芽月刊》第一卷第一期)

　　改文:他们所反对的是奸臣,不是天子,他们所打劫的是平民,不是将相。(鲁迅《三闲集》)

改句添加"不是将相"之后,便与前面的"不是天子"相对,声律上较之原句文字整齐匀称,音节分明流畅,节奏感明显增强了。形成了语形上的对称美,语音上的节奏美,语意上的对比美。

(二) 平仄不相间

平仄是使声调悦耳的重要条件。如果韵文不讲究平仄相间,使同声调的字相连过疏或过密,就会失去音韵美;非韵文也应适当调配平仄。例如:

　　原文:前年,桃花初开之时,他全家急匆匆南归家乡,访亲寻根。
　　改文:前年,桃花乍开之时,他全家急切切南归故里,访亲寻根。

上例全文22个字,只有"访"字是仄声,几乎一平到底,语感上过于平板。把"初开"改为"乍开"或"初放",把"急匆匆"改为"急切切",把"家乡"改作"故里",平仄错

249

落,语感就大不一样了。

(三) 押韵不和谐

诗歌讲究押韵,给人以回环美;如不押韵,就失去了这种美感。例如:

原文:石不烂抬起头,穷岭上,红灯出。
改文:石不烂抬起头,穷岭上,红灯亮。(田间《赶车传》)

上例把原诗中的"出"变为改诗中的"亮",就是为了押韵,增强了声音美。

二、词语选用不精当

(一) 词语表意不确切

选用词语时,要特别注意前后的意义配合关系,否则表意就不确切。例如:

原文:它所有的丫枝一律向上,而且紧紧靠拢,也像加以人工似的,成为一束,绝不横逸斜出。(茅盾《白杨礼赞》)
改文:它所有的丫枝一律向上,而且紧紧靠拢,也像加以人工似的,成为一束,绝不旁逸斜出。(茅盾《白杨礼赞》)

"横"只表示跟地面平行的方位,"旁"的范围较广,只要不是在正中的都可称"旁"。把"横"改成"旁",一方面更符合树的长相,另一方面"旁逸斜出"与上文"旁枝"照应。

(二) 词语的感情色彩不相称

有些词语本身就带有明显的褒贬色彩,有时变换词的形式能附加感情色彩。这些词语调配得当,就能收到好的表达效果;调配失当,就会出现感情色彩上的问题。例如:

原文:"比去年都不如,只有五块钱!"伴着一副懊丧到无可奈何的嘴脸。(叶圣陶《多收了三五斗》初稿)
改文:"比去年都不如,只有五块钱!"伴着一副懊丧到无可奈何的神色。(叶圣陶《多收了三五斗》)

例句中的"嘴脸",修订时,作者把它改为"神色"。因为"嘴脸"是指面貌、脸色,带有贬义,而作品中写的是贫苦农民,用中性词"神色"比较妥当。

(三) 词语的语体色彩不相称

有些词语常用于口头,因此就带有口头词语色彩;有些词语常用于书面,因此就带有书面词语色彩。例如:

原文:还是那些佶屈聱牙的译文,他不知道那是哪一个世界的文字。

改文:还是那些疙里疙瘩的译文,他不知道那是哪一个世界的文字。(巴金《寒夜》)

改句中"佶屈聱牙"改为"疙里疙瘩",将生僻拗口的文言改为白话,更符合小说叙事所要求的风格。

三、句子表意不畅达

(一) 句式选择不恰当

汉语的句式有多种,根据表情达意的需要,可以灵活选用。所谓句式选择不当,主要是指同义句式选用不当。

1. 单句和复句方面

   原文:我们爱韶山的杜鹃像烈火……
   　　　我们爱韶山的杜鹃像朝霞……
   　　　我们爱韶山的杜鹃像鲜血……
   　　　我们爱韶山的杜鹃遍地开放……
   改文:我们爱韶山的红杜鹃,韶山的杜鹃像烈火……
   　　　我们爱韶山的红杜鹃,韶山的杜鹃像朝霞……
   　　　我们爱韶山的红杜鹃,韶山的杜鹃像鲜血……
   　　　我们爱韶山的红杜鹃,韶山的杜鹃遍地开放……
   　　　(毛岸青、邵华《我们爱韶山的红杜鹃》)

   原文和改文是文章两个结构段开头的句子。原文是单句,改文是复句。为什么把单句改为复句?因为全文的主旨是"我们爱韶山的红杜鹃",把单句改为复句,有利于突出中心,读起来语气舒缓,有助于抒发缅怀、喜爱、颂扬之情。

2. 常式句和变式句方面

   原文:它为哥儿和哥儿的姊妹兄弟们不休不歇地歌唱。
   改文:它接连不断地唱,为哥儿,为哥儿的姊妹们。(叶圣陶《画眉》)

   原文是常式句,改文把状语"为哥儿和哥儿的姊妹们"拆散并后置。这就使句子的主语跟谓语中心靠近,结构紧凑,语气舒缓,更加突出了状语。

3. 长句和短句方面

   原文:联系到解放后,周总理以自己的工资抚养过不少革命先烈子弟,但被抚养者直到长大成人,都只知道是国家抚养的事实,周伯伯的这种崇高品质,使我深受感动。(《深情忆念周伯伯》《北京师范大学学报》)
   改文:解放后,周总理用自己的工资抚养过不少烈士子弟,而受抚养者直到长成人,却只知道是国家抚养的。周伯伯这种高贵品质,是多么使人感动啊!(《深情忆念周伯伯》中学语文课本)

251

原文的"联系到……事实"中间有一个由复句形式充当的定语,读起来吃力不顺口。改文把原来的长句变成了两句,删去了多余的词语,简练明快,突出了表达的对象。另外,原文末"使我深受感动",只是从个人感受来说的,改为"使人感动"后,语意更深刻广泛,改文字数少了,句子的容量反而增加了。

4. 散句和整句方面

原文:度过了讨饭的童年生活,少年时在马房里睡觉,青年时代他又在秦岭荒山里混日子,他不知道世界上有什么可以叫作"困难"!

改文:他童年时候讨过饭,少年时候在财东马房里睡过觉,青年时候又在秦岭荒山里混过日子。

原文是一个散句,前三个分句是由动宾短语、偏正短语、主谓短语构成,结构比较松散。改文是一个整句,由三个结构相似、语气一致的语句构成。句式比较整齐,也更有条理。

(二)句子不简练

1. 语意重复

原文:社会竞争越来越激烈,就业的压力越来越大,许多莘莘学子不得不广泛涉猎知识,提高自己的综合素质。

改文:社会竞争越来越激烈,就业的压力越来越大,莘莘学子不得不广泛涉猎知识,提高自己的综合素质。

本句中"莘莘"即表示许多的意思,"莘莘学子"前再加"许多",语义重复,应把"许多"去掉。

2. 词语堆砌

原文:你看,那一只只璀璨夺目、熠熠闪光、银光四射、晶莹耀眼的国产手表,构成了一幅幅五彩缤纷的图画。

改文:你看,那一只只熠熠闪光的国产手表,构成了一幅璀璨夺目的图画。

上例堆砌了不少漂亮的形容词,它们都是表示光亮耀眼的意思,选用一个词语即可。另外,"五彩缤纷"是指颜色繁多,非常好看,用来形容手表是不贴切的。

(三)句子表达不连贯

1. 分句之间脱节

原文:由于树木茂密,我们的骑兵队伍起初没有被发现,直到听了马蹄声,山上的敌军才鸣枪报警。

改文:由于树木茂密,敌人没有发现我们的骑兵队伍,直到听了马蹄声,山上的敌军才鸣枪报警。

上例有四个分句,第二分句是以我军为主语的被动句,后两个分句是以敌军为主语的主动句,前后文意脱节,不连贯。改文改为全部以敌军为主语的主动句,文意连贯了。

2. 句子之间脱节

原文:他敏感、机灵,脑子反应很快。无论遇到什么事情,都能随机应变,化被动为主动。在政治运动中,他表现得更为突出,每次都当上积极分子。人们称他"一贯正确"。

改文:他善于见风使舵。无论遇到什么事情,都能见机行事,化被动为主动。在政治运动中,表现得更为突出,每次都当上积极分子。人们称他"一贯正确"。

这个句群有四个句子,孤立地看,前三句都是褒义句,后一句是反语句。前后连起来看,句意悖谬,不衔接,语气很不协调,改写后保持了前后一致。

四、辞格运用不恰当

由于各种原因,有些辞格在运用当中常会出现错误。这些辞格主要是比喻、比拟、借代、夸张、仿词、对偶、排比、顶真、映衬、设问等。

(一) 比喻不当

人造卫星像一颗星星一样在星海中缓缓地移动。(引自《病句评改》)

上例本体为"人造卫星",喻体为"星星","星星"是自然天体,"人造卫星"指环绕行星或卫星运转的人造天体,其运行规律和"星星"相同。用"星星"做"人造卫星"的喻体,二者在本质上属于同一事物,不能构成比喻。

这篇文章的结构十分严密,就像神经结和神经网的关系一样。

上例本体是"文章结构严密",比较容易理解,喻体为"神经结和神经网的关系",较为抽象,反而加深了理解的难度,违反了比喻中用具体浅显的喻体去说明抽象深奥的本体的原则。

(二) 比拟不当

晚上,月亮皎洁。孩子们都在院子里高兴地唱着跳着,月亮也板着面孔看着他们。

上例运用拟人手法,前面是孩子们"高兴地唱着跳着",气氛很愉快,后面却是月亮"板着面孔看着他们",气氛突变,感情基调前后矛盾。

(三) 借代不当

最近大舅送我几只"狼毛"和"兔毛",我一直保存着,因为我习惯于用

"羊毛",它毛细性柔圆转如意便于练出笔力。

上例"狼毫"(黄鼠狼的毛)、"紫毫"(野兔脖子的毛)、"羊毫"(羊毛)都是毛笔的制作原料,可以用来代指本体"毛笔",属于以部分代替整体的借代方法,但是,习惯上人们不会叫作"狼毛""兔毛"和"羊毛",这种叫法会使读者不明白所借代的事物究竟为何。

(四) 夸张不当

昨天你把钢笔借我用了一下,这好处真叫人三天三夜也说不完

上例通过借用钢笔的一件小事,就引出"好处三天三夜也说不完"的感叹,不免使人觉得作者的感情不自然、不真实,甚至听起来还有些别扭。

(五) 仿词不当

这项工作的意义不是很渺小,而是很渺大。

上例的"渺"本身是"微小"的意思,与"小"相搭配是合理的;若与"大"搭配,"又小又大",自相矛盾,这是生造词。

(六) 对偶不当

你看,这块花布上的牡丹,叶子青青碧绿如茵,花瓣鲜鲜殷红似火,色彩是那样鲜明。

上例"叶子青青碧绿如茵"和"花瓣鲜鲜殷红似火"形成对偶,前者写"叶子",重在写其颜色"青青",后者写"花瓣",重在写其颜色"鲜鲜","鲜鲜"有"明"或"新"的意思,与"青青"在词义方面不对等。此对偶句形式不匀称,内容不统一。

(七) 排比不当

这里是山的世界,花的海洋,英雄的人们。

上例"山的世界,花的海洋,英雄的人们"结构相同,句式对称,但前两项运用比喻的修辞手法,用"世界"和"海洋"比喻群山和繁花,最后一项"英雄"和"人们"之间是修饰关系,并没有运用比喻。另外,"山""花"指物,"人们"指人,不是同一范畴的事物不能并列。

(八) 顶真不当

电影散场后,我徒步回家,回家路上骤然落雨,雨越下越大,大雨把我淋成了落汤鸡,落汤鸡的我很狼狈!

上例这段话的意思很简单,既没有什么相互依存的事理上的内在联系要说明,也没有什么深厚的情意可抒发,由于滥用顶真,弄得文字牵强、生硬,也很拉杂。这段话

可以改成：

  电影散场后,我徒步回家,忽然下起雨来,并且越下越大,把我淋成了落汤鸡,好狼狈啊!

(九) 映衬不当

  一场夜雨,洗落了天上的尘沙,东方燃烧的朝霞,放射出万道霞光,清凉的晨风,吹来了野花的香味。这诱人的高原美景,使人多么陶醉啊,我不禁想起了那景色一样美丽的同老根据地人民相处的日子。

上例用了映衬手法。但它过分地渲染了陪衬事物,被陪衬事物反而不突出了。可以改为:

  一场夜雨,洗落了天上的尘沙。东方燃烧的朝霞,放射出万道霞光。清凉的晨风,吹来了野花的香味。这诱人的高原美景,使人多么陶醉呀,然而使我更陶醉的是那同老根据地人民相处的日子。

(十) 设问不当

  清晨,你一走进公园就可以看到有的在打太极拳,有的在舞剑,有的在对刀等等。这就是我国具有民族风格和悠久历史的武术运动,它深受广大群众的喜爱。可是,你是否知道舞剑对身体有什么好处?武术有什么内容?太极拳是怎样产生的?

这一例后半部用了三个设问句,但语义层次不清,语序不对,缺乏条理。第一和第三设问句说的是武术中的具体项目,第二设问句说的是武术这个总项目。这三个设问句在内容上有互相包容的关系,不应当把大的概念放在当中,生硬地把它们连在一起。如果调换语序,改为"你是否知道武术有些什么内容?舞剑对身体有什么好处?太极拳是怎样产生的?"这样条理就显得清楚,意思也就更明确了。

思考与练习

1. 改正下列各句中所用辞格的错误,并说明理由。
① 这歌声似一盏灯把我的红心照亮。
② 登山远望,对岸的一方池一方池的稻田,好像天上的繁星一样。
③ 收割那天,我们拿着镰刀,走向田野,金黄的稻子吓得浑身发抖,低头求饶,好像在说,别割我,别割我!啊,我痛死了!
④ 人群欢跃,泥土也从地下伸出头来向着人们微笑。
⑤ 晨踏白霜,晚披红绸。
⑥ 一个南瓜如地球,结在五岳山上头。把它架到大西洋,世界又多一个洲。
2. 比较下面三例的原文和改文,分别从音节、词汇、句式选择方面谈谈为什么修改。

① 原诗：他要和你算账，不要你的银洋；要交的朋友，也不是朱桂棠。

改诗：他来和你算账，不是要你银洋，他要交的朋友，不是你这条狼。（田间《赶车传》）

② 原文：蜂王是黑褐色的……每只蜜蜂都愿意用采来的花精供养它。

改文：蜂王是黑褐色的……每只工蜂都愿意用采来的花精供养它。（杨朔《荔枝蜜》）

③ 原文：正说着，门被推开了。一个须眉花白、手提着一杆明火枪、肩上扛着一袋米的瑶族老人站在门前。

改文：正说着，门被推开了。一个须眉花白的瑶族老人站在门前，手里提着一杆明火枪、肩上扛着一袋米。（彭荆风《驿路梨花》）

第七节　修辞知识：语体

【目标要求】 理解语体的概念，掌握公文语体、科技语体、政论语体和文艺语体的主要特征。

语体是指在长期的语言使用过程中，因交际领域、交际内容、交际方式、交际目的、交际对象的不同，而逐渐形成的具有相对稳定性的一系列语言使用特点的综合体。

语体分为口语语体和书面语体，书面语体又可分为公文语体、科技语体、政论语体和文艺语体。

一、公文语体

公文语体是适应公私事务交际的需要，运用全民语言所形成的言语体式。又称事务语体。它主要用来处理国家机关、社会团体之间行政或工作事务以及机关团体与社会成员、社会成员与成员之间事务。

包括了各种行政公文文体，如命令（令）、议案、决定、指示、批复、报告、请示、通知、通报、公告、通告、函、会议纪要；各种法规制度文体，如章程、条例、规定、办法、守则等；各种资料性文体，如纪要、大事记、备忘录、工作日志、调查报告等；其他事务文体，如合同、合约、协议、条据、书信、启事等。

公文语体的修辞要求可概括为八个字：准确、规范、简明、庄重。

（一）准确

准确主要是指使用词语时只能表达单个的意思，不能有歧义或双关义，也不能让读者产生误解和曲解。为达到准确和单义化的目的，会采用下定义的方法规定词语的内涵。

例如《中华人民共和国对外合作开采海洋石油资源条例》的第二十九条解释道：

"本条例所用的术语,其定义如下:'石油'是指蕴藏在地下的、正在出采的和已经采出的原油和天然气。"

(二)规范

规范主要是指用字、用词和句子的规范。用字规范是指要符合国家规定的一系列用字法规。用词规范是指要用规范的普通话词汇、书面语词汇等,忌用口语词、方言词等。句子规范是指要用符合现代汉语语法规范的句子,不能使用带有方言语法特征的句子。

(三)简明

简明主要是指语言表达首要的是要明白、清楚,讲求句稳词妥,条理清晰,记述周全,结构谨严。其次,在明了的基础上,语言越简洁越好。为此通常会使用单音节的文言词,例如"兹、特、望、悉、经、自、须、应、此、贵"等以及四字格、缩略语、短语词等。

(四)庄重

庄重主要是指风格层面的要求,即语言运用整体上表现出端庄严肃、平稳持重的风格特点。具体到语言使用手段上来,就是多用成语、书面词语、规范词语、专门词语、礼貌词语以及长句、复句,适当使用一些文言词语、文言句式也可使语言庄重。在辞格使用上,少用比喻、夸张、双关、比拟等,有时选用对偶、反复、排比等。句末很少带语气词。

二、科技语体

科技语体是适应科学技术领域交际的需要,运用全民语言所形成的言语体式。它主要以书面形式存在,如科技专著、学术论文、教材、科学考察报告、实验报告、技术标准以及辞典、辞书、说明书、科普著作、科普读物等。但也有口头形式,如课堂教学、学术报告(讲演)、学术讨论等。

精确、谨严、质朴是科技语体的修辞要求。

(一)精确

精确是从语义层面对科技语体语言运用的要求。精确主要表现为下定义和数据的大量使用。例如:

> 先讲意象的主观象喻性。如"鸟"类意象统计,复现率达40次以上的头四个特称意象依次为:雁78;凤50;鹤44;鸥40。关于复现次数最高的"雁"的主观象喻作用,下文还要详细谈到。最引人注目的是,居于第二位和第三位的竟然是世界上并不存在的"凤"和人所罕见的"鹤"。这一事实启发我们,诗人用以表达某种感情的物象,有时的确并不一定是生活中实有之事。
>
> (陈植锷《诗歌意象论》)

(二) 谨严

谨严是从语句和篇章组织结构层面对科技语体的修辞要求。它主要表现为完全句（主谓完全）多，单句句法结构复杂，有各种限制性附加成分和联合成分，多重复句多，篇章组织中的前句与后句、上段与下段衔接自然，层层推进，首尾圆合，浑然一体。例如：

> 关于规律的客观性这个问题有三种互相联系、又互相区别的意义：其一，规律是事物或过程自身所固有的，不是人们或其他外在力量加于事物或过程的；其二，规律的作用是必然的，不以人们的意志为转移；其三，规律随着事物的变化而变化，是不能由人制造、消灭和改变的。
>
> 下面，我们就依次研究规律的客观性的诸种意义。……
>
> 综上所述，对于规律的客观性是丝毫不容怀疑，丝毫不容动摇，丝毫不容否认的……在规律的客观性中，这三种意义的地位是不同的。其中，第一种意义是最根本的，具有决定性的……我们只有牢牢地把握了规律的第一种意义的客观性，才能更好地把握规律的第二种和第三种意义的客观性，也才能更好地把握整个意义上的规律的客观性。
>
> （赵星培《论规律》）

(三) 质朴

质朴是从风格层面对科技语体语言运用的要求。它主要表现为表达上要抑制个人感情，排除主观色彩，行文上要使用常规的、书面的、理智的语言，排斥带有感情色彩的语言材料或语言表达手段。例如：

> 每个单位性状在不同个体间又有各种不同的表现。例如，种子的形状有圆形和皱形，子叶的颜色有黄色和绿色，茎的高度有高茎和矮茎等。这种同一单位性状的相对差异称为相对性状。
>
> （刘植义、刘彭昌、周希澄《遗传学》）

"圆""皱""黄""绿""高""矮"是中性词，不能换成"圆圆的""圆滚滚的""皱巴巴的""黄黄的""黄澄澄的""绿茵茵的""高高的""矮矮的"之类。

质朴性也体现在句式表达上，如多用陈述句，少用或不用祈使句和感叹句；多用常式句，少用变式句；多用限制性定语，少用或不用描绘性定语等。

三、文艺语体

文艺语体是适应文艺交际领域的需要，运用全民语言所形成的言语体式。

它包括了文学作品的一切形式或文体，如小说、诗歌、散文、游记、随笔、剧本、相声、散文诗、报告文学、传记文学、儿童文学等。根据其内外因素的特点可以把文艺语体分为韵文体、散言体和剧文体三类。

多样性、形象性、情感性、独创性是其主要的修辞特点。

（一）多样性

多样性是文艺语体修辞最显著的特征。这是由文艺语体所反映的社会生活面的广泛性和内容的丰富性决定的。这种多样性在各个方面都有体现：

（1）语音手段丰富多样。文艺语体可以利用一切可以利用的语音手段来完成自己的使命。

（2）语汇手段丰富多彩，一切的语汇都可以在文艺语体中出现。

（3）语法手段多姿多彩，词类活用、各种句式、句型、句类都会在文艺语体中交错使用。

（4）修辞格和辞趣无所不包，而且运用起来变化万千，富于表现力。

（5）篇章结构不拘一格，作者有极大的自由运用和独创的天地。

（二）形象性

形象性是文艺语体修辞的本质特征。文艺语体主要通过形象化的语言来再现社会生活、刻画人物形象、揭示人物的心理活动。主要表现在：

（1）语音手段的形象性，如大量运用象声词、双声叠韵词、叠音词、语气词、叹词等。

（2）语汇手段的形象性，如妙用姿态、位移、表情等动感性强的动词，巧用形容词、色彩词、比喻性量词等描绘性词语，以及善用活跃在人民群众口语中的、表现力强的成语、俚语、惯用语、歇后语等熟语，选用富有特色的方言土语等。

（3）语法手段的形象性，如运用变式句，大量运用描绘性、形容性的定语、状语等。

（4）修辞手段的形象性，如较多使用比喻、比拟、夸张、移就、拈连、仿拟等描绘类修辞格，可使语言充满形象色彩。

（三）情感性

情感性是文艺语体修辞的显著特征。艺术是表现情感的，其语言必然带有情感性色彩。

在语言运用上常使用具有表情性的词语、句式和修辞格，如褒义词、贬义词的使用，祈使句、感叹句的使用，反语、设问、反问、双关、夸张、反复等辞格的使用。

一些在特定语境下使用的省略、停顿、反复、语序倒装也都能表达强烈或微妙的思想情感。

（四）独创性

独创性是指文艺语体对语言的使用是一种创造性的使用，富有自己的独特个性。文贵创新，创新才有生命。

文艺语体大量运用其他语体少用或不用的各种修辞手段是其独创性的体现，这些修辞手段主要有：

（1）利用语形修辞生成的析字、析词、顶真、回环、反复等辞格。

（2）利用语义修辞生成的双关、反语、夸张、曲解等辞格，以及一些尚未成为辞格的变异修辞，如辞趣、艺术化词语等。

（3）利用篇章修辞生成的梯形诗、回形诗以及公文体小说、日记体小说、戏剧体小说、菜单体小说、散文诗等。

思考与练习

一、分析下列材料体现了何种语体的哪些特点？

系统在与外部环境相互作用过程中，又促进了自身结构关系的变化。究其原因，是由于外界环境对系统输入的物质、信息和能量一旦有了变化，就会引起系统要素之间出现某些涨落现象，即各要素的地位、作用与关系出现变化。如果外界环境对系统输入的物质、信息和能量的变化较小，则要素之间出现的涨落较弱。由微涨落带来的相干作用的结果会导致结构稳定性的振荡，以至出现某些结构性的改良。如果外界环境对系统的输入变化很大，则会出现大涨落，甚至巨涨落，即原有结构或是出现了向新结构转变，或是恶化和瓦解。

（邹珊刚等编著的《系统科学》）

二、分析下列微型小说体现了何种语体的哪些特点？

两只老鼠的验尸报告

洪老头是星飞鞋厂的厨师。这天清晨，他突然发现两只老鼠躺在厨房一角的空地上，忙走近一看，原来早已死去多时。他顿时吓出一身冷汗，近来报纸上经常刊登食堂中毒事件，鼠命关天呀！他立即叫另一同事去报警，自己守在原地保护现场。

不一会儿，上面就来人抬走了两具尸体，并请他去协助调查。经有关部门化验后得出结论如下：

【雄老鼠的验尸报告】

姓名：老板房间鼠

性别：男；年龄：2岁；身高：8 cm；体重：250 g；职务：无业游鼠；社会关系：干爹波斯猫；出生年月：2001年8月；婚姻状况：未婚；成分：富鼠。

家庭地址：星飞厂老板小洋房更衣室橱柜二层（此处仅此一户）

尸体特征：四肢瘦细，脸颊深陷，唯腹部大并有不规则凸起。

尸体解剖结果：此鼠腹有人民币存折十张，每张数额均在万元以上，其中一张达百万之巨。另有钻石戒指两枚，万宝路香烟半包，已成糊状的百元美金八张。

死因具体分析：该鼠居于老板小洋房内，长期享用山珍海味，养尊处优。近段时期来，老板因大赚一笔，便携同全家到夏威夷做为期三个月的旅游。因此，家中虽有冰箱两台却无半点口粮，其中皆装满中华草药和外国洋丹。几天前，该鼠饥饿难当，四处觅食，寻至老板床下，发现存折若干，疑为薄饼；金银珠宝数件，疑为果干；洋烟数条，疑为巧克力。遂大量吞食，终致胃穿孔及内脏多处破裂，在紧急外出求医的途中暴毙而亡(一般情况下该鼠绝不会外出,难以适应外面的普通生活)。
【雌老鼠的验尸报告】

姓名:员工食堂鼠

性别:女;……

(中国作家协会创研部编选《2003年中国微型小说精选》)

第八节　修辞知识的应用

【目标要求】　了解小学修辞知识教学的要求;掌握小学修辞知识教学的要则。

一、小学修辞知识教学的要求

《课标》中与修辞知识相关的教学要求归纳如下:

(一) 词汇修辞知识教学要求

1. 在中高年级的词语学习中,除了了解词语的基本意义外,能在老师的带领下,深入学习,体会词语选用的"准确""生动""有感情色彩",了解这样选词的作用;到了高年级,进一步学习、体会词语在语调、韵律、节奏等方面的特点,了解这样选词的作用。

2. 在学习、背诵、积累精彩句段、优秀诗文的过程中,了解选用词语对表达作品的内容,情感所起的作用。

3. 在个人习作中,提高选用词语的能力,努力向"准确、生动、有感情"的标准靠拢。

(二) 句子修辞知识的教学要求

小学语文教学中的句子修辞,主要是指肯定句、否定句,设问句、反问句,主动句、被动句这几项内容。

(1) 知道有些句子的基本意思是一样的,但可以有不同的表达方式;表达方式不同,句子的表达效果也有区别。

(2) 知道什么是否定句。了解单重否定句与对应的肯定句相比,在表意的程度上要稍弱一些。了解双重否定句是用比较强的语气表达肯定的意思。会说双重否定句。

(3) 知道什么是设问句,什么是反问句。会说一般的反问句。

(4) 知道什么是被动句。能在具体的语境中了解被字句的用法与作用。

以上要求,基本上是"知道""了解"的层面,要求学生会说的是双重否定句和反问句。

(三)修辞格知识教学要求

小学生要认识、学习的修辞格知识,主要指比喻、比拟、排比、夸张、对比。具体的要求是:

(1)知道在文章中有一些固定的表达方式,它们十分生动、形象。知道认真体会这些表达方式,有利于更好地理解文章的内容,并学习加以表达,使习作更有文采。

(2)了解比喻中的"明喻"形式,知道是将什么比作什么,这样比喻有什么好处。能说明喻句。

(3)了解比拟中的"拟人"形式,知道是怎样把物当作人来写的,这样比拟有什么好处。能说拟人句。

(4)认识"排比"句式、"夸张"句式,通过朗读体会排比、夸张的作用。

(5)认识"对比"形式,知道对比法的作用。学习说对比句。

(6)认识"反复"句式,知道反复的作用。

以上要求,明确了学习内容和具体要求,基本是"了解""认识"的层面;只要求试说明喻句、拟人句和对比句。以上几项学习内容分别安排在有关年级学习、训练:二年级——明喻,三年级——拟人,四五年级——排比、夸张、对比、反复。

二、小学修辞知识教学的要则

关于小学修辞教学,《课标》要求"在阅读教学中,为了帮助理解课文,可以引导学生随文学习必要的修辞知识,但不必进行系统的修辞知识教学"。因此教师在教学中不宜将修辞讲得过高过深,以免超出学生的理解范围和接受能力或加重学生的学习负担。如果教师在实际教学中能有效把握以下几个要点,就可以使修辞教学取得积极的效果。

(一)不宜淡化基本修辞知识的学习

知识是形成能力和素养的前提条件。教师不要求学生掌握过多的修辞专业术语和知识,应要求学生通过具体事例从感性上认识这些语言现象,理解一些常用修辞的表达规则和表达方式。但是一些必要的、基本的修辞知识还是要讲解清楚并要求学生掌握的,当然这些修辞知识要力求讲得浅显、感性、易懂一些,不能超出学生的认知水平。学习一些基本的修辞知识有利于帮助学生形成良好的语感和一定的语言应用能力;能够帮助学生把语言表达得更生动、更准确、更得体;还可以有效解读个别的语言难点,并为以后的语文学习奠定良好的基础。如果没有修辞知识的介入,语文教学就会变得苍白无力,就只能在较低的水平上徘徊,不利于提高学生的语言能力。因此基本的修辞知识是不能"淡化"的。

(二)引导学生体会语言表达效果

修辞是对语言、文辞进行修饰,使内容表达得更准确、生动、形象,力求达到最佳表达效果的一种语言行为。学习修辞体会语言表达效果是关键。教师在教学中要结合具体的言语和语境,引导学生正确地理解修辞知识以及语句在表情达意方面的作用;要从整体着眼,指导学生体会语言的表达特点,感悟修辞之妙;要引领学生推敲品读词句,体会作者的思想感情,加深对文章内容和中心的理解。

例如,《荷花》一文中"荷叶挨挨挤挤的,像一个个碧绿的大圆盘。"教师要引导学生体会荷叶大而圆的形状特点以及颜色的美丽,感悟运用比喻的表达效果是使句子更加生动形象,然后联系整篇文章体会作者对荷花的喜爱、赞美之情以及内心浓浓的喜悦。又如,《林海》一文中"兴安岭多会打扮自己呀:青松作衫,白桦为裙,还穿着绣花鞋。"教师可引导学生体会作者运用拟人、排比的修辞手法,把兴安岭看成一个会打扮自己的姑娘,生动描绘了兴安岭的美丽所在,字里行间流露出作者的喜爱和赞美,情感表达得更充分。再如,《春》一文中"春天像刚落地的娃娃,从头到脚都是新的,它生长着。春天像小姑娘,花枝招展的,笑着,走着。春天像健壮的青年,有铁一般的胳膊和腿脚,他领着我们上前去。"这句话综合运用排比、比喻、拟人的修辞手法,从春的"新""美""力"三个角度赞美春天的美好;教师要引导学生将三个方面贯通起来,获得对春的美好的整体认识,深刻体会到作者内心的情感。"这清新的绿色仿佛在雨雾中流动,流进我的眼睛,流进我的心胸。"这句话使用拈连的修辞手法,"流进眼睛"和"流进心胸"并非使眼绿、心绿,而是雨中绿色的美使人的心情舒畅、心胸开阔,教师可引导学生体会作者的言外之意和辞外之情,进而充分感受这类语言绝妙的表达效果。

教师要依据具体的语言环境开展修辞教学,引导学生重点体会其表达效果。这样可以更有效地帮助学生理解句子,领悟文章的主旨。

(三) 运用多样化的学习方式

修辞是语言的实际应用,具有较强的实践性。教学中教师可以结合具体的言语实践并联系学生实际,采取多种形式学习修辞。

1. 鼓励学生有感情诵读,领悟修辞之韵

文章中经过修辞化的语句,是作者用心创造出的语言精品。诵读这些精品犹如品味珍馐佳肴,耐人寻味。教师在教学中要时常引领学生有感情诵读,在读中体味修辞给文章营造的意象,体会修辞给文章注入的情韵,培养学生的语感,实现读者和作者心灵的沟通,感情的共鸣和升华。

2. 采用学生喜闻乐见的形式,感受修辞之趣

兴趣是最好的老师。教师要把握学生的心理特点,采用他们喜欢的形式学习修辞,让学生感受修辞所带来的无限乐趣。教师可以让学生借助表演理解修辞手法,如在讲解"牵牛花吹起了紫色的小喇叭"这句话时,可以让学生表演这个动作,认识拟人这种修辞格的特点,感受作者所要表达的意境;可以利用实物进行修辞教学,例如将银杏、枫树的树叶带入课堂,让学生观察其形状,学生很快便说出"银杏叶像一把把小

263

扇子,枫树叶像人的手掌,又像火一样红",借此让学生理解比喻的内涵所在;可以利用修辞开展口语交际活动,拓展学生灵活运用修辞的空间;可以开展句子仿写练习,比如《桂林山水》中的:"漓江的水真静啊,漓江的水真清啊,漓江的水真绿啊。"用排比的修辞概括出了漓江水的特点,教师可以让学生通过阅读体会漓江水静、清、绿的美,并引导学生模仿这种句式写周边的景物;还可以让学生课外搜集一些运用修辞的对联、俚语、俗语等,加强语言积累。这样,学生在有趣的活动和积极的思维中,享受到了学习修辞的乐趣,激发了学习修辞的兴趣。

3. 引导学生大胆联想想象,体会修辞之境

想象是学习的翅膀。学习修辞的过程中一定要鼓励学生联系实际生活,大胆进行联想和想象。学生有着极为丰富的想象力,借助联想和想象让学生去理解修辞、运用修辞往往会取得事半功倍的效果。例如教师可以以"雪花"为意象让学生运用修辞手法写句子。学生们展开不同的想象,写出了如下语句:"雪花像鹅毛。""雪花犹如白色的小天使,跳着优美的舞蹈缓缓落下来。""雪花给山川披上一件银装,给小麦盖上一层厚厚的棉被。"……

学生通过发挥奇妙的联想和想象,能够写出非常优美的语句,并深刻体会到修辞所创造出的美好意境,客观上培养了语言能力,这对提高他们的写作水平大有裨益。

(四)训练学生的思维能力

学生学习修辞不仅能更好地领悟课文思想,习作时能准确表达自己的情感,有助于学习能力的提高,也有利于培养学生的思维能力。教师在修辞教学中要大力挖掘有利于培养学生思维品质的素材,合理组织、正确实施;要积极运用课文中的许多生动鲜明的修辞语句,鼓励学生展开丰富的联想和想象,进而拓展他们的思维;要有意识地结合教学内容设计悬念或趣味性的问题,鼓励学生多角度思考,调动学生思维的积极性,让学生的学习思维处于主动状态,从而训练思维能力。语文修辞教学中注重学生思维品质的培养,既是培养学生思维能力的需要,更是培养开拓型、创造型人才的需要。

思考与练习

1. 某教师在习作指导中,用下面的方法对学生进行设问句教学,试从修辞教学的角度谈谈你的看法。

(1)启发谈话:在写作时,有时要增强引人深思的效果,需要把一般陈述句变为设问句。

(2)出示一篇学生习作,教师示范指导,结合习作内容,将有关语句改成恰当的设问句。

原文开头:在我心目中,我的母亲最伟大。

修改文:世界上什么最伟大? 当然是母爱。在我的心目中,我的母亲最伟大。

原文结尾:妈妈,感谢你为我付出的一切,我一定要好好学习,将来做一个有出息的人,好好孝敬你。

修改文:我怎能不爱你呢?妈妈,你就像一把大伞,在疾风骤雨中为我建构一个温馨的港湾;你就像一把扇子,在烈日炎炎下为我扇起一阵凉爽的清风;你就像一座灯塔,在人生大海中为儿女照着一束指引的光芒。妈妈,感谢你为我付出的一切,我一定要好好学习,将来做一个有出息的人,好好孝敬你。

(3) 让学生在自己的习作中选择一处用上设问句。

(4) 交流评议。

2. 下面是两则课文《草原》的教学片段,请大家从修辞教学的角度对比分析。

片段一

师:请同学们仔细阅读课文第一自然段,说一说通过阅读你对草原有了一个什么样的认识。

生1:"平地是绿的,小丘也是绿的,羊群一会儿上了小丘,一会儿又下来,走在哪里都像给无边的绿毯绣上了白色的大花。"由此可以想象出草原的美。

师:它运用了哪一种修辞手法?

生2:这一句话是比喻句。它把草原比成绿毯,把羊群比作白色的大花。

师:这句话的本体是什么,喻体是什么?

生3:本体是草原与羊群,喻体是绿毯与白色大花。

师:作者为什么要这样比喻?

生4:这样比喻可以更好地描写草原的景色,让语言更生动,更有趣。

片段二

师:同学们,我相信你们都见过白色的花,因为我们学校就有很多白色的花,那你们见过绿毯吗?

生1:见过,我家的地毯就是绿色的。

师:绿毯有什么样的特征?

生2:平平的,绿绿的,给人一种春天到来的感觉。我们学校的草坪就像绿毯,草坪中间突起的部分被栽上了白玫瑰、白月季,我们从学校的环境就可以想象出草原上的美景了。

师:(出示草原与白色羊群的图片)是呀,草原太美了,那大家就边看图边带着这种情感来读一读这句话,看看能给你们留下什么印象。

生3:绿油油的草原上,羊群一会儿上了小丘,一会儿又下来,是那样地悠然自得。

生4:草原上的羊群,无论是在小丘上,还是在小丘下,都显得那样自由,都能够和睦相处。

师:是呀,如果把"走在哪里都像给无边的绿毯绣上了白色的大花"这一句话去掉,直接从上面一句跳到"那些小丘的线条是那么柔美"行吗?

生5:行是行,但是感觉没有加上好,因为它形象地表达了作者对草原的情感。

生6:这句话把离我们很远的草原一下子拉到了我们身边。

参考文献

[1] 黄伯荣,廖序东. 现代汉语(增订六版)(上、下册)[M]. 北京:高等教育出版社,2017.

[2] 邵敬敏. 现代汉语通论(第三版)[M]. 上海:上海教育出版社,2016.

[3] 王希杰. 汉语修辞学[M]. 北京:商务印书馆,2014.

[4] 骆小所. 现代修辞学[M]. 昆明:云南人民出版社,2000.

[5] 池昌海. 现代汉语语法修辞教程(第3版)[M]. 杭州:浙江大学出版社,2014.

[6] 人民教育出版社中学语文室. 现代汉语知识[M]. 北京:人民教育出版社,1999.

[7] 彭泽润. 词的理论及其应用:中国语言现代化展望[M]. 北京:中国言实出版社,2015.

[8] 丁炜. 小学语文学科知识与拓展[M]. 上海:华东师范大学出版社,2018.

[9] 谷志平. 浅议小学语文修辞教学要点[J]. 教育实践与研究(J),2018(11):38-40.

[10] 陈云霞. 统编本二年级上册识字写字教材解读与教学建议[J]. 教育视界,2018(14).

[11] 李秀纺. 统编版一年级拼音教学"三结合"[J]. 江西教育,2018(20):32-34.

[12] 杨洋. 小学修辞教学路在何方——以苏教版《草原》的教学为例[J]. 小学教学参考,2015(25):73.

[13] 李吉林,田本娜,张定璋. 李吉林小学语文"情境教学—情境教育[M]. 济南:山东教育出版社,2004.

[14] 于永正. 于永正课堂教学实录I(阅读教学卷)[M]. 北京:教育科学出版社,2014.

[15] 杨九俊,姚烺强. 小学语文课程与教学[M]. 南京:南京大学出版社,2013.

[16] 庄文中. 中小学语言教学概论[M]. 北京:商务印书馆,2016.

[17] 词语评改五百例编写组. 词语评改五百例[M]. 北京:语文出版社,1984.

[18] 李庆荣. 常见病句分析[M]. 北京:语文出版社,2007.

[19] 王苹. 通感与移就辨略[J]. 语言研究,2006(04):121-124.